中国物流职业经理资格证书考试
全国高等教育自学考试物流管理专业
指定教材

采购与供应管理（一）（二）
Caigou yu Gongying Guanli（Yi）（Er）

（附：采购与供应管理（一）（二）考试大纲）

（2013年版）

组编／全国高等教育自学考试指导委员会
　　　中国交通运输协会

主编／郑称德

高等教育出版社·北京
HIGHER EDUCATION PRESS　BEIJING

扫描微信二维码
关注自考教材服务

图书在版编目（CIP）数据

采购与供应管理. 1~2/郑称德主编；全国高等教育自学考试指导委员会，中国交通运输协会组编. --北京：高等教育出版社，2013.3（2020.3重印）
ISBN 978-7-04-036866-6

Ⅰ. ①采… Ⅱ. ①郑…②全…③中… Ⅲ. ①采购-物资管理-高等教育-自学考试-教材②物资供应-物资管理-高等教育-自学考试-教材 Ⅳ. ①F252

中国版本图书馆CIP数据核字（2013）第018013号

| 策划编辑 | 雷旭波 | 责任编辑 | 雷旭波 | 版式设计 | 范晓红 |
| 责任校对 | 李大鹏 | 责任印制 | 耿 轩 | | |

出版	高等教育出版社	咨询电话	400-810-0598
社址	北京市西城区德外大街4号	网址	http://www.hep.edu.cn
邮政编码	100120		http://www.hep.com.cn
印刷	北京市鑫霸印务有限公司		
开本	787mm×1092mm 1/16	版次	2013年4月第1版
印张	17	印次	2020年3月第7次印刷
字数	350千字	定价	31.00元

本书如有质量问题，请与教材供应部门联系。

版权所有 侵权必究

中国物流职业经理资格证书考试
全国高等教育自学考试物流管理专业
系列教材编委会成员名单

编委会主任

　　钱永昌　　中国交通运输协会会长　　　　　　　　教授

编委会副主任

　　刘军谊　　教育部考试中心　　　　　　　　　　　副主任
　　王德荣　　中国交通运输协会常务副会长　　　　　教授

编委会委员

　　王　文　　大连锦程国际物流集团股份有限公司　　总裁
　　王之泰　　北京物资学院　　　　　　　　　　　　教授
　　王增东　　北京中交协物流人力资源培训中心　　　总经理
　　叶伟龙　　中国远洋运输集团　　　　　　　　　　副总经理
　　黄远成　　远成集团有限公司　　　　　　　　　　董事长
　　刘秉镰　　天津南开大学物流研究中心主任　　　　教授
　　宋修德　　中铁快运有限公司　　　　　　　　　　总经理
　　张文杰　　北京交通大学　　　　　　　　　　　　教授
　　王　彪　　中国邮政速递物流有限责任公司　　　　总经理
　　杨东援　　同济大学　　　　　　　　　　　　　　教授
　　杨　赞　　大连海事大学校长助理　　　　　　　　教授
　　洪水坤　　中国物资储运总公司　　　　　　　　　总经理
　　梁刚锐　　香港物流与运输学会会长　　　　　　　教授
　　黄有方　　上海海事大学副校长　　　　　　　　　教授

组编前言

随着经济全球化步伐的加快，我国经济社会快速发展，我国的物流业发展十分迅速。为解决目前物流人才不足的矛盾，多渠道、多层次、多方面加快复合实用型人才的培养，使我国物流行业尽快与国际接轨，促进我国物流行业持续、健康发展，全国高等教育自学考试指导委员会与中国交通运输协会研究决定，在全国合作实施中国物流职业经理资格证书教育。

中国物流职业经理资格证书分为初级、中级、高级三种证书，对应各证书规定了不同的考试课程。初级证书包含四门课程："物流基础"、"物流信息技术"、"物流案例与实践（一）"以及在"库存管理（一）"、"采购与供应管理（一）"、"运输管理（一）"、"仓储管理（一）"四门中任选一门课程；中级证书包含四门课程："物流企业管理"、"物流案例与实践（二）"以及在"库存管理（二）"、"采购与供应管理（二）"、"运输管理（二）"、"仓储管理（二）"四门中任选两门课程；高级证书包含四门课程："物流企业管理"、"供应链管理"、"物流战略管理"、"业务考评"。参加高级证书考试的考生必须有五年以上的物流管理工作经验。考生通过规定课程的考试后，由全国高等教育自学考试指导委员会办公室和中国交通运输协会共同颁发"中国物流职业经理资格证书"（初、中、高级），该证书将与相应的国际证书接轨。取得中国物流职业经理资格证书单科合格证书，可以在全国高等教育自学考试物流管理专业（专科、独立本科段）中顶替相应课程的学分。

为便于考生系统学习课程知识，帮助考生自学成材，全国高等教育自学考试指导委员会与中国交通运输协会共同组织编写了配套的课程考试大纲和教材。本着培养理论知识够用、职业技能实用的物流管理应用型人才的目标，我们特聘请了一批既有教学经验，又有物流实践经验的学者承担了本套考试大纲、教材的编写工作。鉴于物流行业的发展，新的管理理念和技术的不断创新，为此我们组织专家修订教材，将相关的知识与技能补充到教材中，以适应行业发展对人才培养的要求。在此谨向他们付出的辛勤劳动致以衷心的感谢。

由于时间仓促，书中难免有不足之处，欢迎读者提出意见和建议。

全国高等教育自学考试指导委员会
中国交通运输协会
2011 年 10 月

目 录

采购与供应管理（一）（二）

编者的话 ·· 2

第1章 绪论 ·· 3
第1节 采购与供应管理的概念 ·· 4
一、采购与供应 ·· 4
二、采购与供应管理 ·· 4
三、采购与供应管理的目标 ··· 5
第2节 采购与供应管理的作用 ·· 7
一、利润杠杆作用 ··· 7
二、保障企业经营 ··· 8
三、提高企业整体运行效率 ··· 8
四、提高企业竞争地位和顾客满意度 ··· 8
五、提升企业形象 ··· 9
六、对供应商管理的作用 ·· 9
七、信息源的作用 ··· 9
第3节 采购分类 ·· 10
一、按采购范围分类 ·· 10
二、按采购时间分类 ·· 11
三、按采购主体分类 ·· 11
四、按采购制度分类 ·· 12
五、按采购输出结果分类 ·· 13
六、按采购方式分类 ·· 13
第4节 采购部门及其职责 ··· 14
一、采购部门在企业中的隶属关系 ·· 14
二、采购部门与其他部门的关系 ··· 16
三、采购部门的职责 ·· 17
第5节 采购与供应管理的发展趋势 ·· 18
一、采购与供应管理职能的产生和演变历程 ······························· 18
二、采购与供应管理发展趋势 ·· 19

I

第2章 采购与供应战略 * ……………………………………………………… 26
第1节 企业战略概述 …………………………………………………………… 27
一、企业战略的概念 ……………………………………………………… 27
二、企业战略的层次 ……………………………………………………… 27
三、企业总体战略与职能战略的异同 …………………………………… 30
四、企业战略类型 ………………………………………………………… 31
第2节 采购与供应战略及其构成要素 ………………………………………… 33
一、采购与供应战略 ……………………………………………………… 33
二、采购与供应战略构成要素 …………………………………………… 34
第3节 采购与供应战略的制定 ………………………………………………… 37
一、ABC 分析法 …………………………………………………………… 37
二、供应细分分析方法 …………………………………………………… 39
三、SWOT 分析方法 ……………………………………………………… 42

第3章 采购与供应管理流程 ……………………………………………………… 48
第1节 采购的基本程序 ………………………………………………………… 49
一、需求确定与采购计划制定 …………………………………………… 49
二、供应源搜寻与分析 …………………………………………………… 50
三、定价 …………………………………………………………………… 50
四、拟定并发出订单 ……………………………………………………… 51
五、订单跟踪与跟催 ……………………………………………………… 52
六、验货和收货 …………………………………………………………… 53
七、开票与支付货款 ……………………………………………………… 55
八、记录维护 ……………………………………………………………… 55
第2节 采购手册的制定 ………………………………………………………… 56
一、采购手册的概念 ……………………………………………………… 56
二、采购手册的作用 ……………………………………………………… 57
三、采购手册的格式与内容 ……………………………………………… 57
第3节 采购业务流程的改善 …………………………………………………… 60
一、传统采购流程的缺点 ………………………………………………… 61
二、业务流程改善的几种方法 …………………………………………… 61

第4章 B2B 电子市场采购 ……………………………………………………… 70
第1节 B2B 电子市场 …………………………………………………………… 71
一、B2B 电子市场的发展 ………………………………………………… 71

二、B2B 电子市场的概念和类别 …………………………………………………… 71
第 2 节　B2B 电子采购概述 …………………………………………………… 72
一、B2B 电子采购简介 …………………………………………………… 72
二、B2B 电子采购的过程 ………………………………………………… 73
三、企业实施 B2B 电子采购的意义 ……………………………………… 74
第 3 节　基于 Internet/Intranet 的 B2B 电子采购系统 ………………………… 75
一、B2B 电子采购的信息集成模式 ……………………………………… 75
二、B2B 电子采购内部模型及其功能 …………………………………… 76
第 4 节　B2B 电子采购模式选择及其实施步骤 ……………………………… 78
一、B2B 电子采购模式介绍 ……………………………………………… 78
二、B2B 电子采购模式选择 ……………………………………………… 80
三、企业实施 B2B 电子采购的步骤 ……………………………………… 81

第 5 章　采购计划制定与采购预算确定 ……………………………………… 88
第 1 节　采购需求的确定 ………………………………………………………… 89
一、预测 …………………………………………………………………… 89
二、独立需求物料的采购需求的确定 …………………………………… 91
三、相关需求物料的采购需求的确定 …………………………………… 93
第 2 节　采购计划的制定 ………………………………………………………… 96
一、采购计划的概念 ……………………………………………………… 96
二、物料采购订单容量的确定 …………………………………………… 97
三、制定订单计划 ………………………………………………………… 98
第 3 节　采购预算 ………………………………………………………………… 99
一、采购预算的概念 ……………………………………………………… 99
二、采购预算的编制方法 ………………………………………………… 102

第 6 章　供应商选择与供应商管理 …………………………………………… 108
第 1 节　供应商的选择 …………………………………………………………… 109
一、供应源调查 …………………………………………………………… 109
二、供应商的选择指标 …………………………………………………… 112
三、供应商的评估方法 …………………………………………………… 115
四、采购中的职业道德规范 ……………………………………………… 116
第 2 节　供应商质量管理 ………………………………………………………… 118
一、供应商质量管理的概念 ……………………………………………… 118
二、供应商质量管理策略 ………………………………………………… 119

第3节　供应商关系管理 ··· 120
　　一、供应商关系分类 ··· 121
　　二、供应商合作伙伴关系 ·· 121
　　三、建立供应商合作伙伴关系 ·· 126

第7章　采购定价与合同 ··· 133
第1节　采购定价 ··· 134
　　一、采购价格概述 ··· 134
　　二、采购定价方法 ··· 137
第2节　采购谈判 ··· 138
　　一、采购谈判概述 ··· 138
　　二、采购谈判的过程 ··· 142
　　三、采购谈判的策略和技巧 ·· 144
第3节　采购合同 ··· 146
　　一、采购合同的概念 ··· 146
　　二、采购合同的种类 ··· 147
　　三、采购合同的内容和形式 ·· 149
　　四、采购合同的履行与监控 ·· 153
　　五、采购合同的终止 ··· 155

第8章　采购质量管理 ··· 161
第1节　采购质量与采购质量管理 ·· 162
　　一、采购质量 ·· 162
　　二、全面质量管理 ··· 163
　　三、采购质量管理 ··· 164
　　四、建立采购质量管理体系 ·· 167
第2节　采购质量管理的基本技术 ·· 169
　　一、调查表法 ·· 169
　　二、因果图 ·· 170
　　三、抽样检验 ·· 172
　　四、直方图 ·· 174
　　五、质量功能展开 ··· 177

第9章　采购绩效评估* ·· 185
第1节　采购绩效评估概述 ·· 186

一、采购绩效的概念 ·· 186
　　二、采购绩效评估概述 ···································· 186
　　三、采购绩效评估分类 ···································· 189
　　四、采购绩效评估的标准 ································ 190
第 2 节　采购绩效评估指标 ································ 190
　　一、价格和成本绩效指标 ································ 191
　　二、质量绩效指标 ··· 192
　　三、时间绩效指标 ··· 192
　　四、效率绩效指标 ··· 193
　　五、物流绩效指标 ··· 194
　　六、供应商绩效指标 ······································ 194
　　七、战略绩效指标 ··· 195
第 3 节　采购绩效的评估 ···································· 196
　　一、采购绩效评估的步骤 ································ 196
　　二、基于标杆管理的采购绩效评估 ·················· 198
　　三、改进采购绩效的途径 ································ 202

第 10 章　政府采购管理 ···································· 213
第 1 节　政府采购供应商管理 ···························· 214
　　一、政府采购供应商资格审查与管理制度 ······· 214
　　二、政府采购供应商资格审查的方式 ·············· 215
　　三、供应商资格审查的程序 ··························· 217
第 2 节　政府采购信息管理 ································ 219
　　一、政府采购信息收集 ·································· 219
　　二、政府采购信息发布 ·································· 221
　　三、政府采购信息记录与保存 ······················· 223
第 3 节　政府采购方式 ······································ 224
　　一、政府采购方式概述 ·································· 224
　　二、我国政府采购方式 ·································· 225
　　三、招标文件 ·· 226
第 4 节　政府采购中介机构管理 ························ 227
　　一、政府采购中介机构的含义 ······················· 227
　　二、社会中介机构代理的政府采购事务 ·········· 231
　　三、社会中介机构政府代理业务代理资格的认定及管理 ········ 232
　　四、社会中介机构的工作程序 ······················· 234

参考文献	238
后记	240

采购与供应管理（一）（二）考试大纲

Ⅰ．课程性质与课程目标	243
Ⅱ．有关说明与实施要求	245
Ⅲ．考试内容与考核要求	247
Ⅳ．题型示例与参考答案	255

▶ 采购与供应管理（一）（二）

采购与供应管理(一)(二)

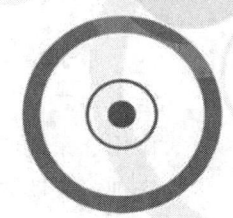

- 第1章 绪论
- 第2章 采购与供应战略*
- 第3章 采购与供应管理流程
- 第4章 B2B 电子市场采购
- 第5章 采购计划制定与采购预算确定
- 第6章 供应商选择与供应商管理
- 第7章 采购定价与合同
- 第8章 采购质量管理
- 第9章 采购绩效评估*
- 第10章 政府采购管理

编者的话

本书是全国高等教育自学考试物流管理专业和中国物流职业经理资格证书考试指定教材之一。本书的第一版于2005年出版，其主要内容包括采购与供应管理的概念与作用、采购与供应战略、采购与供应流程及其优化、采购与供应需求的确定、供应商管理、采购定价与谈判、采购合同管理、采购质量保证、采购绩效评估等。

在过去的七年里，电子商务在中国迅猛发展，由此带动了企业电子采购的发展。同时，伴随着《中华人民共和国政府采购法》的实施，政府采购管理已引起广泛关注。良好的采购与供应管理能够增加利润、提高组织运营效率。因此，在第一版基础上，本版增加了电子采购和政府采购等内容，并对采购与供应管理中出现的新趋势进行了较为详尽的阐述。作者本着理论联系实际的原则，在做到涵盖面广、内容丰富的同时，力求增强教材的可读性、实用性和可操作性。

本书中标注＊号的部分（第2章和第9章）是自考本科段和物流经理高级证书需要掌握的内容。另外，读者在学习本书第5章第1节"采购需求的确定"时，应注意与本系列教材中的《库存管理（一）（二）》一书结合学习。

本书由郑称德担任主编，主要参编人员有陈建、宋培建和于笑丰等同志。最终由郑称德统编成稿。

在本书的编写过程中，中国交通运输协会人力资源培训中心王增东总经理给本书提出了宝贵意见，同时也得到许多企业采购管理人员的大力帮助，特别是参考和吸收了国内外许多专家学者的先进思想和研究成果，在此一并表示感谢！

由于作者水平有限，书中不免会有不足之处，敬请广大读者多提宝贵意见。

编　者

2012年5月于南京大学商学院

第1章 绪 论

学习目标

1. 应了解、知道的内容
   - 采购与供应的概念，采购与供应管理的概念
   - 采购分类方法及各种具体采购分类的基本概念
   - 采购与供应管理的演变趋势及各种趋势的基本概念
2. 应理解、清楚的内容
   - 采购与供应管理的目标
   - 采购与供应管理的作用
   - 集中采购和分散采购的优缺点
   - 长期合同采购和短期合同采购的优缺点
   - 商品采购和服务采购的区别
   - 采购部门在企业各种隶属关系中的位置和作用
   - 采购部门在作业和管理层面的职责
3. 应掌握、会用的内容
   - 能根据采购部门主要功能将采购部门安排在企业中适当的位置
   - 采购部门和其他部门之间的关系
   - 采购与供应管理的演变历程和主要发展趋势
4. 应熟练掌握的内容
   - 采购与供应管理的演变历程和主要发展趋势

自学时数

4 学时。

老师导学

本章是全书的综述性内容，主要介绍了采购与供应管理的基本概念、目标和作用，并对采购部门在企业中的隶属关系和职责做了简要的介绍，最后对采购与供应管理的重要发展趋势做了一个简要的概括。本章的主要目的是让读者对采购与供应管理的基

本概念、基本作用与发展趋势有一个总体的把握。由于文中对一些内容只做了一些综述性的介绍，因此这些内容可能理解起来会比较困难，但这些问题会随着全书的展开逐步得到解决。在对本章的学习中，应重在理解，并在理解的基础上对采购产生一个总体的印象。

第1节 采购与供应管理的概念

一、采购与供应

所谓采购，是指在市场经济条件下，在商品流通过程中，各企业及个人为获取商品，对获取商品的渠道、方式、质量、价格、时间等进行预测、抉择，把货币资金转化为商品的交易过程。它具有明显的商业性。采购与购买不同，购买是使用货币换取商品的交易过程。采购比购买的概念更专业，含义更广泛，包括购买、储存、运输、接收、检验及废料处理等。

狭义的采购就是买东西，扩展开来就是企业根据需求提出采购计划；审核计划，选好供应商，经过商务谈判确定价格、交货及相关条件，最终签订合同并按要求收货付款的过程。广义的采购是指除了以购买的方式占有物品之外，还可以通过租赁、借贷、交换三种途径取得物品的使用权，来达到满足需求的目的。租赁是指一方用支付租金的方式取得他人物品的使用权；借贷是一方凭借自己的信用和彼此间的友好关系获得他人物品的使用权；交换是指采用以物易物的方式取得物品的使用权和所有权，但并没有以货币直接支付物品的全部价值。

综合以上的说明，我们可以了解采购是以不同的途径，包括购买、租赁、借贷、交换等方式，取得物品及劳务的使用权或所有权，以满足使用需求的过程。在一个大型的企业里，采购就其功能来讲不单单是采购员或采购部门的事，而是企业整体供应链的重要组成部分，是集体或团队的工作。同时采购是物流的重要组成部分。

供应是指供应商或卖方向买方提供产品和服务的全过程。可见，供应与采购是两个相辅相成的概念，只有存在采购，表明存在需求，供应才显得有意义；但如果没有供应，也采购不到物品。同时，一个企业可能同时扮演着采购与供应两种角色，它既要向供应商采购零部件，又要向消费者供应产品。把这种情形前后推广，供应过程就形成了一个围绕核心企业，通过对信息流、物流、资金流的控制，从采购原材料开始，经过制成中间产品以及最终产品，最后由销售网络把产品送到消费者手中的一个链状过程。这个过程将供应商、制造商和销售商直到最终用户连成了一个整体的功能网络结构模式，故称之为供应链。

二、采购与供应管理

采购管理是指为了达成生产或销售计划，从适当的供应商那里，在确保质量的前提下，在适当的时间，以适当的价格，购入适当数量的商品所经历的一系列管理活动。

为了深入理解采购管理的含义，我们先探讨一下采购管理与采购的联系和区别。采购管理是对整个企业采购活动的计划、组织、指挥、协调和控制，是管理活动，是面向整个企业的，不但面向企业全体采购员，而且面向企业组织其他人员（协调配合采购工作的人）。它一般由高级管理人员承担，其使命就是要保证整个企业的物资供应，享有调动整个企业资源的权力。相对来说，采购只是指具体的采购业务活动，是作业活动，一般指由采购人员承担的工作，只涉及采购人员个人。采购的使命就是完成采购科长布置的具体采购任务，只享有调动采购科长分配的有限资源的权力。可见，采购管理和采购并不一样。但是，采购本身也有具体管理工作，它属于采购管理。采购管理本身又可以直接管到具体采购业务的每一个步骤、每一个环节、每一个采购员。可见，采购管理与采购又是有联系的。所以，采购管理和采购既有区别又有联系。

所谓供应管理，即为了保质、保量、经济、及时地供应生产经营所需要的各种物品，对采购、储存、供料等一系列供应过程进行计划、组织、协调和控制，以保证企业经营目标实现的过程。采购管理是以交易为导向的战术职能，而供应管理是以流程为导向的战略职能。随着供应管理的发展，企业对供应管理的战略职能越来越认同。事实上，许多企业正在用供应管理或采购与供应管理的概念来替代采购管理的叫法，这也反映了采购职能的变迁。

三、采购与供应管理的目标

对于采购职能总体目标的标准描述是：它获得的物料应该是货真价实的（即满足质量方面的要求），数量是符合要求的，并以准确的时间发送到准确的地点，物料必须来源于合适的供应商（即可靠的、能及时地履行其承诺的义务的供应商）。与之相适应，还要获得合适的服务（不仅仅是采购之前，还包括成交之后），当然价格也必须是合理的。如果发送的货物不能达到质量标准，或是一段时间过后才被送到使用地，造成生产线中断的话，那么就算以最低的价格购买的货物也不能接受。另一方面，如果所购买的货物是出于急需，购买者就不能按照正常的订货提前期来进行采购，这时给出的"合理价格"也许比正常价格高得多。采购决策者总是试图通过协调这些相互冲突的目标，来得到最优的目标组合。

对采购与供应管理的具体目标可表述如下：

（1）提供不间断的物料、供应和服务，以使整个组织正常地运转。物料和生产零部件的缺货会造成企业的经营中断，由此造成的由于必须支出的固定成本会带来运营成本的增加以及无法兑现向顾客做出的交货承诺，将会造成更大的损失。

（2）使库存投资和损失保持最低限度。持有库存的成本一般占库存商品价值的20%~50%，库存会带来相当大的库存成本。举例说明：如果采购部门可以用1 000万元的库存（而不是原来的2 000万元）来保证企业的正常运转的话，那么在年库存成本为30%的情况下，保持1 000万元库存不仅意味着多出了1 000万元的流动资金，还节省了300万元的库存费用。

（3）保持并提高质量。为了生产所需要的产品或提供服务，每一项物料都要达到一定的质量要求，否则最终产品或服务将达不到要求或者是成本远远超过可以接受的水准。纠正低质量物料投入所产生的成本可能是巨大的，不仅包括停工的损失，而且会给企业声誉造成影响。

（4）发现或发展有竞争力的供应商。采购部门必须有能力找到或发展供应商，分析供应商的能力，从中选择合适的供应商，并且与其一起努力对流程进行持续的改进。只有当最后所确定的供应商在工作上雷厉风行，而且富有责任感的时候，企业才能最终以最低的价格得到所需要的物资和服务。在目前市场竞争异常激烈的情况下，如果能够找到合适的供应商并建立起伙伴关系，就能带来持续的成本改进，从而提升企业的市场竞争优势。

（5）当条件允许的时候，将所购物资标准化。从企业的角度出发，采购部门应该去购买就其用途而言市场上所能得到的最好的物料。在供应商保证服务水平的前提下，通过大批量采购的采购协议和低库存，标准化能够提供价格低又符合要求的物资。

（6）以最低的总成本获得所需的物资和服务。在企业中，企业采购活动消耗的资金比例最大，这样，采购活动的利润杠杆效应（采购成本的降低会带来利润比例的提升）就会表现得非常明显。因此，当质量、运输和服务等方面的要求都得到满足时，采购部门还是应该全力以赴地以最低的价格获得所需要的物资和服务。

（7）与企业其他职能部门建立起和谐而富有效率的工作关系。在现代企业中，由于专业化程度的不断提高，如果没有其他部门和个人的合作，采购经理的工作就不可能圆满完成。在许多企业中，从新产品创意阶段开始，采购部门就应同其内部顾客（营销、设计、工程技术部门等）紧密合作，通过跨职能采购团队的形式来做出最佳采购决策。

（8）以尽可能低的管理费用来实现采购目标。采购部门正常运作需要企业投入许多资源：员工工资、电话费和邮资、办公用品、差旅费用、计算机费用和其他必需的管理费用。如果采购流程的效率很低，那么采购的管理费用就会很高。采购部门应尽可能有效和节俭地完成采购目标，这就需要采购经理经常对部门的运作情况进行回顾，以确保所有的活动耗费都是有效的。采购过程高效的企业可以通过降低成本、提高弹性和减少反应时间来获取竞争优势，同时，采购管理人员也能将更多的精力集中在可以增值的活动上。

（9）提高公司的竞争地位。只有当一个公司能够有效地控制供应链所有环节上的成本和时间时，这个公司才能表现得富有竞争力。从长远来看，任何企业的成功都依赖于它与顾客建立和维护良好关系的能力，而对供应链的有效管理则会直接或间接地影响最终顾客。从企业的全局战略和提升企业的竞争地位角度来说，采购和供应管理都会有很大的贡献。

第 2 节　采购与供应管理的作用

采购与供应管理在企业经营管理中占据非常重要的位置。任何企业要向市场提供产品或服务都需要进行原材料或消费品的采购与供应。对于制造企业来说，物料成本占整个产品成本的比重非常大，很多制造企业的原材料采购成本往往会占其销售额的一半以上，诸如石油炼油等企业，其原材料成本更是占到销售额的 80%。从如此大比重的资金占用额，就可以理解采购与供应管理在企业管理中的分量了。具体来说它有以下几个作用：

一、利润杠杆作用

利润杠杆作用是指当采购成本降低一定的比例时，企业的利润率将会上升更高的比例。

资料显示，在美国和日本，制造业采购支出（直接原料）降低 5% 所创造的利润，需要直接人工成本降低 22%、制造费用降低 24% 才能达到。因此在企业各项支出对利润的影响中，采购成本影响最大，其大致比例如表 1-1 所示。

表 1-1　企业各项支出对利润的影响

项目	成本结构	降低比率	利润增加
直接原料	￥53	5%	￥2.7
直接人工	￥12	22%	￥2.7
制造费用	￥11	24%	￥2.7
管理费用	￥16	17%	￥2.7
销售费用	￥8	34%	￥2.7

为了更清楚地说明采购管理的利润杠杆作用，现在举一实例说明。假设有一家小型企业：

销售总收入	1 000 万元
采购物品成本	600 万元
工资和奖金	220 万元
企业管理费	80 万元
营销费用	50 万元
税前利润	50 万元

要使税前利润翻一番达到 100 万元，可以采取的措施有：① 销售量增加 100%；② 价格提高 5%；③ 工资降低 23%；④ 企业管理费用降低 63%；⑤ 采购成本降低 8.3%。

上述数据显示出了采购成本对于增加利润的贡献。采购成本减少1%，可以使税前利润增加12%。这种采购成本降低很少比例就可以带来更大比例销售利润增加的现象称为利润杠杆效应。

增加销售、提高价格，不仅要受外部市场的制约，而且要扩大生产能力，提高产品差异化程度，往往一时很难办到；而在企业内部降低职工工资水平，减少管理费用，困难更大。而且在企业中，这些提高利润的方法已经受到了很大的重视，可供落实的余地都不是很大。节减采购成本，在一家一直都比较重视采购的企业中可能不容易办到，但是，在一家忽视采购的企业中，倒是一个现实的目标。由于利润杠杆效应，它甚至可以带来很大的利润。现在有越来越多的专家认为，采购部门可能已成为企业中的最后一个尚未开发的利润来源。

二、保障企业经营

物资采购为企业保障供应、维持正常生产和降低缺货风险所需。物资采购是开展生产的前提条件。企业生产所需的原材料、设备和工具都由物资采购来提供，没有采购就没有生产条件，就不可能进行生产。而且，采购来的物资好坏直接决定着产品质量好坏，能不能生产出合格的产品，取决于采购部门提供的原材料及设备工具的质量。

三、提高企业整体运行效率

采购是企业进行生产和按时交货的首要环节，采购部门运作的有效性将直接反映在其他部门的运作上。采购物料的准时率、质量和数量对生产甚至是销售有重要影响，不重视采购环节会造成废品率上升和交货延迟等，对企业运作效率产生重大影响。比如：当采购部门选择的供应商不能够按照既定的质量标准送来原材料或零部件时，可能会造成废品率升高或返修成本增大，此外还会产生过多的直接人工成本；如果供应商不能按既定计划送货，企业可能要付出很大的代价重新规划生产。这样就会降低生产效率，甚至可能会导致生产线的停产。这时，尽管没有产出，但固定成本依旧存在。很多采购部门现在都把企业中的其他部门视为内部顾客或客户，注重提高自身的效率和效益，以便能为内部顾客提供优质服务，提升企业的营运效率。

四、提高企业竞争地位和顾客满意度

在购买产品时，顾客需要得到最大的让渡价值，而降低采购价格、提高产品质量是让用户满意的重要因素，这些都与采购环节紧密相关。如果企业不能在顾客需要的时候，按照要求的质量、以公平的价格提供产品或者服务，那么企业就没有竞争力可言。如果采购部门不能够把工作做好，那么企业就不能按需要的质量及时获得物料，购买物料的价格也无法使最终产品具有竞争优势，产品成本也无法得到控制。同时，如果企业不能按时得到物料，就不能按时为顾客提供产品，这样顾客必然会转向其他的供应商。如果其他供应商提供的产品让顾客感到满意，那么顾客在未来购买时就会转向新的供应商。企业失去老顾客的代价是非常大的，这从一定程度上也降低了企业的竞争优势。

五、提升企业形象

采购部门的行动会直接影响到企业的公共关系和形象。如果采购部门不能用心善待现有的和潜在的供应商，他们就会对企业形成不良看法，并且会把这种看法传递给其他供应商。这种不良形象会对企业产生负面影响，从而使企业无法获得新交易，也找不到好的供应商，更不用说和供应商建立战略伙伴关系了。反之，如果采购部门的行为为企业带来了良好的形象，供应商就会与企业建立良好的关系，从而带来企业持续的成本节减，增强企业的竞争力。

六、对供应商管理的作用

一方面，采购计划可以作为与供应商谈判的资本，即采购部门利用采购计划与供应商谈判。企业与供应商谈判的策略有很多，比如集中采购就是重要的一种。但如果企业规模不大，规模性采购无法做到，利用企业长期的采购计划与供应商谈判不失为一个好的技巧。因此将采购计划做成一个谈判支持报告，在报告中显示出未来一年内企业要下达的采购订单，虽然采购量不一定很大，但一年的采购总量比较大，对供应商仍然会有很大的吸引力。

另一方面，依据准确的采购计划可以对供应商实施有计划的管理。如果采购计划比较准确，则供应商可以据此提前安排自己的生产计划，在有利于自己企业的经营管理的同时，也可以使采购企业的采购活动业务由被动变为主动，提高采购作业的效率与效果。

七、信息源的作用

采购部门与市场的接触可以为企业内部各部门提供有用的信息，这主要包括价格、产品的可用性、新供应源、新产品及新技术信息。这些信息对企业中其他许多部门都具有重要的作用。供应商所采用的新的营销技术和配送体系可能对销售部门大有用处；而关于投资、合并、兼并对象、国际政治经济动态、即将来临的破产、提升和任命以及潜在顾客等方面的信息，对销售、财务、研发和高层管理部门都有一定的意义。由于直接与市场接触，采购部门可以广泛地收集到各种信息。

由于信息源收集到的信息可以提高企业中其他部门的经营绩效，采购和供应管理部门可以间接地为企业做出贡献。信息源的作用和下面将要谈到的营运效率作用以及对企业竞争优势的作用都属于采购供应管理的间接作用，它们不太容易直接衡量，但可以通过其他部门的绩效改进表现出来。采购部门的间接作用可能会大大超过其直接作用。

第3节 采购分类

采购可以用不同的标准分类。由于采购的复杂性，这种分类有助于企业根据每一种采购的特点，合理选择采购方式。可以根据不同的分类方法，将采购分为以下几类：

(1) 按采购范围分类，可以将采购分为国内采购和国外采购。
(2) 按采购时间分类，可以将采购分为长期合同采购和短期合同采购。
(3) 按采购主体分类，可以将采购分为个人采购、企业采购和政府采购。
(4) 按采购制度分类，可以将采购分为集中采购、分散采购和混合采购。
(5) 按采购输出结果分类，可以将采购分为有形采购和无形采购。
(6) 按采购方式分类，可以将采购分为招标采购和非招标采购。

一、按采购范围分类

按照采购范围来分类可以分为以下两类。

（一）国内采购

所谓国内采购，是指企业以本币向国内供应商采购所需物资的一种行为。国内采购主要指在国内市场采购，并不是指采购的物资都一定是国内生产的，也可以向国外企业设在国内的代理商采购所需要的物资，只是以本币支付货款，不需要以外汇结算。国内采购又分为本地市场采购和外地市场采购两种。通常情况下，采购人员应该先考虑在本地市场采购，这样可以节省采购成本，减少运输，节约时间，同时保障供应；在本地市场不能满足需要时，再考虑从外地市场采购。

国内采购的优势是：首先，国内采购不会遇到商业沟通的困难。由于供应商与购买商有共同的文化背景、道德观念以及商业利益，这样有利于维系良好的商业关系，双方都可以减少资源消耗。其次，国内采购不存在国际贸易运输、定价的问题，省却了在国际贸易中洽商运费、保险、交货付款条件等问题。再次，国内采购一般用时较短，面临的不确定性和风险较小。

（二）国外采购

国外采购，又称国际采购或全球采购，主要是指企业直接向国外厂商采购所需要的物资的一种行为。

国外采购的优势是：首先，企业，尤其是大型跨国公司，对采购产品质量有严格的要求，国外采购扩大了供应商的范围，有很大的选择余地，就有可能获得高质量的产品。其次，每个采购企业都希望降低采购成本，而国外的一些有竞争力的供应商可以提供具有更低价格的产品。再有，参与国际采购可以锻炼自己适应经济全球化的能力，有利于企业的长远发展。最后，通过国际采购还可以获取一些在国内无法得到的商品，尤其是高科技产品，如电脑的CPU等。因此，虽然国际采购具有流程麻烦、风险较高等弱点，但仍然不失为一种重要的采购途径。

二、按采购时间分类

按照采购时间来分类的话,采购可以分为以下两类。

(一)长期合同采购

长期合同采购是采购商和供应商通过合同,稳定双方的交易关系,合同期一般在一年以上。在合同期内,采购方承诺向供应方采购自己所需要的产品,供应方承诺满足采购方在数量、品种、规格、型号等方面的需要。

长期合同采购的优点有:首先,有利于增强双方的信任和理解,建立稳定的供需关系;其次,有利于降低双方的价格洽谈费用;最后,由于有十分明确的法律保证,可以通过法律来维护各自的利益。但是,这种方式也有其不足之处:首先,价格调整比较困难,一旦将来市场价格下降,采购方将会由于不能随之调整采购价格而造成价差损失;其次,合同对采购数量做了规定,不能根据实际情况的变化来调整;最后,由于有了合同的限制,即使出现了更好的采购渠道,购买商也不能随意调整。长期采购合同主要适合于采购方需求量大,并有连续不断需求的情况。

(二)短期合同采购

短期合同采购指采购商和供应商通过合同,实现一次交易,以满足生产经营活动的需要。短期合同采购中,供采双方的关系不稳定,采购产品的数量价格可以随现实情况相机调整,对采购方来讲具有较大的灵活性。但由于这种不稳定性,也将出现价格洽谈、交易以及服务等方面的不足。短期合同采购一般适合于非经常消耗的物品、价格波动较大的物品和质量不稳定的物品。

三、按采购主体分类

按照采购主体来分类的话,采购可以分为以下三种。

(一)个人采购

个人采购是几乎每个人都经常在进行的采购活动,它是指消费者为满足自身需要而发生的购买消费品的行为。购买对象主要为生活资料,如家用电器和生活必需品等。购买过程相对比较简单。

(二)企业采购

企业采购是企业为了实现自己的经营目标而发生的采购行为。企业采购一般分为生产企业采购和流通企业采购。生产企业采购是为了生产而进行的采购,采购对象以生产资料为主。流通企业采购是为了销售而采购,采购对象主要为一般生活资料。本书主要是针对企业采购来展开讨论的。

(三)政府采购

政府采购是以政府为采购主体进行的不以营利为目的的采购活动。我国2002年6月29日新颁布的《中华人民共和国政府采购法》中对政府采购做了如下定义:"政府采购,是指各级国家机关、事业单位和团体组织,使用财政性资金采购依法制定的集中采购目录以内的或者采购限额标准以上的货物、工程和服务的行为。"政府采购不仅指具体的采购过程，而且是对采购政策、采购程序、采购过程以及采购管理的总称，是一种对公共采购管理的制度。同时，政府采购也会作为国家的一种宏观调控的手段，对国家宏观经济的运行产生影响。政府采购将在第10章详细介绍。

四、按采购制度分类

按照采购制度来分类的话，采购可以分为以下三种。

（一）集中采购

集中采购制度是把采购工作集中到一个部门管理，最极端的情况是，总公司各部门、分公司以及各个工厂均没有采购权责。

集中采购具有以下优点：

（1）可以使采购数量增加，提高与卖方的谈判力度，比较容易获得价格折扣和良好的服务。这一点很好理解，如果各分公司都可以单独采购同种物品的话，必然不会有很大的采购规模，就不会得到供应商的重视和优惠。

（2）由于只有一个采购部门，采购方针比较容易统一实施，采购物料也可以统筹安排，也就是说可以协调企业内部的各种情况制定比较合理的采购方针。相反，权力越分散，不一致发生的可能性就越大。

（3）采购功能集中，精简了人力，便于培养和训练，提高采购工作的专业化程度，有利于提高采购绩效，降低采购成本。

（4）可以综合利用各种信息，形成信息优势，为企业经营活动提供信息源。

当然，集中采购也有一定的缺点：首先，采购流程过长，时效性差，难以适应零星采购、地域采购以及紧急状况。其次，采购与需求单位分离开来，有时可能难以准确了解内部需求，从而一定程度上降低采购绩效。值得一提的是，虽然有一定缺点，但在一些情况下集中采购仍然是一种很好的选择。

集中采购的适用情况是：

（1）企业产销规模不大，采购量均匀，只要一个采购部门就可以完成全部工作。

（2）企业各部门及工厂集中一处，采购工作并没有因地制宜的必要，也就是说不存在地域性采购；或者采购与需求虽然不在一个部门，但信息交流方便，也可以采用集中采购。

（二）分散采购

分散采购是指将采购工作分散给各个需用部门自行办理。此种制度通常对企业规模大，工厂分散在较广区域的公司比较有用。因为对这类公司，集中采购容易产生延迟，并且不容易应付紧急需要，而且使用部门和采购部门之间的联系也不方便。若应用分散采购可以较好地克服这些缺点。

（三）混合采购

对于一些大的公司，各分公司可能会对同种零部件产生需求，也可能存在地域性需求,那么单独采用集中采购方式或单独采用分散采购方式都是不太可取的。混合采购集中了集中采购和分散采购的优点,可以看具体情况适合采用哪种情况。例如,对共同性物料和采购金额大的物料,集中在总公司办理;小额、临时性的采购,可以授权分公司和各工厂执行。

五、按采购输出结果分类

按照采购的内容,即它的输出结果分,可以把采购分为以下两种。

(一)有形采购

采购输出的结果是有形的物品,或是参与某个系统运行的组成部分。如:一台电脑、一台电视机,都是看得见、摸得着的东西。像这种商品的采购就称为"有形采购"。

(二)无形采购

另一类采购输出的结果是无形的,例如:一项服务、一个软件、一项技术、保险及工程发包等,我们称之为"无形采购"。无形采购主要是咨询服务采购和技术采购,或是采购设备时附带的服务。

六、按采购方式分类

按采购方式可以将采购分为招标采购和非招标采购两种。

(一)招标采购

招标采购是通过在一定范围内公开购买信息,说明拟采购物资或服务的交易条件,邀请供应商或承包商在规定的期限内提出报价,经过比较分析后,按既定标准确定投标人,并与其签订采购合同的一种采购方式。通过招标程序,可以最大限度地吸引和扩大投标方之间的竞争,从而使招标方有可能以更低的价格采购到所需要的物资或服务。

招标采购又可以根据公开性的程度分为公开招标采购和邀请招标采购。

1. 公开招标

公开招标,又称为竞争性招标,即由招标人在报刊、电子网络或其他媒体上发布招标公告,吸引众多企业单位参加投标竞争,招标人从中择优选择中标单位的招标方式。

2. 邀请招标

邀请招标也称为有限竞争性招标或选择性招标,即由招标单位选择一定数量的企业,向其发出投标邀请书,邀请他们参加招标竞争,并向符合规格且价格最低的物资和服务提供者授予合同。

(二)非招标采购

非招标性采购方式是指除招标采购方式以外的采购方式。有些情况下,如需要紧急采购或者采购来源单一等,招标并不是最经济的方式,而需要采用招标方式以外的采购方式。另外，在招标限额以下大的采购活动也需要采用非招标采购方法。非招标性采购方法很多，通常使用的有：竞争性谈判采购、单一来源采购和询价采购。

（1）竞争性谈判采购。竞争性谈判采购是指采购实体通过与多家供应商进行谈判，最后从中确定中标供应商的一种采购方式。这种方法适用于紧急情况下的采购或涉及高科技应用产品和服务的采购。

（2）单一来源采购。单一来源采购即没有竞争的采购，是指达到了竞争性招标采购的金额标准，但所购商品的来源渠道单一，或属专利、首次制造、合同追加、原有项目的后续扩充等特殊情况，只能由一家供应商供货。

（3）询价采购。询价采购也称"货比三家"，是指采购单位向国内外有关供应商（通常不少于三家）发出询价单，让其报价，然后在报价的基础上进行比较并确定中标供应商的一种采购方式。

第4节 采购部门及其职责

采购部门是企业中极其重要的一个部门。然而在不同的企业中，采购部门的地位不同，它和其他部门之间的关系也不同，有时连采购部门的职责也有区别。

一、采购部门在企业中的隶属关系

由采购主管的顶头上司职务高低，可以对采购的地位以及采购在企业机构里受重视的程度进行判断。采购部门究竟隶属于企业中的哪个层级，要视具体的情况来定。

（一）采购部门隶属于生产副总经理

如图1-1所示，采购部门隶属于生产副总经理，其主要职责是协助生产工作顺利运行。因此，采购工作的重点，是提供足够数量的物料以满足生产上的需求，至于议价的功能则退居次要地位。图中所示生产管制、仓储等另归其他平行单位负责，并未归入采购部门的职能中。总之，将采购隶属于生产部，比较适合"生产导向"的企业，其采购功能比较单纯，而且物料价格也比较稳定。

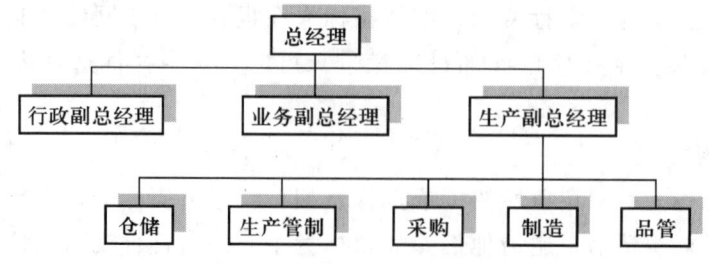

图1-1 采购部门隶属于生产部

（二）采购部门隶属于行政副总经理

图1-2显示，采购部门隶属于行政副总经理，采购部门的主要职责是获得较佳的

价格和付款方式，以达到财务上的目标。虽然有时采购部门为了取得较好的交易条件，难免会延误生产部门用料的时机，或购入品质不尽理想的物料，但采购部门独立于生产部门之外，能产生单位间制衡作用，并发挥议价的功能。因此，当生产规模庞大，物料种类繁多，价格经常需要调整，采购工作必须兼顾整体企业产销利益均衡时，将采购部门隶属于行政部门就比较合适。

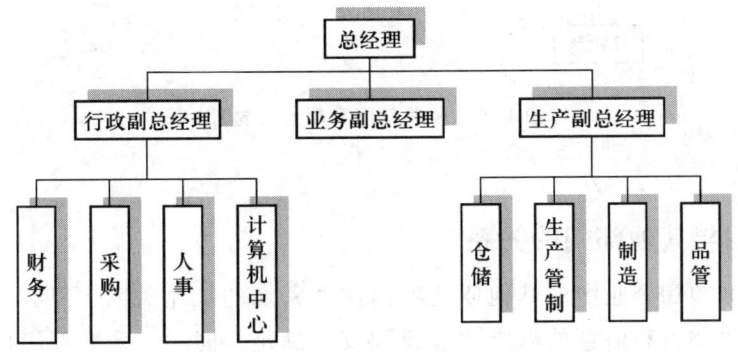

图1-2 采购部门隶属于行政部门

（三）采购部门直接隶属于总经理

如图1-3所示，采购部门直接隶属于总经理督导，提升了采购的地位与执行能力。此时，采购部门的主要功能在于发挥降低成本的效益，使得采购部门成为企业创造利润的另一种来源。这种类型的采购部门，比较适合于生产规模不大，但物料或商品在制造成本或销货成本所占的比率比较高的企业。采购部门隶属于高级管理层，使它俨然扮演着直线功能而非参谋功能的角色。

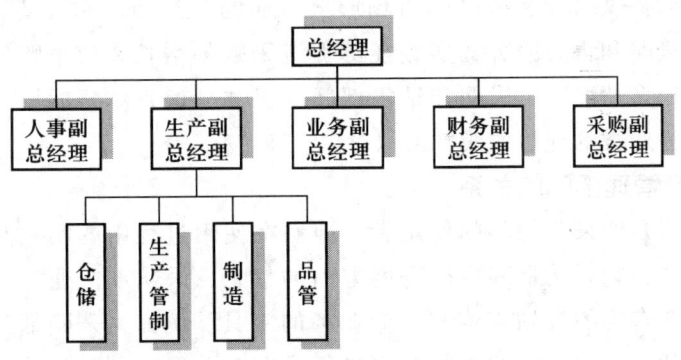

图1-3 采购部门隶属于总经理

（四）采购部门隶属于资材部副总经理

如图1-4所示，采购部门是向资材部（或物料管理部）副总经理负责，其主要功能在于配合生产制造与仓储单位，达成物料整体的补给作业。该安排无法凸显采购部门的角色与职责，甚至可能将其降为附属地位。因此，隶属于资材部的采购部门，比较适合物料需求管制不易，需要采购部门经常与其他相关单位沟通、协调的企业。

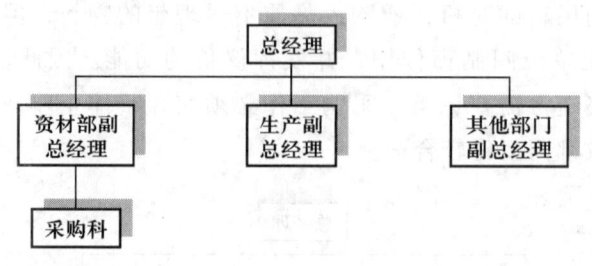

图 1-4 采购部门隶属于资材部

二、采购部门与其他部门的关系

采购部门必须和企业中的其他职能部门建立密切的工作关系，只有这样，企业中其他职能部门对物料和信息的需求才能得到及时满足，同时，采购部门也能从对方那里获得有用的信息，开展有效的工作。事实上，采购部门与其他职能部门的关系正随着管理理念的更新和信息技术的发展越来越紧密地联系在一起。

（一）与销售部门的关系

采购与销售部门从供给上讲是相互反映关系，因为采购部门与供应商交流的对象一般为对方的销售部门。在这种情况下，对这两种职能的整合可以为企业带来巨大的利润。采购部门要依靠从销售部门获得的长期市场销售计划来制定具有现实意义的物料供应战略，销售部门也要依靠采购部门及时地获取高质量的物料来保证销售目标的实现。采购部门是许多产业中不同供应商销售和营业推广计划的对象，感觉敏锐的采购部门的员工能够提供当前和未来的市场形势方面的信息和谈判技巧，另一方面，销售部门通过营销策略和售后服务的实施能够促进采购的增长，使采购部门更好地满足顾客的需要。在很多情况下，采购和销售部门可以共享谈判和售后服务方面的一些培训，而且可以成为对方的理想的谈判模拟对象。

（二）与生产管理部门的关系

因为生产部门是所采购物料的使用者，他们在使用过程中的实践和技术经验可以为采购部门提供关于物料质量和生产进度方面的信息，采购部门通过对这些信息的处理，可以获得一个有用的规划采购和供应业务的工具。例如，采购部门知道了生产部门的出产计划，就可以在正常的提前期内进行采购并获得有利的最终价格。关于这一点，我们以后会详细说明。生产部门依赖于采购部门提供有关物料、物料是否可以获取、物料发运提前期、物料替代品、生产设备供应商等方面的信息来制定生产计划，组织生产。采购部门提供的有关新的维护、修理和辅助物料方面的信息对生产部门也有帮助。总之，采购与生产部门是一个信息互动、互为协作的关系。

（三）与仓储管理部门的关系

仓储管理部门库存政策的形成需要许多方面的信息，如提前期、物料是否能到、价格趋势以及替代材料等方面的信息,而采购部门是这些信息的最合适的提供者。同时,采购部门需要库存管理部门提供关于在给定时间内需要采购或定购的商品名称和数量方面的信息,通过这些信息,采购部门才能围绕采购物料的种类、时间和数量实施采购,一方面可以避免库存不足或积压状况的出现,另一方面又可以节省采购费用。因此,采购部门和仓储管理部门的合作可以提升双方的工作绩效。

(四)与财务部门的关系

采购部门和财务部门在应付账款、计划和预算方面相互作用。采购经理经常抱怨财务部门过多地关注货物的最低价款,却不太注重合同中的支付条款。显然企业如果不能及时支付货款,那么协议就不能够很好地履行,就更不要说获得现金折扣和保持与供应商的良好关系了。但另一方面,这又会对于采购部门的运营费用产生一定的约束,有利于采购费用的节约。这就需要加强两个部门的沟通来缓和这些冲突。采购部门提供给财务部门的信息是其进行公司发展和管理预算以及确定现金需要量的基础。采购部门提供的有助于财务部门进行计划的信息还有:物料和运输成本及其发展趋势,以及为了应付需求突然变大造成的供应短缺或其他可以预测的原因造成的供应中断而进行远期采购的计划。同时,采购部门运作的有效性也可以作为衡量财务工作好坏的依据,会计体系不够精细,就不能发现由于采购决策失误造成的效率低下。

三、采购部门的职责

采购部门的职责是指采购部门的人员为了做好采购工作必须做的工作,下面分别从作业层面和管理层面来分别介绍采购部门的职责。

(一)作业层面的职责

对于作业层面的职责可以用表1-2表示:

表1-2 作业层面的职责

品质	交货	价格	其他
① 能够明确说明规格 ② 提供客观的验收标准给供应商 ③ 参与品质问题的解决 ④ 协助供应商建立品质管理制度 ⑤ 尊重供应商的专业技术	① 给供应商提供正确而且能够达到的交货期 ② 提供长期的需求计划给供应商 ③ 使供应商同意包装及运输方式 ④ 协助供应商处理交货问题	① 给供应商提供公平的价格 ② 让供应商分享共同推行价值分析的成果 ③ 尽快付款	① 对供应商的问题及抱怨尽快做出回应 ② 提供技术及测试仪器,使供应商生产更佳的产品 ③ 使供应商尽早参与产品的设计

(二)管理层面的职责

不同层级人员的职责可以用表1-3表示:

表 1-3 采购管理层面的职责

采购经理	采购科长	采购员	助理
① 拟订采购部门的工作方针与目标 ② 负责主要原料与物料的采购 ③ 编制年度采购计划与预算 ④ 签订订购单与合约 ⑤ 采购制度的建立与改善 ⑥ 撰写部门周报与月报 ⑦ 主持采购人员的教育训练 ⑧ 建立与供应商良好的伙伴关系 ⑨ 主持或参与与采购相关的业务会议，并做好部门间的协调工作	① 分派采购人员及助理的日常工作 ② 负责次要原料或物料的采购 ③ 协助采购人员与供应商谈判价格、付款方式、交货日期等 ④ 跟踪采购进度 ⑤ 保险、公证、索赔的督导 ⑥ 审核一般物料采购案 ⑦ 市场调查 ⑧ 供应商的考核	① 经办一般性物料的采购 ② 查访厂商 ③ 与供应商谈判价格、付款方式、交货日期等 ④ 要求供应商执行价值工程的工作 ⑤ 确认交货日期 ⑥ 一般索赔案件的处理 ⑦ 处理退货 ⑧ 收集价格情报及替代品资料	① 请购单、验收单的登记 ② 交货记录及稽催 ③ 访客的安排与接待 ④ 采购费用的申请与报支 ⑤ 进出口文件及手续的申请 ⑥ 电脑作业与档案管理 ⑦ 承办保险、公证事宜

第5节 采购与供应管理的发展趋势

虽然采购的历史源远流长，商品经济一诞生，采购就伴之而生，然而它真正受到人们的关注却是在近代。而近些年，随着人们对采购越来越重视，采购飞速发展，诞生了电子采购等不少新生的采购方式。

一、采购与供应管理职能的产生和演变历程

尽管人们对采购与供应管理职能的绩效产生兴趣是在20世纪，但早在1900年以前，其独立性与重要性已经受到美国一些铁路企业的重视。第一本针对采购的书《铁路用品的解决对策——采购与处置》在1887年出版。人们在20世纪早期对采购工作的研究和关注是不平衡的，仅仅是在需要进行大量物品的采购时才给予一定的关注。

在第一次世界大战之前，大多数企业主要把采购职能看作一种文书工作。但是在第一次世界大战和第二次世界大战期间，由于市场几乎是无限的，所以一个企业的成功不在于它能够销售什么，而是取决于企业从供应商那里获得原材料、用品和服务的能力。这些保证工厂和矿山运营的必要条件成了决定企业成功的关键因素。从那时开始，人们开始关注采购职能的组织、政策和程序，采购职能开始作为一项独立的管理

活动而出现。20世纪五六十年代，采购职能所应用的技术更加先进，受过专门训练的采购人员也越来越多，他们有能力做出合理的采购决策，采购职能在企业中的地位也越来越重要。许多企业把首席采购官提升到管理层，这也加强了采购部门的吸引力，促进了采购管理理念的进一步发展。

进入20世纪70年代以来，企业面临着两个问题：一方面，支持运营的所有原材料几乎都出现了国际范围内的短缺；另一方面，价格的增长幅度远远超过了第二次世界大战结束时的水平。这一变化使得采购部门备受关注，因为他们能否从供应商那里获得所需要的物品，将决定企业的命运。这样，采购部门被推上了战略地位，人们开始关注采购战略的制定。

20世纪90年代后，企业已经清楚地认识到，企业要想成功地与国内外的企业竞争，就必须有一个颇具效益和效率的采购与供应管理部门。因为在大多数企业中，采购和服务的成本都大大超过劳动力和其他成本，所以，改进采购职能可以长久控制成本。许多企业正在尝试把采购战略与企业整体战略整合，应用先进的信息和网络技术，推进企业流程的重组，采购职能正在从以交易为基础的战术职能发展成以流程为导向的战略职能。

采购与供应管理的演变历程可以用图1-5加以说明：

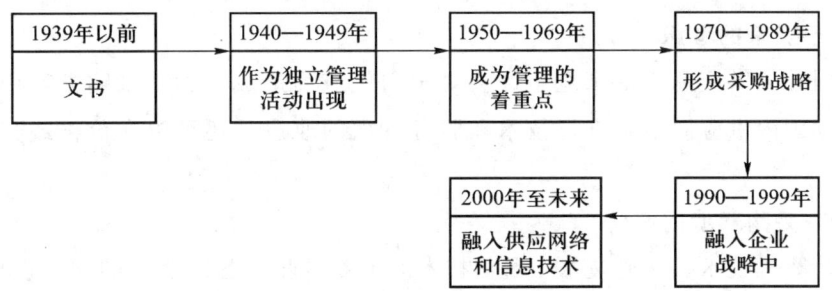

图1-5　采购与供应管理的演变历程

二、采购与供应管理发展趋势

随着信息技术、计算机技术的进步和管理理念的更新，采购与供应管理也在不断发展变化，一些新的发展趋势已见端倪，有一些已经在实际工作中被逐渐采用。现在把这些趋势介绍如下。

（一）全球化采购

越来越多的迹象表明，我们的世界将要变成一个商品在各国之间飞速流动的世界。全球正在变成一个单一的市场，哪里成本低，就在哪里生产。在这种情况下，全球化采购应运而生了。全球化采购就是在全球范围内组织货源，面向全球范围内的供应商实施采购工作，以求在价格、质量、服务等方面达到仅靠国内采购所达不到的竞争优势。

实施全球化采购主要有以下方面的原因：

1. 价格

价格是推动全球化采购的主要原因。在当今经济全球化的时代，全球已经形成了一个大市场，企业可以在这个大市场中进行生产经营活动。由于历史和地理的原因，各国在劳动力成本、汇率、生产效率、产品垄断程度方面存在差别，再加上信息和运输技术的进步，可以在国外市场寻找到具有更低价格的商品。

2. 质量

在某些商品的质量方面，国外供应商能够提供具有更优质量的物料，这对于有志于参与全球竞争的客户来说，具有极大的吸引力。

3. 某些货物在国内无法得到

由于技术、资源或生产成本方面的原因，采购方所需要的某些产品在国内无法买到，只能寻求于国际市场。

4. 更快的交货、更完善的技术服务和供应的连续性

一些全球性供应商为了保持自己的竞争优势和良好的声誉，凭借其在技术和管理水平方面的巨大优势，可以比国内供应商提供更好的交货速度、技术服务和供应连续性。

5. 出于竞争的考虑

引进国外的供应商会带来竞争，会对国内供应商造成压力。采购方利用这一点不仅可以激励国内供应商不断进行技术和服务方面的改进，还可以在价格或其他方面取得优惠。

6. 全球采购环境的好转

随着计算机技术、交通技术、通信技术的不断进步，各国之间的交流也越来越多，信息传递更为方便快捷，这一切都为全球采购创造了良好的条件。

但是，我们还应该看到，由于在政治、汇率、气候等方面同时存在着一定的不确定性，这又为实施全球采购带来了一定的风险。另外，全球化采购对采购管理人员的能力提出了更高的要求，适应全球化采购管理人才的缺乏也增加了全球化采购的难度。但只要做好足够的准备，加强对企业采购人员的培训工作，全球化采购的前景还是十分令人向往的。

（二）电子采购

随着市场竞争的加剧和信息技术的发展，越来越多的企业开始加入电子采购。电子采购是指以计算机技术、网络技术为基础，以电子商务软件为依据、互联网为纽带、EDI电子商务支付工具及电子商务安全系统为保障的即时信息交换与在线交易活动。相对于传统的采购方式，它能够降低采购的管理成本，缩短采购周期，降低采购商品的价格，加强对采购流程及库存等的控制。关于电子采购的具体内容将在第4章详细介绍。

（三）供应商伙伴关系

供应商伙伴关系是企业与供应商之间达成的最高层次的合作关系。它是指在相互信任的基础上采供双方为共同的、明确的目标而建立的一种长期的、合作的关系。

许多企业正逐渐看到建立良好的供应商关系的重要性。过去，许多企业把供应商看作自己的对手，并在此基础上与他们共事。在这种观念的指导下，企业往往选择尽可能多的供应商和尽可能低的价格，事实上，企业在这种方式下获得的每一分利益都是以供应商的损失为代价的，双方进行的是一个"零和博弈"[①]。在这种情况下，采供双方不可能建立密切的关系。日本企业的成功促使人们重新认识采供双方之间的关系。日本企业的经验表明，好的供应商关系可以带来许多好处，既能够得到接受交付时间、质量、数量改变的灵活多变的供应商，还能利用供应商帮助发现问题、提出解决建议。因此，单纯依靠价格选择和变换供应商是一种很短视的方法，不能满足不断变化着的需求。在新的采购环境下，供应商正在从单纯的货物和服务的提供者转变为采购方的战略合作伙伴，在更紧密的共同利益联系下，游戏规则从"单赢"变为"双赢"，采供双方有了共同的目标。供应商成本的各项组成也就成了买方的供应商管理的内容。

（四）JIT 采购

JIT 采购又叫准时化采购，它是由著名的准时化生产管理思想演变而来的。JIT 采购是把 JIT 生产管理思想运用到采购中形成的一种先进的采购模式，它的基本思想是：把合适数量和合适质量的物品，在合适的时间供应到合适的地点，最好地满足用户的需要。JIT 采购有最大限度地消除浪费、降低库存、实现零库存的优点。有关 JIT 采购的详细内容将在第 3 章阐述。

（五）绿色采购

绿色采购是指政府和企业利用庞大的采购力量，优先购买对环境负面影响较小的环保产品，以促进政府和企业环境行为的改善。随着环保问题的日益严重，企业和政府对绿色采购越发重视。

绿色采购在最初主要是由政府主导的。首先，因为政府采购量庞大，供应商为了赢得政府这个大客户，会采取积极措施，提高企业的管理水平和技术创新水平，尽可能地节约资源和减少污染物排放，提高产品质量，降低对环境和人体的负面影响。其次，政府绿色采购还因量大面广，可以培养扶植一大批绿色产品和绿色产业，有效地促进绿色产业和清洁技术的发展，进而形成国民经济的可持续生产体系。此外，政府绿色采购也可以引导人们改变不合理的消费行为和习惯，倡导合理的消费模式和适度的消费规模，减少因不合理消费对环境造成的压力，进而有效地促进绿色消费市场的形成。

面对政府推出的绿色采购相关法律法规以及绿色消费浪潮，越来越多的大型企业开始推行各自的绿色采购措施。比如，沃尔玛公司在 2008 年开始实施针对商品包装的

---

① 零和博弈是指：博弈参与各方中，任何一方的获益即是其他方的损失，博弈参与各方的得失总和为零。

一项改革计划，目的是在当年减少5%的包装材料。为执行这一绿色采购计划，沃尔玛设置了全球采购道德标准部，并以此与世界各地的供应商相对接。通过这个部门，沃尔玛把关于企业社会责任的各种决定传导到包括中国在内的世界各地。凭借其在世界范围内建立的庞大的销售网络体系，沃尔玛采取终止订单的方式，向供应商表明执行企业道德标准的重要性。

个案分析

案例材料

海尔推行的准时采购

海尔物流的特色是借助物流专业公司力量，在自建基础上推行小外包，总体实现了采购JIT、原材料配送JIT和成品配送JIT。该模式的实现得益于海尔的现代集成化信息平台。海尔用CRM与BBP电子商务平台架起了与全部用户的资源网、全球供应链资源网沟通的桥梁，从而实现了与用户的零距离，提高了海尔对订单的响应速度。

海尔的BBP采购平台由网上订单管理平台、网上支付平台、网上招标竞价平台和网上信息交流平台组成。网上订单管理平台使海尔100%的采购订单从网上直接下达。同步的采购计划和订单，提高了订单的准确性与可执行性，使海尔采购周期由原来的10天减少到了3天，同时供应商可以在网上查询库存，根据订单和库存情况及时补货。网上支付平台则有效提高了销售环节的工作效率，支付准确率和及时率达到了100%，为海尔节约了近1 000万的差旅费，同时降低了供应链管理成本。目前海尔网上支付已达到总支付额的20%。网上招标竞价平台通过网上招标，不仅使得竞价、价格信息管理准确化，而且防止了暗箱操作，降低了供应商管理成本，实现了以时间换空间。网上信息交流平台使海尔与供应商在网上就可以进行信息互动交流，实现信息共享，强化合作伙伴关系。除此之外，海尔的ERP系统还建立了内部的信息高速公路，能将用户信息同步转化为企业内部的信息，实现以信息替代库存，接近了零资金占用。

在采购JIT环节上，海尔实现了信息同步、采购与备料同步、距离同步，大大降低了采购环节的费用。信息同步保障了信息的准确性，实现了准时采购；采购与备料同步，使供应链上原材料的库存周期大大缩减。目前已有7家国际化供应商在海尔建立的两个国际工业园建厂，爱默生等12家国际化供应商正准备进驻工业园。与供应商、分供方的距离同步，有力地保障了海尔的JIT采购与配送。

分析

本案例材料涵盖了以下知识点：

（1）JIT采购。案例中，海尔集团应用信息化平台，实现了与用户的零距离，提高了海尔对订单的响应速度，有效实现了准时采购，节省了成本，也提高了客户满意度。

（2）电子采购。从海尔的准时采购运作过程中我们可以看到电子商务平台的重要作用，信息平台有效整合了各种有用的信息，保障了准时采购的实施。

（3）供应商伙伴关系。从该案例中我们也看到海尔成功运用供应商伙伴关系保证了准时采购的实施。事实上，网络平台和供应商伙伴关系是推动准时采购顺利实施的两个轮子，缺一不可。

在实际操作中，大家最容易忘记的就是各种采购战略的有效整合。实际上，从上面的案例我们也可以看出，单纯依靠某一种战略来推进采购新理念的实施是不可能取得成功的。因此我们要综合运用各个采购战略，才能保证彼此之间良性运作，取得比较好的效果。

自学指导

学习重点

本章学习重点：采购与供应管理的作用；采购部门与企业中其他部门的关系；采购与供应管理的发展趋势。

（1）采购与供应管理的作用。采购与供应管理主要有利润杠杆作用、资产收益率作用、信息源作用、营运效率作用、对企业竞争优势作用五个方面。只有对这些作用有很好的把握和理解，才能认识到采购工作对企业的重大作用，才能理解到采购工作的意义，从而才能充满做好采购工作的激情。

（2）采购部门与企业中其他部门的关系。随着采购工作在企业经营中的战略地位的加强，采购工作不再仅仅是采购部门一个部门的工作，也不能由采购部门单独来完成，采购部门和企业中其他部门之间的联系变得越来越紧密。只有理解了采购部门与其他部门间的关系，才能更积极地推动采购团队的组建和各部门之间的信息交互，才能更好地提升采购部门的绩效。

（3）采购与供应管理的发展趋势。由于采购与供应管理工作在企业中发挥着越来越重要的作用，人们对它的关注也越来越多，这又促进了采购工作的发展。从某种意义上说，采购理念的发展与企业的发展是紧密联系在一起的，只有把握这些潮流并顺应它们，才能更好地做好现在和未来的采购工作。

学习难点

本章学习难点：采购与供应管理的作用；采购与供应管理的发展趋势。

（1）采购与供应管理的作用。这是本章的重点，也是难点，其中主要的难点是利润杠杆效应和资产收益率效应。利润杠杆效应是指采购成本节减很少的比例就可以带来利润率的较大比例的增加。这主要是因为采购成本在总成本中所占的比重比较大，所以即使节减较少的比例也可以带来较大数额的成本节减。这些节减直接进入了税前利润，而采购成本的数额通常远大于利润额，因此会带来利润率的较大幅度的提高。在这里，还要明白的一点是其他提高利润率的途径由于一系列原因都没有减少采购成本可行或效果这么明显，这样就会对采购相对于企业的重要意义有一个更深的认识。至于资产收益率效应，主要是要知道资产收益率由利润率和投资周转率两部分乘积求得，由利润杠杆效应，我们知道利润率会提高较大比例，另一方面，采购费用减少，则库存同样数量物资占用的资金就少，即资产降低，这就提高了投资周转率，两者的乘积就是一个更大的比例，大的收益率有利于企业在资本市场的融资。其他的作用比较简单，就不一一阐述了。

（2）采购与供应管理的发展趋势。从世界范围来看，采购与供应管理主要呈现出全球化采购、网上采购、JIT 采购、供应商伙伴关系（双赢采购）等趋势，而且在发达国家，这些采购理念已经投入实施，取得了很好的效果。在我国，由于企业经营理念、管理水平和采购环境等的局限，这些采购理念还没有大规模实施。但我们仍要注意研究吸收，这是大势所趋。还有一个问题就是这些趋势是一个交相呼应的工程，彼此之间互相影响，共同决定着企业采购的水平和绩效，因此要重点研究如何综合实施这些先进的采购理念的问题。

复习题

一、单项选择题（在备选答案中选择 1 个最佳答案，并把它的标号写在题后的括号内）

1. 采购与供应管理的利润杠杆效应指的是（　　）。
   A. 利润的增加可以带来采购数量的增加
   B. 采购数量的增加可以带来利润率的提高
   C. 采购费用节省较少比例可以带来利润率更大比率的提高
   D. 利润率提高较小比例可以带来采购费用更大比率的节省

2. 下面哪项不是采购与供应管理对于企业的作用？（　　）
   A. 杠杆利润效应　　　　　　　　　　B. 资产收益率效应
   C. 提高企业竞争地位和顾客满意度　　D. 牛鞭效应

二、多项选择题（在备选答案中有 2~5 个是正确的，将其全部选出，并将它们的标号写在题后的括号内。错选或漏选均不给分）

全球化采购可以实施的原因有哪些？（　　）
   A. 更低的价格　　　B. 更高的质量　　　C. 竞争的需要
   D. 没有风险　　　　E. 信息和运输技术的发展

三、简答题

1. 如何理解采购的信息源作用？
2. 按照不同的分类标准，可以把采购分成哪些种类？

四、论述题

1. 试述采购与供应管理的目标。
2. 试述采购与供应管理的演变历程。

五、案例分析题

很难想象 1979 年的某一天，克莱斯勒（现在的戴姆勒-克莱斯勒）会没有足够的现金支付给他的雇员、供应商和金融债权人，而且几乎要宣告破产。使克莱斯勒能够继续营业需要汽车工会的让步，同时银行债务的重组则包括数以百家的社会机构和超过10亿美元的政府援助贷款。尽管20世纪70年代末的经济萧条是造成这一现象的原因之一，但克莱斯勒最大的问题在于它的运营管理。该公司拥有功能强大的信息库，但在跨部门或与供应链的其他成员相联系方面功能却很差。资方与工会为敌，采购部门与供应商为敌，而产品开发以工程师为主，生产出的是客户并不想要的产品。这个信息系统甚至不能有效地帮助公司有效提高产品质量。

现在克莱斯勒公司与20年前相比已经大为不同。这该如何解释呢？为了更好地满足汽车购买者的需要，公司采用了"大企业"策略，该策略将整个公司的采购供应链进行了更好的整合——从原材料到零部件到各零部件供应商，从生产商到分销商，最后，将成品运送至客户。通过这种更为紧密的整合，克莱斯勒变得对市场需求的反应更迅速，它在产品设计与开发的革新上赢得了良好的声誉。

采购在克莱斯勒公司的变革中发挥了与众不同的重大作用，该公司被认为是北美与供应商关系最好的企业之一。较散乱的联系已经让位于更为紧密的供应商管理方式，供应商能够更早、更积极地参与新产品的开发。实际上，主要供应商已经为克莱斯勒实际开发的每辆汽车和卡车提供了设计与制造系统。采购部门已建立了一个极为成功的称之为SCORE的供应商建议项目，该项目每年能收集数以千条的供应商建议，根据建议节约的资金每年可达数亿美元。

如果没有了解采购流程以及知道如何利用这些流程创造价值的员工，这些变化是不可能发生的。克莱斯勒意识到采购并不是仅供低素质的采购人员随意进行传统操作的地方，而应接近于供应链管理。公司招募高学历人士进入采购梯队，当这些人的职业道路从策略采购转变为战略资源时，他们必须对采购的基本原理有彻底的了解。为了帮助他们的发展，克莱斯勒使用了一种强调采购的训练项目。训练者通过在不同领域轮流工作，取得丰富的经验知识。简而言之，管理层已经明白，采购部门未来的领导者必须在他们承担开发战略的重任前拥有足够的采购运作经验。

问题：

1. 你认为克莱斯勒在前期的采购方面出了哪些问题？
2. 结合案例谈谈你对采购工作重要性的认识。

第 2 章　采购与供应战略＊[①]

学习目标

1. 应了解、知道的内容
   - 企业战略的概念
   - 企业战略的类型
   - 采购与供应战略的概念
   - 企业总体战略与各职能战略
2. 应理解、清楚的内容
   - 企业战略的层次
   - 采购与供应战略构成要素
3. 应掌握、会用的内容
   - 采购与供应战略与企业总体战略的关系
   - 应用 ABC 分析方法和供应细分法选定采购与供应战略
4. 应熟练掌握的内容
   - 应用 SWOT 分析选择采购与供应战略

自学时数

4 学时。

老师导学

随着市场竞争的加剧，企业日益关注战略计划工作及其对组织长期生存与发展所起的作用，关注制定战略计划的工具和各种战略问题。作为对大多数组织的资源流进行优化配置决策的一个主要方面——采购与供应职能无疑会在制定企业战略时起到举足轻重的作用。本章前半部分旨在帮助读者理解并掌握企业战略的概念、过程、类型及层次等；后半部分开始讨论什么是采购与供应战略、采购与供应战略怎样才能有效地作用于组织的目标和战略以及怎么样运用具体的分析方法制定采购与供应战略。

[①] 打＊号的内容为本科段学习的内容，以下同。

通过本章的学习，读者会在总体上对采购与供应战略有一个把握，并深刻理解采购与供应对于企业目标和战略制定发挥的作用，以及要通过什么样的方法制定出科学的采购与供应战略使其能够有效地作用于组织目标。

第1节 企业战略概述

在过去的十几年里，经济全球化现象日益突出，区域经济合作不断加强，加之信息技术的飞速发展等因素对作为经济主体的企业产生的巨大影响，使企业在面对机遇的同时必须面对严峻的挑战。这时候，如何运筹帷幄，未雨绸缪，科学地运用企业资源并不断提升企业竞争力就成了企业发展的首要问题。因此，企业战略也日益得到理论界和实践领域的重视。

目前我国的知名企业也开始探讨自己的发展战略，进行相应的战略管理，并取得了一定的收益。在这一节里，我们将简要介绍企业战略的内容。

一、企业战略的概念

企业战略是企业的管理层所制定的"策略规划"，其目的在于：建立本企业在市场领域中的地位，成功地同竞争对手进行竞争，满足顾客的需求，获得卓越的公司业绩。企业战略包括管理者在经营一家公司时所运用的所有竞争行动和业务措施，跨越了公司经营和管理的整个范畴，致力于对市场营销、财务会计、生产作业、研究与开发及计算机信息系统进行综合管理，以实现企业的成功。

企业战略是一个动态的概念，随着企业内外部各种因素的不断变化，企业的管理者必须不断研究、探讨并制定公司的战略展望、公司的目标体系、公司的战略及其实施方式。在实施的过程中，随着周围环境的变化及企业自身的发展变化，就需要评价并修订企业的战略。因此说企业战略是一个不断循环前进的过程，它主要包括三个阶段：战略制定、战略实施、战略评价。

二、企业战略的层次

在大型企业中，战略的制定、实施与评价活动发生在四个层次：公司层次（整个公司和所有业务的战略）；分部或战略事业部层次（公司多元化战略中各个业务领域内的战略）；职能部门层次（各个业务领域中各个具体职能单元的战略）；经营运作层次（职能领域内各个部门的战略）。绝大多数小企业和一些大企业不设立分部或战略事业部，只分公司层次和职能部门层次以及经营运作层次。

要使企业战略得到彻底的贯彻，战略管理的过程就不应该仅仅针对整个组织，还应该为组织的每一项业务、每一个产品线、每一个职能领域及其内部每一个部门制定目标。只有当每一个单元的战略目标和财务目标能够支持整个公司的战略目标和财务目标，让公司的每一个部门都知晓各自的战略角色时，公司的各个组织部门才会真正推动组织沿着既定的战略道路前进，也只有这样战略管理过程才发挥了最大的作用。

图 2-1 突出说明了多元化公司内的各种战略行动，明显区别了企业战略的不同层次。上文已经提到，如果是单业务公司则不涉及业务层战略。

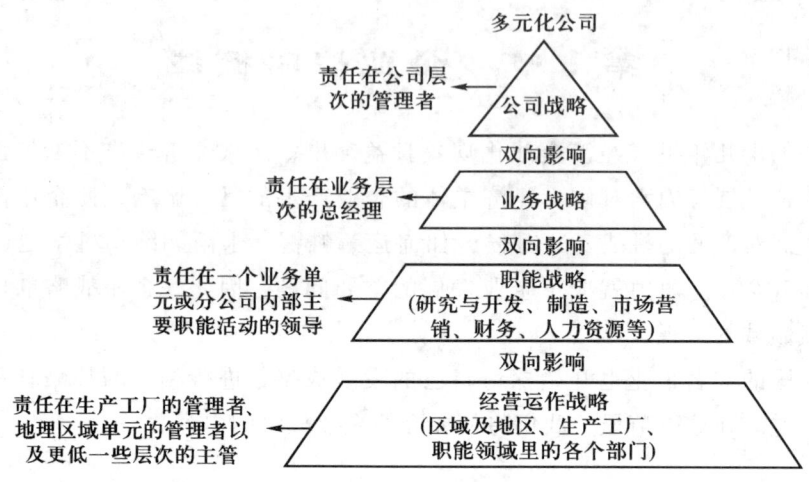

图 2-1 多元化公司企业战略的层次

我们对上图做一下简单的解释：

（一）公司战略

公司战略（又称企业总体战略）是业务多元化公司在整体上的管理策略规划，是企业中最高层次的战略，就像一把雨伞，覆盖公司所有的多元化业务。它需要根据企业的目标，选择企业可以竞争的经营领域，合理配置企业经营所必需的资源，使各项经营业务相互支持、相互协调。因此说，从公司的经营发展方向到公司各经营单位之间的协调，从有形资源的充分利用到整个公司价值观念、文化环境的建立，都是总体战略的重要内容。

企业总体战略的特点是：

（1）从形成的性质看，企业总体战略是有关企业全局发展的、整体性的、长期的战略行为。

（2）从参与战略形成的人员看，制定与推行企业总体战略的人员主要是企业的高层管理人员。重大公司战略决策通常由公司的董事会来评审，并由他们批准实施。

（3）从对企业发展的影响程度看，企业总体战略对企业发展的影响具有全局性、长远性。

（4）从战略的构成要素来看，经营范围和资源配置是总体战略中主要的构成因素。企业的总体战略主要是回答企业应该在哪些经营领域里进行生产经营活动的问题。

（二）业务战略

业务战略（又称经营战略）指的是对某一项业务的管理策略规划。它充分体现在管理层为取得某一特定业务领域中经营的成功而制定的行动方案和经营策略模式。对于一家单业务公司来说，公司战略和业务战略只有一个，合二为一，因为这种公司只有一种业务。只有对业务多元化的公司来说，公司战略和业务战略的区分才有意义。

在大型企业中，特别是在企业集团里，为了提高协同作用，加强战略实施与控制，企业从组织上把具有共同战略因素的若干事业部或其中某些部分组合成一个经营单位。每个战略经营单位一般有着自己独立的产品和细分市场。在企业内，如果各个事业部的产品和市场具有特殊性，也可以视作独立的经营单位。

业务战略的特点：

（1）从形成的性质看，业务战略是在企业总体战略的制约下，指导和管理具体经营单位的计划和行动，为企业的整体目标服务。

（2）从参与战略形成的人员看，主要是各事业部或子公司的经理。

（3）从对企业发展的影响程度看，业务战略着眼于企业中有关事业部或子公司的局部性战略问题，影响着某一具体事业部或子公司的具体产品和市场，只能在一定程度上影响总体战略的实现。

（4）从战略构成要素的角度来看，资源配置与竞争优势通常是业务战略重要的组成部分。协同作用也变得更为重要，业务战略需要把经营单位中不同职能领域的活动加以协调。

如果说企业总体战略是一本书，以自己的风格向读者传播某类学科的知识的话，业务战略则是书中的章节，以其充实的内容，使读者了解该书所介绍的知识细节。这些章节又构成一个体系，保证了该书的整体风格。

（三）职能战略

职能战略指的是管理者为特定的职能活动、业务流程或业务领域内的重要部门所制定的策略规划。公司的每一个与竞争有关的业务活动和组织单元都需要有一个职能战略。一般说来职能战略包括六大组成部分——财务战略，人力资源战略，技术战略，采购与供应战略，生产/制造战略和市场营销战略。职能战略比业务战略涉及的范围要窄一些，但是它可以为整体业务策略规划提供一些细节：为管理某一具体职能部门、业务流程或管控活动提出行动方案、运作策略及实际操作方案。它的目的是建立或加强差异能力和竞争能力，进而提高公司的市场地位和顾客形象。

职能战略的特点：

（1）从形成的性质看，职能战略对公司的整体业务战略和竞争策略起着支持作用，执行得力的职能战略能够为公司带来具有竞争价值的能力和资源优势。

（2）从参与战略形成的人员看，制定重要业务职能及流程的职能战略的人员通常由各个职能部门的领导和业务活动经理来承担。当然，这是针对业务单元层次的领导不施加强大影响的情况下而言的。

（3）从对企业发展的影响程度看，只有各个职能部门的战略在整体上协调一致才能更好地促进企业的发展。

（4）从战略构成要素来看，协同作用和资源配置是职能战略的关键要素，而对经营范围的影响则较小。

（四）经营运作战略

经营运作战略所关注的是一些范围更窄的战略行动和经营策略：如何管理关键的经营运作单位（生产工厂、销售地区、分销中心），如何管理具有战略重要性的日常经营运作任务（广告行动、原料采购、存货控制、维修、装运）。经营运作战略虽然涉及的范围有限，但是为职能战略和业务战略增加了进一步的详尽性。经营运作战略的主要责任通常是由一线管理者担负，由更高一层次的管理者评审和批准。

虽然经营运作战略处于战略制定的底层，但它却是落实企业战略的最具体的一个环节，其重要性不容低估。例如，如果一家工厂在执行战略时不得力，未能达到产量、单位产品成本、质量方面的目标，那么就会削弱公司在销售额和利润目标两个方面上所取得的成绩，给整个公司为在客户中建立起高质量的形象而做出的战略努力带来一场"浩劫"。

因此说，一线管理人员也是公司战略制定团队的一部分，其原因在于：许多经营运作单位都有战略关键性业绩目标，需要制定恰当的战略行动计划来完成这些目标。

三、企业总体战略与职能战略的异同

本书所论述的内容主要限于采购与供应管理，它是企业非常重要的管理内容，属于职能管理领域，因此我们有必要对企业总体战略与职能战略做个简单的对比，便于读者对以后章节的学习。

职能战略与企业总体战略之间的区别主要有以下几个方面：

（一）战略期限不同

企业总体战略是从长期的角度出发规划企业的行动，从而为企业提出一个长期的发展方向，并指明企业未来业务组成和前进的目的地。职能战略则用于确定和协调企业的短期经营活动，期限较短，一般为一年左右。职能战略期限较短的原因是：

（1）职能管理人员可以根据企业战略的要求，把注意力集中到当前需要进行的工作上。

（2）职能管理人员可以更好地认识职能部门当前的经营条件，及时地适应已变化的条件，并做出相应的调整。

（二）战略的具体程度不同

企业主要职能战略要比企业总体战略更为具体。企业总体战略为企业指出一般性的战略方向，而职能战略则为负责完成年度目标的管理人员提供具体的指导，使他们知道如何实现年度目标。同时，具体的职能战略还可以增强职能部门管理人员实施战略的能力。

职业战略的具体性之所以能使职能战略获得成功，主要有三点原因：第一，具体性在战略中增加了实际内容，明确了企业内职能部门必须完成的工作，从而丰富和完善了战略。第二，具体的职能战略向企业高层管理人员阐明了各职能部门准备如何实施企业战略，可以增强企业高层管理人员实施与控制企业总体战略的信心。第三，具体的职能战略可以说明企业中各职能部门间相互依赖的战略关系以及潜在的矛盾，有利于促进各职能部门之间的协调。

（三）战略参与人员不同

企业高层管理人员负责制定企业的长期目标和总体战略。职能部门的管理人员在总部的授权下，负责制定年度目标和部门战略。职能部门管理人员参与制定职能战略，可以更自觉地实现本部门的年度目标，执行职能战略所需要进行的工作，增强实施战略的责任心。

四、企业战略类型

竞争战略的目的是通过比竞争对手更好地提供购买者所需要的东西来将竞争对手击败。根据企业内外部的具体情况，企业会在不同的时机制定不同的战略，战略的核心内容是为顾客提供更具价值的产品或服务。

根据企业的市场目标是宽还是窄，企业所追求的竞争优势是与低成本相关还是与产品差别化相关，一般可以将企业竞争战略分为以下三种：

（一）成本领先战略

成本领先战略是指比竞争对手所提供的产品和服务的成本低，以此来吸引顾客。

如果企业所在的市场产品是标准化的，购买者对价格很敏感，那么成本比竞争对手更低将为企业赢得更多的顾客。寻求低成本领导地位的成功与否取决于这种优势的持久性。如果竞争对手发现模仿领导者的低成本方法并不需要付出很大的代价，那么低成本竞争战略就不能获得持久优势，而且往往会使企业处于很尴尬的价格竞争中。因此，选择此战略的企业所有的战略要素都要以获得成本竞争优势为目的。

要获得真正的成本优势，企业价值链上的累积成本必须低于竞争对手的累积成本。达到这个目的有以下两种途径：

（1）比竞争对手更有效地开展内部价值链活动，更好地管理推动价值链活动成本的各个因素。

（2）改造公司的价值链，省略或跨越一些高成本的价值链活动，集中于企业有成本优势的环节。

低成本战略要求企业不厌其烦地寻求整个价值链上的成本节约来获得成本优势，这是一个持续不断的过程。

（二）差异化战略

差异化战略是指寻求针对竞争对手的产品和服务的差别化，以此来吸引广大顾客。

如果企业所在的市场中，购买者有着不同的偏好，标准化的产品很难满足他们的需求，于是差异化的战略就成了吸引顾客的有力的竞争战略。企业在决定采取差异化战略之前，必须认真进行调查研究，了解顾客的需求、偏好、选择标准等。如果获得差异化而花费的成本低于企业所获得的额外收益，那么这种战略就取得了一定的成功。

差异化战略的持久成功要求差异化不容易被竞争对手复制，而实际上资源丰富的公司能够及时地仿制几乎任何一种产品或者产品的特色属性。因此持久的差异化通常同企业独特的内部能力、核心能力和卓越能力紧密相连。

一般说来，有以下几种差异化的途径：

（1）提供能够使购买者使用公司产品时的总成本降低的产品，使公司产品更具经济性。

（2）提供能够使购买者获得更高性能的产品，例如更省电或是噪音更小的家电产品。

（3）提供能够从非经济或是无形的角度提高顾客满意度的产品，例如与购买者对地位、形象、品位、声望的渴望相关的高档女装品牌。

（4）通过竞争对手没有或者不能克服的竞争能力来为顾客提供价值，例如日本的汽车制造商拥有比美国和欧洲的汽车制造商更快地将新车型推向市场的能力，因此能更好地满足顾客对追求时尚汽车款式的偏好。

在这里要着重指出一点，差异化并不单单是通过营销和广告部门的策划实现的，当然营销和广告部门的工作能够使顾客更好地感知产品的差异化。

（三）集中化战略

集中化战略（又称聚焦战略）是指以某个细分的市场群体为目标，通过为这个小市场的购买者提供比竞争对手成本更低的产品、服务或者提供能够比竞争对手更能满足顾客需求的有差异化的产品、服务，以此来吸引顾客。企业往往会根据竞争优势的基础选择究竟运用哪一种具体的集中化战略。

集中化战略取决于是否存在这样一个购买者的细分市场，企业能否通过低成本或是差异化比竞争对手更好地服务购买者。当出现以下某个情况时，集中化战略会取得更好的成果：

（1）定位于多个细分市场的竞争对手很难满足目标小市场的专业化或特殊化需求，或者满足这一狭小的目标市场会使他们付出昂贵的代价。

（2）没有其他竞争厂商在目标细分市场上进行专业化经营，或者该市场不是竞争厂商成功的关键。

（3）企业具有独特的服务小市场的资源和能力，可以凭借日益稳固的顾客忠诚度来抵御行业中的挑战者。

上述几种基本竞争战略中的每一种都能够获得一个与其他战略不同的市场地位。当然每一种战略所采取的参与竞争和运作的业务途径都有着明显差别。图2-2较简单地描述了这几种战略的异同。

迈克尔·E. 波特在这几种战略之外还提出了最优成本供应商战略。它主要是通过综合低成本和差异化为顾客所支付的价格提供更多的价值。这一战略的基本思想是：满足或者超过顾客在质量、服务、特色、性能等属性上的希望，低于他们在价格上的期望，从而为顾客提供超值的价值。

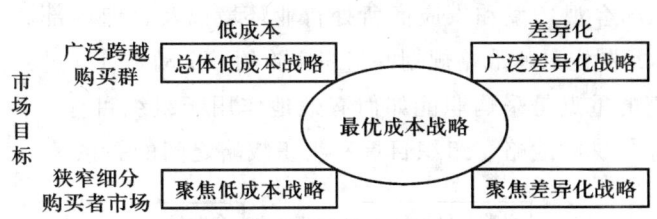

图 2-2 不同战略类型的比较

最优成本供应商战略从竞争地位的角度看具有很大的吸引力,而实际上它是一个复合战略,战略的着重点是通过寻求低成本和差异化之间的平衡来更好地为顾客创造价值。事实上大多数购买者更喜欢购买中档价位的产品而不是低成本厂商生产的便宜的标准化产品或者差异化厂商所生产的昂贵的产品,于是最优成本供应商战略有助于公司定位于中档市场——中档的质量和平均水平以下的价格,或者高质量的产品和中档的价格。

第2节 采购与供应战略及其构成要素

在我国,以前采购环节一直是一个非常薄弱的环节,几乎没有什么制度约束,属于粗放型采购管理,人为因素过多。但随着全球经济的迅猛发展,企业管理的理论与实践不断深入,采购也被赋予了新的含义。越来越多的企业开始意识到采购这一环节对企业竞争力的影响日益重要,采购与供应战略成为了企业战略的重要组成部分。

一、采购与供应战略

采购最基本的任务是:以最优的成本从适当的、可靠的渠道取得所需要的原材料和服务。采购是企业的一种经常性商业职能,它对提高企业的竞争优势起到了积极作用。对物料需求计划、准时制(JIT)生产方式以及对质量及生产力的重新重视,都要求对许多传统采购观念重新进行审视。近几年企业的重点活动之一就是将采购与供应管理职能与企业全部业务流程进行整合。一些企业正在把职能名称从采购管理改为供应管理,以反映这一职能的变迁:从以交易为基础的战术职能发展到以流程为导向的战略职能。在许多企业中,这一职能部门的结构、流程和人员编制也在发生着变迁:在结构上,商品团队、产品供应团队以及交叉职能团队等都比以前更加盛行;流程本身也不再以交易为目的。

采购与供应已经由原来的简单交易发展成现在的联盟关系,并重塑形象,发挥着战略资源领导者的新角色,成为改变企业运作经营方式的主动力。那么究竟什么是采购与供应战略呢?采购与供应战略主要涉及供应管理的整个过程、与企业其他部门的关系与互动、外部供应环境以及最终用户需求等。它属于职能战略的范畴,是对组织资源流进行配置决策的一个主要方面。具体说来,它是采购管理部门为实现企业的整体战略目标,在充分分析企业外部客观环境和供应商所处行业环境以及企业内部微观环境的基础上，确定采购管理目标，制定采购战略规划并组织实施的一个动态管理过程。

现在我们研究的重点是采购职能如何有效地作用于组织目标和战略。图2-3形象地描绘了供应目标、供应战略、组织目标和组织战略之间的关系：

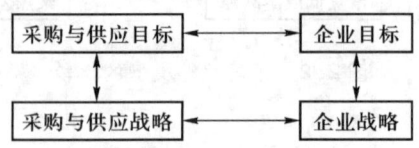

图2-3 采购与供应战略和公司战略的关系示意图

有效的采购与供应战略的目标之一就是将企业目标更好地落实到采购与供应目标上来，因此采购部门要参与战略制定工作，一方面保证采购与供应战略成为企业战略有机的组成部分，另一方面保证采购与供应战略切实体现出了供应方面存在的机会和问题。采购战略在企业战略上的作用主要体现在与供应商建立的伙伴关系上，即在不用自己直接投资的前提下，充分利用供应商的能力为自己开发生产专用产品，既节约资金、降低风险，又以最快的速度形成生产能力，为实现企业目标提供支持和保障。

当今社会，激烈的市场竞争使企业面临着各种各样的挑战：保全企业在市场中的生存，重新获得在市场竞争中的地位，维持企业在市场竞争中的优势，等等。因此，有效适应外部环境的能力以及预测变化、适应变化并通过企业战略计划的制定与实施充分利用机会的能力，是决定企业未来发展状况的主要因素。采购与供应部门的工作不能仅仅局限于处理当前问题，而是应该高瞻远瞩。采购的增值作用以及对公司竞争力非同寻常的贡献已使其成为公司供应链管理的重要一环，并将供应链管理集成到公司的整体业务之中，更好地为顾客服务，提高企业形象和竞争力，实现企业战略目标。一个好的采购战略可以反映出战略制定者对行业的动态变化和企业发展前景的深刻理解。举个简单的例子：美国百年老企业西尔斯公司就是通过综合性的采购与供应管理的改进和战略性采购策略使自己从破产的边缘起死回生。

二、采购与供应战略构成要素

采购与供应战略的构成要素包括采购什么、何时采购、何地采购、什么价格采购、谁负责采购、如何采购、采购多少和采购质量等。表2-1较简单地列出了采购与供应战略的战略要素。

现在，我们详细阐述一下各个要素的概念、意义和注意事项等。

（一）采购什么

在这方面企业要解决的基本问题就是自制或外购的问题。如果企业所需的产品或服务是标准化的，在市场上容易采购得到，而且企业具有较强的采购实力，那么就可以选择外购。大量的采购可以使企业获得一定的价格优惠，而且标准化的产品不涉及企业的生产机密；如果企业所需的产品或服务比较特殊，在市场上不容易采购，而且这些特殊产品或服务的生产直接影响企业最终产品的核心竞争力，这时候企业应倾向于自制。

这只是一些基本原则，企业最重要的还是应该根据实际情况来做出决策，例如将特殊产品的生产外包，并签订保密合约。

（二）采购质量

消费者对产品质量的关注要求企业必须保证制成品的质量稳定，只有这样企业才能保持市场份额。为了实现这一目标，企业的质量保证工作必须从源头抓起，供应商必须提供质量稳定的原料和零部件；同时这样也会使采购企业的生产成本和厂内质量控制费用明显下降。因此，有必要让供应商更多地了解采购企业的质量要求并帮助它们实施规划以达到预期的结果。

表 2-1 采购与供应战略要素一览表

1. 采购什么	8. 如何采购
自制或外购	系统和程序
标准的或专用的	计算机化
2. 采购质量	谈判
质量与成本	竞争性要价
供应商介入	固定要价
3. 采购多少	总括订单/开口订单
大量或少量（库存）	系统合同
4. 谁采购	空白支票制
集中或分散	团队采购
职员素质	物料需求计划
最高管理部门参与	长期合同
5. 何时采购	规则
现在或以后	主动或被动
期货购买	采购调查
6. 采购价格	价值分析
高价	9. 为什么采购
标准价	目标一致
低价	市场原因
基于成本的价格	内部原因
基于市场的价格	• 外部供应原因
租赁/自制/外购	• 内部供应原因
7. 在哪里采购	
本地的、跨地区的	
国内的、国际的	
大供应商或小供应商	
多供应源或单一供应源	

（三）采购多少

这是采购战略中比较重要的一个要素。企业必须解决采购总量与每次采购数量的问题，这就要权衡采购成本、库存成本、生产方式等因素。一般说来，采购数量较小已成了一种趋势，这不同于传统意义上的大量采购以获得价格折扣。理想的状态是，采购企业与供应商一道查明并消除系统中导致库存不确定性的根源，从而减少系统中的库存。

（四）谁采购

采购与供应职能应该集中在最高管理部门还是交由采购部门来履行，采购职员应具有什么样的素质，最高管理部门在多大程度参与整个采购过程等问题，都属于"谁"的范畴。这在后续的学习过程中会提到。

（五）何时采购

何时采购与采购多少这两个问题是紧密相连的，意思是要在现在采购与将来采购之间做出选择。其中的关键性问题是期货购买和库存政策。如果库存政策偏向于持有一定安全库存的话，则更有可能选择现在采购的策略；如果持有货币进行期货投资收益较大的话，则可能会选择将来采购。

（六）采购价格

这里所讲的价格不是传统意义上购买商品或服务所花费的采购成本，而是广义上的成本。它所涉及的问题包括：组织是打算支付高价而得到供应商的额外服务和其他承诺，支付与市场价格一致的标准价格，还是打算支付低价以取得成本优势？这往往取决于企业制定了什么样的采购策略。一般说来，企业总是希望以最小的代价获得所需的商品或服务。

（七）在哪里采购

"在哪里采购，向谁采购"会在后续章节中得到详细的阐述。在这方面企业需要考虑的问题包括：是在地区内、跨地区还是在全球范围内采购；是向大的供应商采购还是选择较小的供应商；单一供应源还是多供应源采购等。

（八）如何采购

如何采购是指企业采购与供应的方式方法。在如何采购方面面临着大量选择，包括系统和程序、计算机的使用、利用各种团队、谈判、竞争性要价、总括订单与开口订单制、系统合同、团队采购、长期合同、采购规矩、主动或被动采购、利用采购调查与价值分析、质量保证规划以及减少供应商等。

（九）为什么采购

这个因素是用来解释为什么企业选择了这样的而不是那样的战略。采取某个采购与供应战略通常的原因是使供应目标与企业的总体目标和战略相一致。其他原因还包括目前的市场状况及对未来市场情况的预期。此外，采取某些战略还可能有采购与供应部门内部和该组织内其他部门的原因。例如，一个经验丰富的采购团队较之新组建的采购团队会采取更具积极性的战略，企业核心部门（如研发）的工作可能直接影响采购部门的战略。其他还有环境方面的原因，例如，在产品责任与环境保护方面的政府规章和管理制度可能促使企业采取某些战略。

第3节 采购与供应战略的制定

传统上采购只是用合理的价格在适当的时间，把适当数量和质量的物料送到适当的地点。但是随着市场竞争的加剧、价格的压力及其他种种因素的影响，都要求企业应用更具战略性的方法实现采购与供应这一环节。这就要求必须从企业的实际出发，从对企业"有价值"的角度来看待采购作业，其重点不仅仅是如何降低成本，而是以更低的成本取得更高的价值。一般说来，采购与供应战略的制定过程要着重考虑以下两个问题：

（1）采购在战略意义上的重要性。这是根据产品的增值和采购物资占总成本的百分比等因素决定的。

（2）供应市场的复杂程度。它是以供应短缺程度、技术和/或替代材料的调整程度、进口限制、物流成本和复杂性，以及行业垄断或求过于供等状况来衡量的。

在这一节，我们简要介绍几种采购与供应战略制定时的分析方法。

一、ABC 分析法

一个家庭在一年当中会购买很多不同的东西，其中包括很多基本食品，如米面粮油、蔬菜、水果等。这些基本食品的支出会占到家庭购物支出很大的一部分。因此，家庭主妇有必要考虑去一家货真价实的商店，这往往会通过家庭主妇的实地考察获得。在 ABC 分析中，这些食品就属于 A 类商品。A 类商品支出在家庭支出中的重要性使得主妇会对其进行十分严格的控制。

而其他一些商品，如窗户的插拴，由于插拴可能要很久才会购买一次，而且每个插拴的价格才几块钱，花费大量的时间和精力去比较各个商店的价格就没有多大意义了。像这类的商品就属于 C 类品。

B 类品是指处于 A 类品和 C 类品之间的物品。对它们也应该进行定期的复查，但不用像对 A 级品那样严格控制。

意大利统计学家维弗雷多·帕累托发现了一个普遍的统计结果。在一个国家，大约 20% 的人拥有着国家 80% 的财富；在一个公司，大约 80% 的价值是由 20% 的骨干员工创造的。公司的采购支出也遵循这个原则：大约 20% 的商品占到了一个公司支出的 80%。ABC 分析方法就是 20/80 原理的应用。20/80 原理指出，存在着重要的少数 20% 和不重要的多数 80%。这一思想告诉采购与供应战略制定者，要将管理资源集中于重要的少数，即花 80% 的时间和精力在最重要的 20% 上，将得到 80% 的回报；而在另外的 80% 上只需花费 20% 的精力，也能得到不错的效果。

一般来说，企业的物资种类繁多、价格不等、数量不均，由于企业资源有限，对不同的品种应该给予不同的重视程度。为了使有限的时间、空间、资金、人力、物力等得到合理而有效的利用，首先应该根据 20/80 原则对物资进行分类，进行分类管理和控制。

(一) A、B、C 三类物品的区分

1. A 类物品

年度使用量的价值约占采购总成本的 70%~80%,物品数量所占百分比约为 15%~20%。

2. B 类物品

年度使用量的价值约占采购总成本的 15%~20%,物品数量所占百分比约为 30%~40%。

3. C 类物品

采购价值很小,年度使用量的价值很小,约占采购总成本的 5%~10%,物品数量所占百分比却很大,约占 60%~70%。

实际上,各类物品的界限并不是很明显,采购人员有时候要根据经验判断物品究竟属于哪一类。将物品分为 A、B、C 三类实际上只是一种非常传统的分类方法,现在很多大公司将物品作进一步的分类,例如加上一个 D 类,或是将 A 类商品进一步分成 AAA、AA、A 三类。这种分类的目的只是确保采购人员将资源放在有极大节约潜力的物品上,因为有选择性地控制物资比"一视同仁"要有效率得多。

在实际工作中,用一套很简单的计算机程序包就可以算出每件物品的使用量和使用价值,从而对物品进行分类整理。在这里对 A、B、C 三类商品的分类步骤不做赘述。

(二) ABC 方法的四条基本原则

ABC 方法的基本原则如表 2-2 所示。

表 2-2 ABC 方法的四条基本原则

法则名称	具体内容
控制程度	A 尽可能严加控制,包括最完备、准确的记录;最高层监督的经常评审;要求供应商按订单频繁交货,尽量缩短提前期
	B 作正常的控制,包括良好的记录和常规的关注
	C 尽可能使用简便的控制,定期检查,简化记录;采用大库存量与订货量以避免缺货
采购记录	A 要求最准确、完整、明细的记录,要频繁甚至时时地更新记录;对事物文件、报废损失、收发货严密控制
	B 只需进行正常的记录处理、成批更新
	C 简单记录、成批更新
优先级	A 在一切活动中给这类物品以高优先级以压缩其提前期与库存
	B 只做正常的处理,仅在关键时给以高优先级
	C 给这类物品以最低优先级
订货过程	A 提供仔细、准确的订货量
	B 每季度或是发生主要变化时评审一次 EOQ① 与订货点
	C 一般不对此类物品作 EOQ 或是订货点的计算,通常在手头存货还很多时就订购下一年的供应量

① 经济订货量(EOQ)是使订购和库存二者综合成本降至最低的固定订货量,其计算公式可参见本系列教材中的《库存管理(一)(二)》一书。

（三）ABC 分析法的局限性

运用 ABC 分析法可以识别对公司总成本影响最大的产品和项目。对于 A 类产品建立一个长期的管理系统、改进预测方法、详细分析订货数量和时间决策，将极大地提高对总成本的管理绩效；而对于 B 类或 C 类，即使这样做了也收效甚微。ABC 分析法的侧重点只是成本这一个方面，因此，ABC 分析法仅是改善采购成本管理的第一步。

ABC 分析法有助于将公司管理的重心集中于十分重要的方面，即采购成本。但是，这种方法只根据一种标准把项目划分为 A、B、C 类，明显地忽视了其他重要的标准。同时，根据 ABC 分析法，我们只能了解某产品或服务对财务状况的相对重要性，而面对市场环境和激烈竞争的供应商时，ABC 分析法无法延伸到制定供应管理战略和战术的方面。

出于以上原因，公司开始使用另一种分析方法——"供应细分"。这一工具在制定和实施供应战略方面得到了广泛的认可和应用。

二、供应细分分析方法

（一）支出分析

在建立供应细分组合之前，公司需要分析所有需要购买的产品和服务的支出情况。采购总额应该是把每个部门、每个战略业务单位对每项产品或服务的采购支出汇总的结果。支出分析是一项非常繁重、单调的工作，但它却是非常重要的一项工作，是进行供应细分分析的基础。

支出分析的关键一步是在一张图上标出每个库存单位和服务大类的位置，图中横轴（x）表示产品或服务的相关成本，纵轴（y）表示供应市场的风险，如图 2-4 所示。

图中成本/价值坐标轴表示了各项产品或服务的重要性，一般以公司每年对它的支出

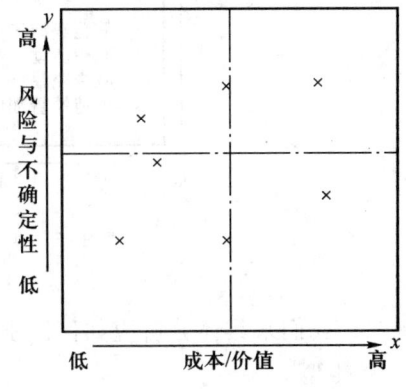

图 2-4　支出分析示意图

总额来衡量。实际中会有一些因素无法通过成本确切地标示出来，如进口责任、运输和保管成本等，可以根据实际情况将成本/价值调高或调低一些。在某种程度上，我们可以认为成本/价值描述了采购物品对企业利润影响的程度。

每个公司必须根据自身情况和需要来确定风险程度。一般来说采购与供应风险有以下一些衡量因素：

- 采购物品获得的难易程度
- 供应商的数量
- 竞争的需要
- 自产还是外购的可能性比例

- 库存积压风险
- 替代品的可能性比例
- 技术因素
- 环境因素

最初，支出分析法引起了激烈的争论，因为来自不同业务部门的经理对某些项目、商品或服务的相对重要性和风险程度有不同的看法。这时候就要具体问题具体分析，必要的时候可以将同一种物资根据使用部门的不同看成是不同的物资来区别对待。

（二）供应细分分析方法

当完成最初的支出分析之后，下一步就是通过将图表划分为四个或更多的大类来细分采购。每个大类都要规定一个具体名称，描述其中所包含的产品或服务需要的供应方式。图 2-5 给出了现今使用比较普遍的分类名称，并较简单地描述了对待不同类型的产品应该采取哪些战略。

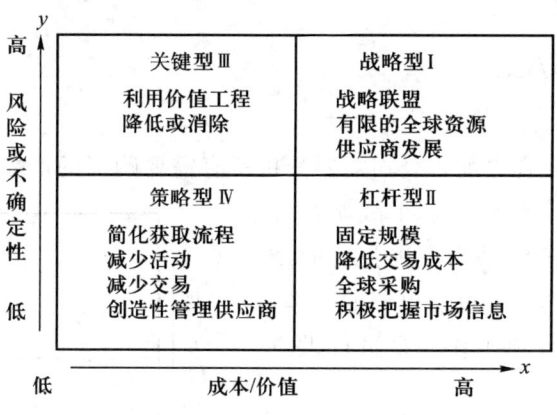

图 2-5　供应细分分析方法示意图

现在，我们来具体分析应如何区别对待不同类型的产品。

1. 战略型

Ⅰ 代表成本/价值大，对企业利润影响突出，且高供应风险的产品或服务，即"战略型"。战略型的产品或服务能保证企业产品在市场中的竞争力和竞争优势。这种产品或服务会给公司带来风险，同时也具有很大的成本/价值。这类产品或服务的决策通常是由企业高层做出的，企业要着重完成以下一些任务：

- 精确的需求预测
- 详细的市场调查研究
- 长期供应关系的开发
- 自产还是外购的决策
- 风险分析
- 应变计划的制定
- 物流、库存和供应商的控制和管理

2. 杠杆型

Ⅱ代表成本/价值大，对企业利润影响突出，但供应风险较小的商品和服务，即"杠杆型"。该类产品或服务属于一些基本采购，需要支出较多的资金，像包装物、基本的制造品、涂料等都属于此类产品或服务。由于在该类产品或服务的竞争中品牌之间的差异很小，供应商通常试图通过提供相关的增值服务来获得采购者的青睐，如24小时订货、免费送货等。这类商品或服务的采购决策通常由中级管理者做出，企业要着重做好以下一些工作：

- 充分开发采购的能力
- 认真选择供应商
- 产品的替代
- 目标价格策略
- 谈判
- 合同采购/零星采购并用
- 订单量的优化

3. 关键型

Ⅲ代表成本/价值较小，对企业利润影响不突出，但是风险很大的商品或服务，即"关键型"。该类商品或服务的成本较低，但由于供应商数量少、到货时间过长或无法交付货物等原因可能导致采购额超支。该类产品或服务对于公司的风险较高，而最终的消费者很可能并不关心企业为这种产品或服务所付出的代价。这类商品或服务的采购决策一般由企业的部门主管做出，企业要着重做好以下工作：

- 建立供货保障体系
- 做好供应商的控制和管理
- 保证安全库存量
- 制定备用计划

4. 策略型

Ⅳ代表成本/价值小，对企业利润影响不突出，并且供应风险比较小的商品或服务，即"策略型"。该类产品或服务属于常规的项目，不直接增加最终产品的附加价值，成本一般比较低，而且万一供应中断给公司造成的潜在威胁也不大。"策略型"产品和服务一般都是标准化的商品，供应充足，可选择的供应商数量也很多。这类商品或服务的采购决策通常由企业下层人员（如采购人员）做出，企业要着重做好以下工作：

- 尽量使产品或服务标准化
- 做好订单的监测/优化
- 库存量的优化

供应细分分析方法比 ABC 分析法更能反映企业实际，保证相应的企业管理人员在权衡成本/价值和风险程度的前提下，优先安排需紧急处理的物资以及相关事宜。

三、SWOT 分析方法

SWOT 分析是一种对企业的优势、劣势、机会和威胁（Strengths，Weaknesses，Opportunities and Threats）的分析。在分析时，应把所有的内部因素（包括公司的优势和劣势）都集中在一起，然后用外部的力量来对这些因素进行评估。这些外部力量包括机会和威胁，它们是由竞争力量或企业环境中的趋势所造成的。在这里我们首先要明确：公司的优势是指在执行策略、完成计划以及达到确立的目标时可以利用的能力、资源以及技能，而公司的劣势是指能力和资源方面的不足或者缺陷。

SWOT 分析法适用于企业不同战略层次的制定过程，对这些因素的平衡决定了公司应该在什么时候做什么事。可按以下步骤完成 SWOT 分析表：

（1）首先把识别出的所有优势分成两组。分的时候应以下面的原则为基础：看它们是与行业中潜在的机会有关，还是与潜在的威胁有关。

（2）用同样的方法把所有劣势分成两组。一组与机会有关，另一组与威胁有关。

（3）建构一个表格，每格占 1/4。

（4）把公司的优势和劣势与机会或威胁配对，分别放在每个格子中。

表 2-3 就是某公司所作的 SWOT 分析，起因是由于对某一重要产品的依赖和高度敏感物资的供应源有限。

表 2-3　SWOT 分析方法示意图

优势　S	劣势　W
• 采购的权利 • 规律性需求 • 采购的公正和信誉	• 高度敏感的进口物资
机遇　O	挑战　T
• 替代产品 • 与某供应商纵向合并的可能 • 外包 • 合作伙伴 • 虚拟公司的形成	• 来自竞争者对物资的竞争 • 缺乏供应商 • 货币兑换率的变动

根据上述分析，在企业战略层面所做出的战略可能是纵向合并供应商、外包或是长期合作，以及形成虚拟公司；而在采购与供应职能层所做出的策略或许就是寻找替代品。

个案分析

案例材料

热传送系统股份有限公司新任采购主管 Stan Durnford 审查了公司主要原料之一铝

管材的采购政策及做法，他打算制定出一项有助于提高公司竞争力的采购战略。

公司概况：该公司专门按顾客特定需要进行热传送系统的设计与制造，且技术水平领先。它提供的热传送系统适用于许多行业，如炼钢厂、造纸厂和发电厂等。具体产品有：供热与散热线圈、水力发电冷却器和变压冷却器。该公司的宗旨是"在全世界范围内为工业热能系统提供创新性工程解决方法和高质量的设备"。它向加拿大、墨西哥及其他国家的出口超过了总销售额的40%。

热传送设备：换热器或热传送装置对保持操作环境在某一特定的温度方向起着决定性作用。在传送过程中，液体（水、油等）流经一系列管子后冷却下来。接着这些液体流回到发动机，又重复上一过程。空气制冷液体冷却器由冷却管、用来产生气流的扇式保温箱和支架构成。

每一个换热传送系统都是按顾客需要设计的。工程部门列出需要的物料名称，制定出初步的物料单，然后连同成本和采购方面的情况一起提交给销售部，供洽谈售货合同时考虑。一旦售货合同商定，完备的物料单即可确定下来。物料在需要时采购。大多数工作要求的交货周期为4～6周。没有产品库存，所有产品均按订单生产。

制造过程：每项作业都在车间工作中心之间进行。首先把一个衬管（液体流经此后冷却）装置到一个铝制底管内，然后通过旋转挤压操作把这一底管与内部的衬管压合，这样就在底管上构成了螺旋翅片。这些翅片的深度及它们之间的距离决定了穿过管间的气流量，从而决定了换热器的制冷效率和功率。所需管子的长度、直径、壁厚和数量视具体任务需要而定。管材购进后被切割成段，碎屑由公司处理。

铝管的质量是关键因素。即使极少的不纯或含油杂质也会导致翅片脆弱，而这一点只有到与底管贴合在一起后才显现出来。结果将不得不返工，不但成本加大，而且有可能延误交货。

当这些管子装配好后，就开始制造保温箱和侧板。这些管子被焊接到保温箱和侧板上。接下来把凸缘焊接到侧板另一面成对的管子上，从而形成一个环形系统。然后将这一设备涂漆、安装风机和发动机。最后对这一设备进行漏泄及性能测试，合格后装入板条箱并运往工作地安装。

采购情况：该公司没有对诸如发动机和风机这样的部件进行库存（需要时才采购）。对于重要物品，该公司拥有多家供应商。在上一年1 600万美元的销售额中，原料及部件成本大约占了600万美元。通常采购的铝管材多达15种，它们有不同的壁厚和直径，其中有5种铝管材最常见。铝管材约占该公司全年原材料及部件采购额的35%。由于欧洲的价格较低，前任采购主管从欧洲一家厂商那里采购了约40%的铝管材，而其余的铝管材由北美两家供应商提供。考虑到运输费用，所有从欧洲的购货均采用50英尺的集装箱来运送。从欧洲运货过来要耗费1个或2个月以上的时间，有时甚至长达3个月以上。在前任采购主管看来，尽管有运货成本和不确定性这两个不利因素，但欧洲供应商提供的FOB（船上交货）产地价格1.2美元/磅与北美的1.5美元/磅价格相比，还是极具吸引力的。由于距离的原因，欧洲供应商的提前期为6～8周，而北美供应商的提前期为2~3周。

也可以考虑从批发商那里采购铝管材。他们把管材切割成段，从而可满足公司所需要的确切的总重量。因为管材的质量和清洁度直接关系到翅片的性能，所以该公司只能使用某些特定规格的铝材。前任采购主管认为，保持三家供应商能确保供货并使他们保持警觉。这三家供应商都不知道该公司每年铝管材的总需要量为250 000吨。

库存状况：由于该公司为不同顾客制作产品所需要的管材长度、壁厚及直径不同，因而预测需要对哪一类管材进行库存相当困难。当然，考虑到从欧洲供货的数量及不可避免的延迟，该公司持有的铝管材库存量为300万美元。铝管材被放在厂内三个大的货架上、厂内空地上，甚至放在员工的停车场。该公司库存储存成本通常占采购价格的25%。

铝管材决策：该公司要求Stan Durnford做到以下几点：如果可能的话完全取消库存；降低采购价格；在日趋激烈的市场竞争中坚持满足顾客的交货要求。

Stan想知道应该实施什么计划和战略才能完成自己的职责。因为他刚上任，还得了解公司内工程、采购、运作和销售这些部门是如何相互配合的。

分析

本案例材料涵盖了以下知识点：

（1）采购与供应战略及其与企业战略的关系。案例中，Stan在制定采购与供应战略时首先要考虑的是，要使采购与供应战略的实施能够更好地提高公司竞争力。换句话说，就是将公司战略目标在采购环节通过采购战略的实施得以更好地实现。

（2）采购与供应战略的构成因素。案例中，采购情况这一部分的叙述包括了采购与供应战略在制定时要考虑的内容，包括采购什么、何时采购、何地采购、什么价格采购、谁负责采购、如何采购、采购多少、质量等。

（3）如何制定采购与供应战略。案例中，Stan在制定采购与供应战略的时候首先想到的是如何通过采购与供应战略提升公司的竞争力；其次是允分了解公司内工程、采购、运作和销售这些部门是如何相互配合的；最后他意识到公司原先的采购与供应战略的制定很好地体现了20/80原则，案例中提到公司对发动机、风机等的管理比较宽松，而对关键材料的管理很是严格。在上述考虑之后，Stan才有可能制定一个适合公司的采购与供应战略，以达到尽量消除库存、降低采购价格并且坚持按时交货的目标。读者应该站在Stan的角度，细细地思考一下制定采购与供应战略的全过程，这样就能帮助我们更好地把握本章学习的重点。

自学指导

学习重点

本章学习重点：企业战略概念；企业战略类型；企业战略的层次，采购与供应战略；采购与供应战略和企业战略的关系；采购与供应战略的构成要素；制定采购与供应战略。

（1）企业战略。企业战略是企业的管理层所制定的"策略规划"。其目的在于：建立本企业在市场领域中的位置，成功地同其竞争对手进行竞争，满足顾客的需求，获得卓越的公司业绩。战略包括管理者在经营一家公司时所运用的所有竞争行动和业务措施，跨越了公司经营和管理的整个范畴。

（2）企业战略类型。根据企业的市场目标是宽还是窄，企业所追求的竞争优势是与低成本相关还是与产品差异化相关，一般可以将企业竞争战略分为三种：成本领先战略、差异化战略、集中化战略。迈克尔·E. 波特在这几种战略之外还提出了最优成本供应商战略。

（3）企业战略的层次。在大型企业中，战略的制定、实施与评价活动发生在四个层次：公司层次、分部或战略事业部层次、职能部门层次、经营运作层次。绝大多数小企业和一些大企业不设立分部或战略事业部，只分公司职能部门层次以及经营运作层次。

（4）采购与供应战略。采购与供应战略是采购管理部门为实现企业的整体战略目标，在充分分析企业外部宏观环境和供应商所处行业环境以及企业内部微观环境的基础上，确定采购管理目标，制定采购战略规划并组织实施的一个动态管理过程。

（5）采购与供应战略和企业战略的关系。有效的采购与供应战略的目标之一就是将企业目标更好地落实到采购与供应目标上来，因此，采购部门要参加战略制定工作，一方面保证采购与供应战略成为企业战略有机的组成部分，另一方面保证采购与供应战略切实体现出供应方面存在的机会和问题。

（6）采购与供应战略的构成要素。采购与供应战略的构成要素包括采购什么、何时采购、何地采购、什么价格采购、谁负责采购、如何采购、采购多少、质量等。

（7）制定采购与供应战略的方法。在本章我们着重讲述了ABC分析法，供应细分分析方法和SWOT分析方法。

学习难点

本章学习难点：企业战略的类型；采购与供应战略和企业战略的关系；采购与供应战略的制定。

（1）企业战略的类型。企业在决定采取哪种竞争战略之前一定要进行充分的分析，从而确定最适合的战略。从现今实际来看，有时候企业会根据实际情况结合使用不同的战略。读者在学习这部分的时候要了解各种战略的适用情况，以及采用哪些途径可以实现战略目标。

（2）采购与供应战略和企业战略的关系。在这个知识点上我们首先要明确采购与供应战略是为企业战略服务的，最终目的是为了更好地实现企业战略。

（3）制定采购与供应战略必须从企业的实际出发，从对企业"有价值"的角度来看待采购作业，其重点就不仅仅是如何降低成本，而是以更低的成本取得更高的价值。企业要根据自身实际情况选择合适的制定采购与供应战略的方法。

复习题

一、单项选择题（在备选答案中选择1个最佳答案，并把它的标号写在题后的括号内）

采购与供应管理属于下列领域中的哪个领域？（　　）

A. 公司战略　　　　　　　　B. 事业部战略

C. 职能部门战略　　　　　　D. 经营运作部门战略

二、多项选择题（在备选答案中有2~5个是正确的，将其全部选出并将它们的标号写在题后的括号内。错选或漏选均不给分）

1. 在大型企业中，战略的制定、实施与评价活动发生哪些层次？（　　）

A. 分部或战略事业部层次　　B. 职能部门层次

C. 经营运作层次　　　　　　D. 公司层次

E. 科室层次

2. 企业竞争战略一般可以分为哪几种？（　　）

A. 成本领先战略　　　　　　B. 差异化战略

C. 集中化战略　　　　　　　D. 可持续发展战略

E. 最优供应商战略

三、简答题

1. 一般说来，企业战略有哪几种类型？
2. 企业总体战略与职能战略的区别主要体现在哪些方面？
3. 在制定采购与供应战略时，运用ABC分析法有哪些缺陷？
4. 采购与供应战略有哪些构成要素？

四、论述题

1. 论述采购与供应战略和企业战略的关系，并结合当前实际，论述采购职能对企业战略的制定能够（应该）起什么作用。
2. 如何使用供应细分法选定采购与供应战略？比起ABC分析法，供应细分法有哪些优点？

五、案例分析题

西门子公司的采购组合管理

采购组合管理这种采购战略的形式在很多大公司已经被普遍采用，并已经产生了不错的效果。西门子公司就是其中一例。1993年，西门子公司在世界范围内有420个采购部门，并且在日本、新加坡和美国建立了三个国际采购处。当时，公司有4 200名员工从事采购。

西门子采用采购组合管理的目的在于达到普通部件和供应商更好的（国际）协调。下图显示了对西门子设在德国工厂的采购部门进行分析的结果。总共有410单位金额的采购量，采购了4 425单位数量的零件，涉及了430家供应商。其中，对所有采购仔细观察可以发现一般产品占采购额的25%。然而，该部分包含了产品总数的55%，涉及的供应商占供应商总数的比例为96%；相比之下，战略产品只占到产品数量的5%，涉及的供应商占供应商总数的比例为26%，但是却占到了采购总成本的75%。对两种商品继续细分，可以把一般产品分为两类：一类占6%的采购金额，而零件数量占13%，涉及的供应商数量占总供应商的16%；另一类产品采购金额只占总金额的19%，而零件数却达到了82%，提供这些产品的供应商更占了总供应商的83%。同理可以将战略产品分为两类，即把所有产品分为四类。

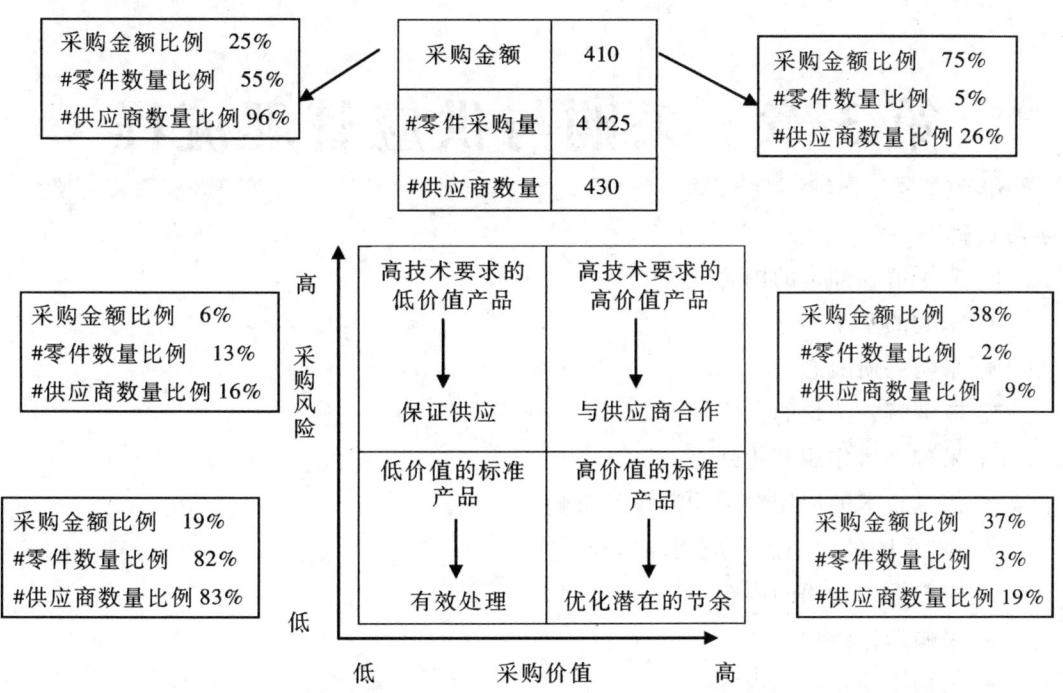

西门子针对每一类产品发展了自己的战略，其主要目的在于：（1）降低采购成本；（2）降低采购部门的工作量。西门子的采购政策以大大减少供应商的数量为目标，并与保留的供应商建立一种集中于发展、质量和物流的紧密合作。

问题：

1. 西门子公司的采购组合管理体现了什么原则？该原则的核心思想是什么？
2. 西门子公司在运用供应细分分析方法时，主要考虑了哪些因素将采购产品进行分类？为什么要综合考虑这些因素？
3. 结合案例，谈谈当前国内中小企业在采购战略管理方面有哪些不足，案例给了我们哪些启示。

第3章 采购与供应管理流程

学习目标

1. 应了解、知道的内容
- 采购的基本程序
- 采购手册概念
2. 应理解、清楚的内容
- 采购手册作用及优缺点
- 信息技术的应用对采购流程的影响
- JIT采购的优缺点及应用环境
3. 应掌握、会用的内容
- 采购运作流程
- 采购手册格式与内容
- 描述和分析采购流程
- 应用信息技术对传统流程进行改进
- 应用JIT采购改进传统采购流程
4. 应熟练掌握的内容
- 对采购流程进行描述与分析并提出改进方案

自学时数

5学时。

老师导学

采购是一种非常常见的活动，从日常生活到企业运作，人们都离不开它。在当代生活中，由于"自给自足"已经是不可能，所以采购已是一种不可或缺的经济活动。

本章详细介绍了采购活动的具体实施和流程。通过对本章的学习，对采购的基本步骤会有一定的了解，知道采购手册的概念、作用和优缺点，对JIT采购有初步的认识。

在完成对本章的学习之后能对采购流程进行简单分析。

第1节 采购的基本程序

对于企业采购来说，各个企业之间的采购策略也许会有不同，但是，总的来讲都有一个共同的模式。一个完整的采购流程大概可以分为以下几个过程。

一、需求确定与采购计划制定

任何采购都产生于企业中某个部门的确切的需求。需求的确定是采购流程的初始环节。负责具体业务活动的人应该清楚地知道各部门独特的需求：需要什么、需要多少、何时需要。这样，采购部门就会收到各个部门发出的需求单。当然，这类需求也可以由其他部门的富余物料来加以满足。但是，或早或晚公司必然会进行新的物料采购。有些采购申请来自生产或使用部门，有些采购申请来自销售或广告部门，对于各种各样办公设备的采购需求则由办公室的负责人或公司主管提出。

通常，不同的采购部门会使用不同的请购单，如表3-1和表3-2所示。

表3-1 企业请购单

编号		年 月 日		第1页	
FXJ0202				共1页	
项次	料号	品名规格	单位	单价	金额	备注

表3-2 企业成批请购单

产品名称		生产数量				开工日期		
项次	请购材料	单位用量	标准用量	库存量	供应本批数量	请购数量	核准数量	备注

详细来说，需求的确认过程就是采购部门收到采购申请、制订采购计划的过程。需求发出部门发出采购请求，计划制定者审查通过，汇总所要采购的物资，授权采购部门制定和签发订单，采购部门分配到各个采购员，给其下达采购任务。通常，采购请求包括的信息有：申请者名称、主管审查同意的意见、应计入的成本项目、物料说

明书、需求数量和计量单位、要求送货的时间和地点以及其他应当包括的信息。

二、供应源搜寻与分析

供应商搜寻分析是采购周期中的第二个步骤。对潜在供应商的评价从确定采购需求的那一刻就决定了,并随着物料计划书的发展而发展。

选择、确认供应商的过程,简单时可以是打开通讯本,查找客户联系方式,发送采购意向。复杂时则会涉及很多方面。采购部门在进行采购前必须先组织采购调查,掌握采购信息。采购调查和市场调查有相似之处,都是对市场信息的搜索和分析。所以,有时采购部门的调研员可以和企业中的信息部门合作进行调查和计划。

分析采购来源首先要列出供应商的名单,这份名单可能来自多个渠道,如市场代表同供应商打交道的经验、相关数据库以及贸易杂志等。对某些项目,一些公司可能已经上了一个"优先考虑的供应商"名单,新业务会首先给予这个名单上的供应商。这些供应商过去已经证明了他们的能力,依靠这个名单可以节省分析和选择供应商的时间和资源。

买方可以用不同的绩效标准来评价分析潜在的供应商。这些标准包括供应商的实力、以往在产品设计上的表现、质量承诺、管理水平、技术能力、成本控制、送货服务、优化流程和开发产品的技术能力等。这些因素在不同厂商心中有着不同的权重,而且最终的评价往往需要实地考察供应商的工厂和设备。由于这种考察会导致成本的增加,采购人员确定考察对象时必须十分谨慎。

三、定价

确定价格的方法有很多种,其中最为常见的有竞争性报价和谈判两种。

竞争性报价是由买方向愿意合作的供应商发出询问。询价单格式如表3-3所示。

表3-3　产品询价单格式示例

产品询价单
编号 ＿＿＿＿单位＿＿＿＿先生: 1. 本公司因业务需要拟向贵公司洽购下列物品(见附件),请速予报价以进一步联系。 2. 来函或来电请洽本公司采购部电话,并请惠示贵公司联络人员与电话。 3. 附件(含物品名称、数量及品检说明)。 　　　　　　　　　　　　　　　　　　　　　　　　　××公司采购部 　　　　　　　　　　　　　　　　　　　　　　　　　　年　月　日

而对可能参与合作的供应商的要求是:
- 有能力根据买方的要求制造产品并且能够在预定的日期前发货

- 作为供应商，在其他方面应该具有足够的可靠性

采购人员经常评价基于价格的投标书，如果最低报价者没有得到采购合同，买方有义务通知他并给出解释。竞争性报价适用于下列特定情况：

- 采购量足够大，值得进行竞争性报价
- 供应商很清楚细节和要求，有能力准确估计生产所需的成本
- 竞争性的市场环境，即有足够多的合格竞争者
- 买方只向技术合格的供应商发出竞标，而愿意合作的供应商则进行报价
- 买方没有优先考虑的供应商

如果价格是最重要的标准，而且对采购项目有明确的说明，买方就可以使用竞争性报价。如果存在重要的非价格标准，买卖双方通常会直接谈判，竞争性报价则用在进行直接谈判之前缩小潜在的供应商范围。

当选择的供应商不适合使用竞争性报价时，就应进行谈判。下列情况适合选择谈判：

- 当前述任何竞争性报价的标准都不存在时
- 当采购要求在诸多绩效因素（如价格、质量、交货、风险分摊以及产品支持等方面）上必须达成一致时
- 当买方要求供应商的早期参与时
- 当供应商不能确定风险和成本时
- 当供应商需要很长时间来开发和生产采购方采购的物品时（这通常会使预测供应商的采购成本变得很难）

谈判是价格确定中最复杂也是成本最高的一种方法。谈判需要双方坐下来通过商讨就一项采购/销售合同的主要条款达成共识，如运输、价格、保修、规格及条件等。供应商和采购部门都希望进行公平的谈判，而只有供应商做到以下几点才能确保谈判的公平性：

- 以高效率的方式运作
- 保持价格与成本的相关性
- 不利用单一供应商的优势
- 对于采购商的要求能够进行适当合理的调整
- 愿意考虑采购商的特殊情况

四、拟定并发出订单

在选定供应商以后，接下来要做的就是同供应商签订正式的采购订单。订单是采购方向供应商发出的有关货物的详细信息和指令。采购订单根据采购商品的要求、供应商的情况、企业本身的管理要求、采购方针等要求的不同而各不相同。总的来说，订单包括的要素有：订单编号、产品的名称、规格、品质简介、单价、需求数量、交易条件、运输方式、交货期限、交货地址、发票单位等。采购方将订货单寄送给厂商，

厂商确认后留存一联作为交货时的凭证,回执联寄回给采购方作为验收及物料管理的参考。下面给出一种订单的格式作为参考,如表 3-4 所示。

表 3-4 订单格式示例

	订购单 PURCHASE ORDER	编号: ORDER NO.: _____
		订货日期: DATE: _____
		预定交货期: SHIPPED ON: _____
		交易条件(分批交货) PARTIAL SHIPMENT: _____
Vendor-ID: _____		交货方法 SHIPPING METHOD: _____
		付款条件 PAYMENT TERM: _____

交货地点
SHIPPED TO: _____

序号	统一编号 Control No.	料号 Code No.	名称/规格 Description/Specification	单位 Unit	数量 Qty	单价 U/P	金额 Amount
		合 计 TOTAL					

兹同意依照本订单所述条件交货: Shipments are to be effected in accordance with the terms stated herein 签认 Accepted by _____ 日期 Date _____	职称 Title _____	签章 Authorized Signature _____

五、订单跟踪与跟催

采购订单发给供应商之后,并不是可以高枕无忧地等供应商把所订购的货物按质按量送到企业的仓库,采购部门应对订单进行跟踪和催货。企业在采购订单发出时,同时会确定相应的跟踪接触日期。在一些企业中,甚至会设有一些专职的跟踪和催货人员。

跟踪是对订单所做的例行跟踪,以便确保供应商能够履行其货物发运的承诺。如果产生了问题,例如质量或发运方面的问题,采购方就需要对此尽早了解,以便及时采取相应的行动。跟踪需要经常询问供应商的进度,有时甚至有必要到供应商那里去走访。不过这一措施一般仅用于关键的、大额的和提前期较早的采购事项。通常,为了及时获得信息并知道结果,跟踪是通过电话进行的。现在,一些公司也使用由计算机生成的简单表格,以查询有关发运日期和在某一时点采购计划完成的百分比。

催货是对供应商施加压力,以使其按期履行最初所做出的发运承诺,提前发运货物或是加快发运已经延误的订单涉及的货物。如果供应商不能履行发运的承诺,采购部门会威胁取消订单或是要求赔付。催货应该只是用于采购订单中一小部分,因为如果采购部门对供应商的能力已经做过全面分析的话,那被选中的供应商就应该是那些能遵守采购合约的可靠的供应商。而且,如果公司对其物料需求已经做了充分的计划工作,如果不是特殊情况,就不必要求供应商提前发运货物。

六、验货和收货

(一)货物的检验

采购方在接受采购货物之时或者之前首先要进行货物的检验。货物检验一般有以下几个步骤,如图3-1所示。

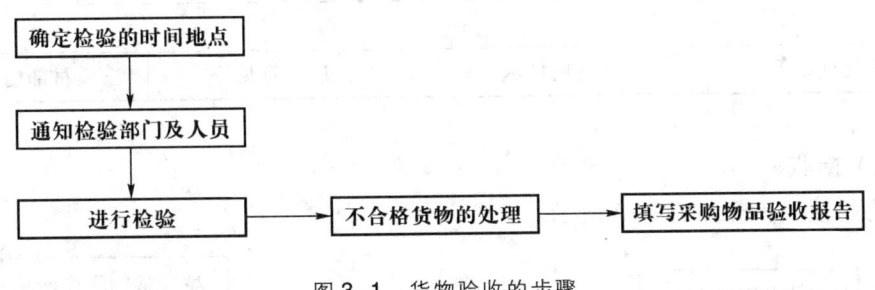

图3-1 货物验收的步骤

- 确定检验时间和地点。检验时间和地点的确定与货物的性质有关,比如一些大型的机械、设备等,往往需要到供应商的操作现场进行检验;而小型的原料、配件等可以把货物送过来后再检验。这些都需要采购方负责订单的人员与供应商及时沟通。
- 确定检验部门及人员。一般企业都有负责质量检验的部门,采购货物的检验也就交由他们完成,但需要采购部门与检验部门及时沟通。而对于一些大型设备的长期订货,也可派检验人员常驻供应商的企业进行检验。
- 货物检验。货物检验的目的是检查供应商的供货是否符合合同要求。检验的结果是将货物分为合格货物与不合格货物两种,其中不合格货物又分为:致命缺陷货物、严重缺陷货物和轻微缺陷货物三种。对于那些质量性能稳定的货物或者那些长期合作、供货表现良好的供应商的货物，检验的程序可以从简；而对那些性能不稳定的货物或者新供应商的货物，检验的程序要比较完备。

- 不合格货物的处理。这个环节视采购方的要求和货物的品质要求而不同。对那些信誉至上的供应商，他们不会冒险把有缺陷的产品提供给客户；而对于那些产品本身品质要求就比较高的货物，如精密仪表的配件、原材料等，只要有轻微缺陷就是废品，必须进行严格检验。一般来讲，对于有致命缺陷和严重缺陷的货物，采购方可要求供应商换货；对于轻微缺陷的货物，经过检验人员、设计部门、制造部门、销售部门等协商后，视生产、销售等的紧急程度，可以确定是否可以暂用。对于出现的质量缺陷，采购方要及时通知供应商，提醒他们注意。若此情况多次出现或出现一次重大失误，采购方则要集合各个相关部门进行讨论，对供应商进行适当的处理：如依据合同规定或与供应商商议，令其给予赔偿、改造，或取消与该供应商的合作。

- 对采购货物检验完毕后，检验人员要填写采购物品验收报告。报告格式如表 3-5 所示。

表 3-5 材料检验报告单

材料编号	收料单编号	品名/规格	检验部门	质量规范标号	送验编号
检验项目：					
检验标准：					
检验结果：					
说明：					
采购处理结果	总经理批示		厂长意见	质材部门说明	

（二）接收

货物的接收步骤如图 3-2 所示。

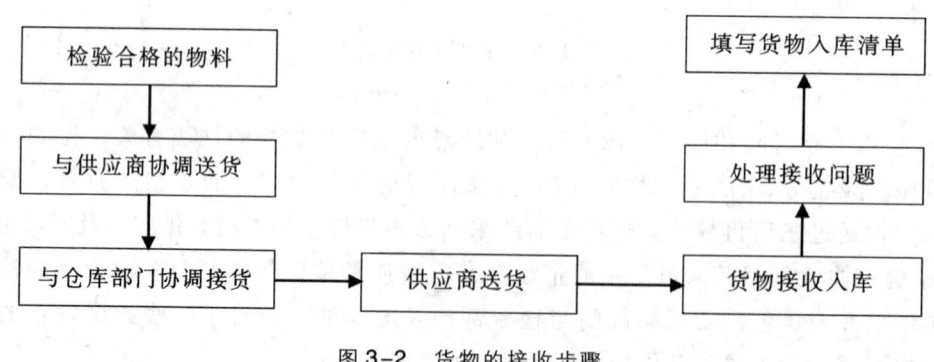

图 3-2 货物的接收步骤

- 协商送货事宜。在订单发出后或货物检验合格后，采购人员要与供应商协调送货的时间、地点、经手人员等事宜，还要与本企业仓储部门协调接货时间及卸货、验收、搬运、入库等事宜。如果没有这个环节就容易导致双方工作不衔接，浪费时间和人力。

- 货物接收入库。供应商将货物送至采购方仓储部门之后，采购方首先要核对发货单，看货物种类、数量、一般品质是否与合同相符；其次要检查各类单据是否齐备，如装箱单、发票等；再次要检查外包装是否完好，入库时是否需要另行包装。以上几项检查无误后就可以卸货、清点、入库，同时由仓储部门经手人填写货物入库单或将该信息输入仓储管理信息系统。

- 货物接收过程中的问题。在货物接收入库的过程中可能出现货物概况与合同不符、交货日期不符、货物包装不符合入库要求等问题，需要根据实际情况由采购人员和仓储部门人员共同协商，或退回供应商，或自行处理。

七、开票与支付货款

一般对国内供应商的付款都是在采购货物检验和接收入库后进行的。采购部门应向财务部门提供采购货物检验合格及已入库证明，连同发票一起向财务部门申领支票用于付款。对于长期合作的供应商，可以在签订合作协议时就规定一个付款结算的周期，周期以内该供应商的发票、汇票及验收入库的证明都将归在一起，以便周期末进行结算。

付款操作的具体过程是：

- 查询物料入库信息。
- 准备付款申请单据。其中值得注意的是五份单据（付款申请单据、合同、物料检验单据、物料入库单据、发票）中的合同编号、物料名称、数量、单价、总价、供应商必须一致。
- 付款审批。审批由财务部门专职人员进行。审核内容包括以下三方面：单据的匹配性，即以上五单据在六方面的一致性及正确性；单据的规范性；单据的真实性。
- 向供应商付款。企业在付款后应向供应商发出收款提醒。
- 供应商收款。

八、记录维护

采购的最后一项工作就是记录的维护。这一工作是把采购部门与订单有关的文件副本进行汇集归档，并把想保存的信息转化为相关的记录。

不同公司对不同单据和记录的重要性的认识各不相同。例如，一张可以作为和外界所签合同的证据的采购订单一般要保存7年，它自然应该比作为内部备忘录的采购申请单的保存期限要长。

无论是手工处理还是借助于计算机，一些必须保存的记录有以下几种：

- 采购订单目录。目录中所有的订单都被编号并指明每个订单是未结的还是已结的。
- 采购订单卷宗。所有的采购订单副本都被按顺序编号后保管在里面。
- 商品文件。记录所有主要商品或项目的采购情况（日期、供应商、数量、价格和采购订单编号）。
- 供应商历史文件。列出了与交易金额巨大的主要供应商进行的所有采购事项。

除此之外，其他的记录文件还有下述几种：

- 劳务合约。指明所有主要供应商与工会所签合约的状况（合约到期日）。
- 工具和寿命记录。指明采购的工具、使用寿命（或生产数量）、使用历史和存放位置。这些信息可以避免对同一批工具支付两次以上款项。
- 少数的小额采购应指明从这些供应商处采购付出的金额。
- 投标历史文件。指明主要物料项目所邀请的投标商、投标额、投标的次数、成功的中标者等信息。这一信息可以清楚表明供应商的投标习惯和供应商之间可能存在的私下串通。

第2节 采购手册的制定

为了使采购标准化、规范化、专业化和高效化，公司会制定采购手册，用以指导公司的采购行为。下面我们一起学习关于采购手册的内容。

一、采购手册的概念

企业、政府机构、学校、医院、社团等各种组织，为了使内部各单位在执行采购作业时有规则所遵循，通常都会制定"采购管理手册"或"物料管理手册"或"采购作业规定"或"采购管理规则"等名称的文件（以下统称为"采购手册"），以促进采购活动的制度化与合理化，并达到适质、适时、适量、适价的目标。它本质上是交流信息的媒介，用来阐明采购政策、步骤、指令和规定等内容。

- 政策：可能是总体性或结论性的。总体性政策是从大体上明确采购职能的目标和责任；而结论性政策是以扩充的形式，明确总体性政策如何在某些具体的业务活动和具体情况下应用，如供应商的选择。
- 步骤：制定各种行动的先后运作次序，以利于政策的贯彻，如外购物品的接收。
- 指令：给负责执行政策和步骤的人或部门具体的指示或指导，如订单需多少副本以及分发给什么部门。
- 规定：用来指导采购工作和采购人员在履行职责过程中面临不同情况时，应遵守的具体规章制度，如要不要接受供应商礼品等。

在编写采购手册时，区分以上术语之间的不同是十分必要的。

二、采购手册的作用

采购手册的基本目的是为了有效地将资讯传播给每一个相关的人员。因此,不管公司大小,采购手册中都应该提供必要的指导原则,以方便有关人员对采购政策、程序和架构的了解与控制。采购手册通过运用书面形式使采购政策、步骤、指令和规定等内容变得简洁明了;为采购与其他部门的沟通提供了依据,使他们能够建设性地看待现存的政策和步骤,并在需要的地方对其进行修改;手册上的步骤是针对采购所承担或管理控制的业务活动来制定的,因此能促进工作的一致性,从而减少对日常工作的具体监督;手册有益于对员工的培训和指导;手册有助于年度审计;手册协调了政策和步骤的关系,并确保了采购原则和操作的一致性和连贯性。此外,采购手册还为评估采购原则和操作提供了参考依据;通过展示高层对采购的重视,可借以提升采购工作的地位;采购的计算机化要求有细致完整的文件记录体系,这也使得采购手册的编写和使用变得更为迫切。

三、采购手册的格式与内容

采购手册可依公司的大小、业务范围以及不同的需求而有不同的形式,其内容必须根据公司整体的政策而制定,所以采购手册并没有一套标准的架构。完整的手册应该包括组织架构、职务、权责、功能、公司政策、部门政策、程序、流程、指示、规范及有关公司特殊事项的指导原则。每一个企业或机构的手册,都是依据组织的特定需求来设计的。

手册的格式应该依据个别的需求而量身定做。一般而言,手册都会以活页的方式装订起来,方便人们翻阅。现在则因为电脑的普遍使用,许多公司都把政策、制度在电脑中建档,这样更方便需求者立即取得资讯,也方便公司在修正制度时可以以更快的速度更新,而不必像印刷品必须花较多的时间去重新制版印刷。手册应当制作精美、方便、耐用,印刷清晰、语言简洁,并配以相关图表图解等,方便人们的理解。在决定格式时,主要应当考虑以下因素:内容的时效性,摆放的方便性,查阅的方便性,印刷字体的清晰程度,便于携带和移动,使用者更新的难易程度,编写者更新的难易程度,紧凑程度,成本。

采购手册的内容包含三个主要方面:组织机构、政策和步骤。

1. 组织机构

采购手册的组织结构部分包括以下几个内容:

- 组织机构的结构图。该图描述的是采购职能在组织结构中的层次位置,也显示了总部和各分部的组织结构,如用图表显示了采购部门与生产部门之间的关系、采购部门与财务部门之间的联系等。
- 采购部门每个职位的工作职责。如果有必要的话,该部分应包括完成个人职责的权限。

- 员工应知道的行政管理的规定，如考勤、工作时间、差旅费用等。

2．政策

采购手册的政策部分包括以下的内容：
- 采购工作的目标、责任和采购人员的权力。
- 政策中说明的内容还可以扩充到有关价格、质量等总原则中去。
- 采购条款和条件。
- 与供应商的关系，尤其是有关礼物、款待和娱乐等方面。
- 供应商的选择方法。
- 雇员直接采购的方式。
- 向管理层汇报的制度。

3．步骤

采购手册的步骤部分包括以下的内容：
- 用文字结合图表来说明采购步骤。
- 关于拒收和退货的步骤。
- 关于废料、废弃物或过剩产品的处理步骤。
- 与采购及其辅助业务有关的所有文件单证的图解说明，并附有对它们的用途的周详的文字说明。
- 有关采购记录的查考和保存维护程序。

下面给出采购手册目录的实例作为参考，以助了解采购手册的框架，见表3-6。

表3-6 某企业采购手册

一、功能与目的（略）
二、内容
  1．组织
    1.1 管理和组织图
    1.2 采购、仓储和运输流程图
    1.3 采购、仓储和运输的职责
      1.3.1 采购经理
      1.3.2 运输经理
      1.3.3 仓储管理人
      1.3.4 采购、仓储和运输职员
    1.4 采购和其他组织部门的关系
    1.5 公共关系
  2．政策说明书
    2.1 授权金额水准
      2.1.1 资金拨用申请
      2.1.2 请购和库存申请
      2.1.3 采购订单和合约
      2.1.4 租赁、租赁采购、租赁退回
      2.1.5 应付账款和发票金额折扣的差异
    2.2 采购道德规范

续表

2.3 利益冲突
  2.3.1 和公司政策手册的利益冲突
  2.3.2 目的
  2.3.3 政策
  2.3.4 定义
  2.3.5 职责
  2.3.6 指示
2.4 礼物和红包
  2.4.1 定义
  2.4.2 为何政策是需要的
  2.4.3 不允许
  2.4.4 礼物必须返回
  2.4.5 什么是被允许的
2.5 采购和供应商的关系
  2.5.1 供应商责任、能力
2.6 业务人员拜访工厂
2.7 期限和条件、采购订单、合约
2.8 采购职权和责任
  2.8.1 质问需求的采购职权
  2.8.2 紧急采购
  2.8.3 供应商的协调与谈判
  2.8.4 个人用途的采购
  2.8.5 直接来源采购
  2.8.6 在多家供应商竞标下的采购政策
3. 采购程序
 3.1 采购需求来源
   3.1.1 资金拨用申请
   3.1.2 请购
   3.1.3 营建工程服务的需求
   3.1.4 库存的需求
   3.1.5 采购行动通知
 3.2 招标
   3.2.1 选择投标者
   3.2.2 书面的投标请求
   3.2.3 口头的投标请求
   3.2.4 投标表格和评估
   3.2.5 通知未得标者
 3.3 商品和服务签约的方法
   3.3.1 书面采购订单（确认与非确认）
   3.3.2 口头采购订单
 3.4 订单的种类
   3.4.1 商店购买（非合约系统）
   3.4.2 统购合约

续表

    3.4.3 开口合约
    3.4.4 工程/服务的合约
    3.4.5 租用（租赁）的合约
    3.4.6 维修服务的采购
    3.4.7 分析性的服务采购
    3.4.8 零用金
    3.4.9 货到收款采购
    3.4.10 测验和评估用的样本商品订单
    3.4.11 预备金采购
    3.4.12 物料安全资料清单
    3.4.13 国外采购
  3.5 订单和合约的修订
    3.5.1 修正采购订单
    3.5.2 合约改变的订单
4. 采购行政管理
  4.1 追踪与催交
  4.2 开发新来源
  4.3 记录保持与汇整系统
  4.4 来源的资讯
  4.5 管理报告
  4.6 采购人员训练与升级计划
  4.7 品质担保
  4.8 验收
    4.8.1 收料
    4.8.2 检验
  4.9 运输部门
5. 采购的法律事务
6. 存货控制
  6.1 分类
  6.2 状况
  6.3 责任范围
    6.3.1 检视不良的库存
    6.3.2 处理、报废多余的库存

第3节 采购业务流程的改善

随着时代的发展，传统的采购流程渐渐暴露出它的一些不足，影响了整个生产活动的效率，所以人们对传统的采购业务流程进行了一定的改善。

一、传统采购流程的缺点

传统的采购流程由于一系列不足,容易导致流程的效率不高。这些不足主要体现在以下几个方面:

- 一系列没有增值作用的文书工作。传统采购中涉及很多的文本操作,这些文本操作繁琐而又费时,对于操作过程来说是一大浪费。
- 过多的单证操作。一个新订购单至少涉及七种不同的单证(询价单、报价单、订单、订单确认回执、到货通知书、物品签收单及发票),还包括提供给采购和其他部门存档的高成本的复印副本。
- 处理内部和外部订单消耗大量时间。
- 纯文本工作消耗的大量成本。

二、业务流程改善的几种方法

任何一个企业或公司,无论它处于什么行业都存在着采购流程。在制造业,一个企业平均要将销售额的 40%~60% 花在采购上。因此,降低采购成本对提高利润的潜力是非常大的。采购不只是简单地去市场上购买所需的物料,实际上是把一个组织的生产能力和制造能力扩展到外部资源即供应商身上。从这个意义上讲,采购可以理解为"外部制造的管理"。它需要有新的流程、新的产品和新的信息系统去充分利用本企业所不具备的能力。

下面介绍两种采购业务流程改善的常用方法。

(一)信息技术的参与

如今信息技术已十分普及,信息技术的参与能提高工作的效率。同样在业务流程中信息技术的参与也能改善流程的质量。下面我们通过福特公司对业务流程的改造来了解信息技术参与对业务流程的影响。

在 20 世纪 80 年代初,福特汽车公司开始寻找降低日常行政管理成本的途径。该公司认为,向供应商支付货款的应付款部是一个可以降低成本的地方。当时,福特公司北美区应付款部有 500 多名工作人员。福特公司的管理者曾认为,能使人工成本降低 20% 已经是一个不小的成绩了。但是他们也注意到,马自达北美公司只配备了 5 名职员就完成了所有与应付款有关的业务。尽管这两家公司的规模和其他条件有所不同,但应付同类的工作,福特公司用 500 人而马自达公司只用 5 人,这种反差实在太大了。因此,福特的管理层不得不重新思考应付款部的业务流程问题。这个决定标志着福特公司在观念上有了关键性的转变,因为一个企业只能对业务流程进行再造,而不能对管理这些业务流程的部门进行再造。比如,我们不能对"应付款部"进行再造,因为它不是一个业务流程。应付款部是一个特别设计出来的机构,它每天的主要工作内容是传递和处理各种工作单。这些人不能被再造,但是他们做的工作可以被再造。管理者应该将再造的注意力集中在对基本的业务流程的重新设计上,而不应该放在职能部门或其他的组织机构上。福特公司最后的结论是，在福特公司中被再造的业务流程不是"应付款"流程，而是"采购"流程。采购业务流程不但包括对应付款的管理职能，而且包括相关的采购产品和接收产品的职能。福特公司原先的零部件采购流程相当传统，即先由采购部向供货商发出采购单，同时将该订单的复印件传递给应付款部。当供应商发出的货品到达福特公司时，货物接收站的一名职员要填写验货报告单并上交给应付款部。同时，供货商将这批货的发票寄给应付款部。这样一来，应付款部共有 3 个与这批货品有关的文件：采购单、验货单和发票。如果这 3 个文件完全相符，应付款部就支付货款。在绝大多数情况下工作就是这样进行的，从而在福特公司应付款部，该部门的职员把他们大部分的时间花在整理和核对输入的采购单、验货单和发票的符合性上。有时为了追踪和澄清这些文件的相符性，他们甚至需要花上数周的时间并耗费很多人力。经过再造之后，福特公司的应付款业务流程看上去已经"面目全非"了。福特公司应付款部的雇员从原来的 500 人缩减为现在的 125 人。新业务流程的内容是：当采购部的采购员向供货商发出采购订单时，他同时将这份订单中的采购信息输入数据库。然后与过去一样，由供货商将货品发送到货物接收处。到货后，货物接收站的工作人员通过计算机终端核查到货货品是否与数据库中记录的订货要求一致。这种检验只存在两种结果：一致或不一致。如果到货货品与数据库中记录的订货要求一致，货物接收站的工作人员将收下货物并将接收信息输入计算机系统，计算机将自动对记录的信息进行处理并在适当的时间向供货商付款。如果到货货品与数据库中记录的订货要求不符，货物接收站拒绝收货并将货品退还给供货商。

发生在福特公司的这场管理变革的道理很简单，原先必须由应付款部负责的付款工作现在货物接收处就可以完成了。过去，旧的业务流程把这项工作人为地复杂化了：查询、留档、记录，这些工作足以让工作人员忙得晕头转向。新的业务流程就完全不同了，它们是建立在信息技术平台上的一种全新的业务流程。例如，在再造后的采购流程中，如果不借助于来自联机数据库中的采购订单数据的支持，福特公司的货物接收员根本无法按照"货到付款"的规则发出付款指示。事实上，如果没有数据库，货物接收员对于公司的订货情况将一无所知。当货物到达时，该货物接收员的唯一选择只能是与过去一样假设与订货收货相关的工作已经完成，然后由应付款部对采购单、收货单和发票进行核对。理论上，采购部应该将每一份采购订单的复印件发给公司的每一个货物接收站，再由货物接收员根据这些采购订单核查货物，但是，这种纸件系统的做法明显地不切合实际。信息技术使福特公司有可能建立一种全新的现代化业务管理系统。在再造中，信息技术扮演了基本驱动力的角色。可以说，如果没有信息技术的支持，任何业务流程再造的愿望只能是空中楼阁。目前，很多公司都借助信息技术实现了 B2B 电子采购，极大地提高了采购与供应管理效率，降低了采购与供应管理成本。有关 B2B 电子采购的详细内容将在第 4 章介绍。

（二）JIT 采购

1. JIT 概念与原理

准时化生产方式（JIT，Just In Time）是起源于日本丰田汽车公司的一种生产管理方法，它的基本思想是"彻底杜绝浪费"、"只在需要的时候，按需要的量，生产所需要的产品"。这也就是 JIT 的基本含义。这种生产方式的核心，是追求一种无库存生产系统，或是库存量达到最小的生产系统。

最初，JIT 只是作为一种减少库存水平的方法，而今，它已成为一种管理思想。这种管理思想的精髓，就在于它的"非常准时化"、"最大限度地消除浪费"的思想。现在越来越多的人把这种管理思想运用到各个领域，形成了各个领域的准时化管理方法。因此，现在除了 JIT 生产之外，又逐渐出现了 JIT 采购、JIT 运输、JIT 储存以及 JIT 预测等新的应用领域。实际上，现在 JIT 已经形成了一个庞大的应用体系。下面我们主要介绍 JIT 采购。

2. JIT 采购含义

JIT 采购，又叫准时化采购，它是由著名的准时化生产的管理思想演变而来的。JIT 采购是把 JIT 生产的管理思想运用到采购中而形成的一种先进的采购模式。它的基本思想是：把合适的数量和合适的质量的物品，在合适的时间供应到合适的地点，最好地满足用户的需要。它有最大限度地消除浪费、降低库存、实现零库存的优点。

准时化采购不但能够最好地满足用户的需要，而且可以最大地消除库存、最大限度地消除浪费。

JIT 采购的原理主要表现在：

（1）与传统采购面向库存不同，准时化采购是一种直接面向需求的采购模式，它是把货物直接送到需求点上。

（2）用户需要什么就送什么，品种规格符合客户需要。

（3）用户需要什么质量就送什么质量，品种质量符合客户需要，拒绝次品和废品。

（4）用户需要多少就送多少，既不少送也不多送。

（5）用户什么时候需要就什么时候送货，不晚送也不早送，非常准时。

（6）用户在什么地点需要，就送到什么地点。

以上几点既是 JIT 采购的原理，又是 JIT 采购的特点。

3. JIT 采购的作用

JIT 采购是关于物资采购的一种全新的思路，企业实施 JIT 采购具有重要意义。根据资料统计，JIT 采购在以下几个方面已经取得了令人满意的成果：

（1）大幅度减少原材料和外购件的库存。根据国外一些实施 JIT 采购策略企业的测算，JIT 采购可以使原材料和外购件的库存降低 40%～85%。原材料和外购件库存的降低，有利于减少流动资金的占用，加速流动资金的周转，同时有利于节省原材料和外购件库存占用的空间，从而降低库存成本。

（2）提高采购物资的质量。一般来说，实施 JIT 采购可以使购买的原材料和外购件的质量提高两三倍。而且，原材料和外购件质量的提高，又会引致质量成本[①]的降低。据估计，推行 JIT 采购可使质量成本降低 26%～63%。

（3）降低原材料和外购件的采购价格。由于供应商和制造商的密切合作以及内部规模效益与长期订货，再加上消除了采购过程中的一些浪费（如订货手续、装卸环节、检验手续等），就使得购买的原材料和外购件的价格得以降低。

此外，推行 JIT 采购策略，不仅缩短了交货时间，节约了采购过程所需资源（包括人力、资金、设备等），而且提高了企业的劳动生产率，增强了企业的适应能力。

4．JIT 采购应用的要求

（1）距离越近越好。供应商和用户企业的空间距离越近越好。太远的话操作不便，发挥不了 JIT 采购的优越性，很难实现零库存。

（2）制造商和供应商建立互利合作的战略伙伴关系。JIT 采购策略的推行，有赖于制造商和供应商之间建立起长期的、互利合作的新型关系，相互信任、相互支持、共同获益。

（3）注重基础设施的建设。良好的交通运输和通讯条件是实施 JIT 采购策略的重要保证。企业间通用标准的基础设施建设，对 JIT 采购的推行也至关重要。所以，要想成功实施 JIT 采购策略，制造商和供应商都应注重基础设施的建设。

（4）强调供应商的参与。JIT 采购不只是企业物资采购部门的事，它也离不开供应商的积极参与。供应商的参与，不仅体现在准时、按质按量供应制造商所需的原材料和外购件上，而且体现在积极参与到制造商的产品开发设计过程之中。与此同时，制造商有义务帮助供应商改善产品质量，提高劳动生产率，降低供货成本。

（5）建立实施 JIT 采购策略的组织。企业领导必须从战略高度来认识 JIT 采购的意义，并建立相应的组织机构来保证该采购策略的成功实施。这些机构的构成，不仅应有企业的物资采购部门，还应包括产品设计部门、生产部门、质量部门、财务部门等。其任务是，提出实施方案、具体组织实施、对实施效果进行评价并进行连续不断的改进。

（6）制造商向供应商提供综合的、稳定的生产计划和作业数据。综合的、稳定的生产计划和作业数据可以使供应商及早准备，精心安排其生产，确保准时、按质按量交货。否则，供应商就不得不求助于缓冲库存，从而增加其供货成本。有些供应商在制造商工厂附近建立仓库以满足制造商的 JIT 采购要求，其实这不是真正的 JIT 采购，只是负担的转移。

（7）着重教育与培训。通过教育和培训，使制造商和供应商充分认识到实施 JIT 采购的意义，并充分掌握 JIT 采购的技术和标准，以便对 JIT 采购进行不断的改进。

（8）加强信息技术的应用。JIT 采购是建立在有效信息交换的基础上的。信息技术

---

① 质量成本是指企业为了保证和提高质量而支出的一切费用以及由于产品质量未达到既定标准而造成的一切损失的总和。

的应用可以保证制造商和供应商之间的信息交换。因此，制造商和供应商都必须加强对信息技术，特别是电子数据交换（EDI）技术的应用投资，以更加有效地推行JIT采购策略。

个案分析

案例材料

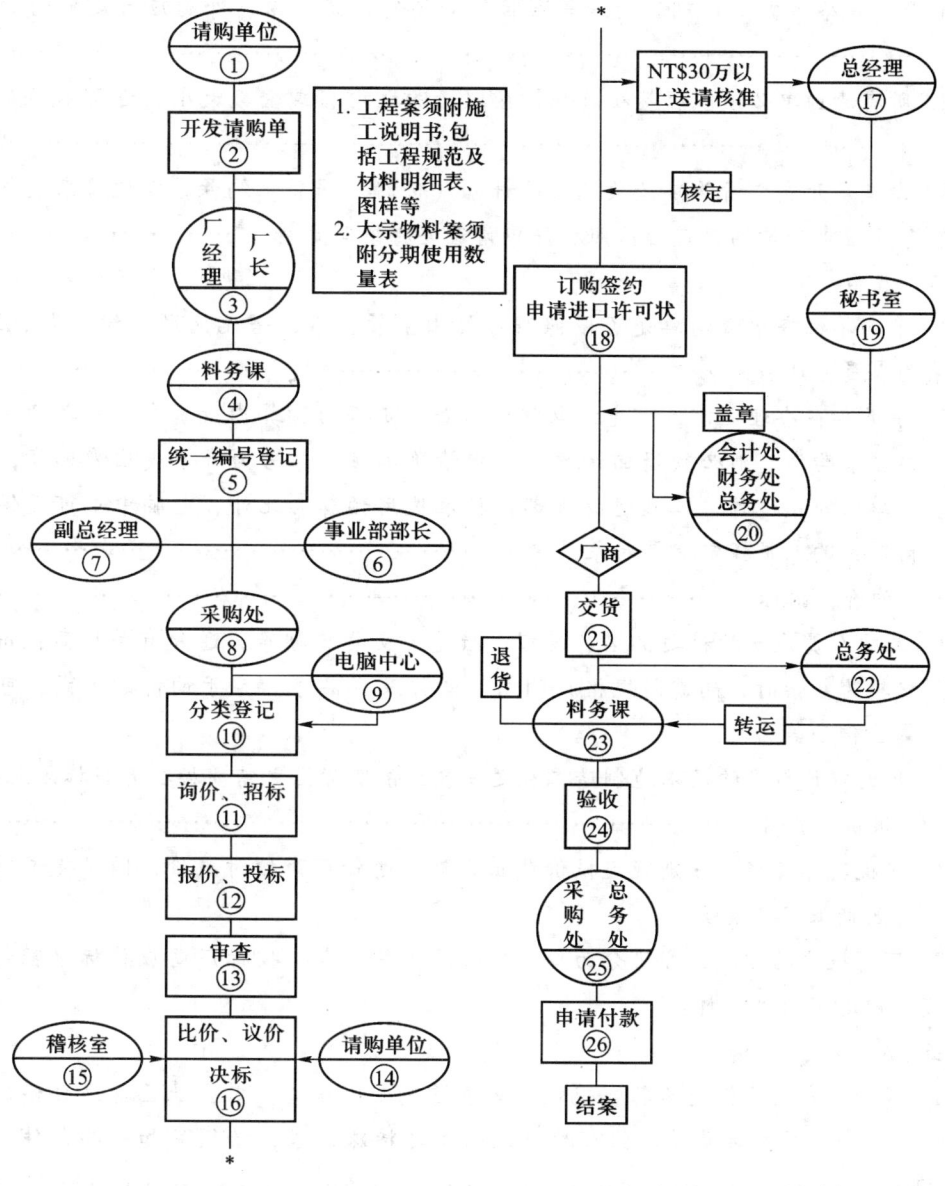

某纺织公司采购作业流程

流程图说明：

一、请购

1. 一般物料均由使用单位开出请购单，但是属于存量管制的物料则由仓储单位请购；物料管理电脑化时，则依据物料需求计划及存量管制水准，直接由电脑列印请购单，但须经物料管制单位签核。此外，工厂进行扩建计划时，所有请购单则由扩建专案小组开发；办公用品则由管理部门统筹各单位之需求集中请购。……………①

2. 开发请购单时，工程案须附施工说明书，包括工程规范及材料明细表、图样等。大宗物料案须附分期使用数量表。………………………………………………②

3. 为配合电脑化作业及将来验收、付款之便捷，以一张请购单填写一项物料为原则。料号、规格、需要日期、用途等栏位，必须写清楚。内、外购应有足够的购运时间。……………………………………………………………………………………②

4. 所有请购单必须依照签核流程，按照请购之内容或金额大小，送呈不同层级主管批准。……………………………………………………………………………③⑥⑦

5. 由工厂开发之请购单必须先经过料务（仓储）课登记编号，以便将来查询。另外，料务课应审查请购单是否依照程序申请及逐栏填写资料。…………………④⑤

二、采购

1. 采购单位查核请购单是否依照程序经由主管核准，若无问题，经分类登记后，分发采购人员办理。……………………………………………………………⑧⑩

2. 请购单在办理之前，可先经电脑中心查询是否为预算内或资本支出之项目。若非预算内之采购案，则必须退回请购单位申请追加预算；若为资本支出采购案，尚需先送企划单位列案追踪，以及送财务部门核准拨用预算。此外，电脑中心可提供历史资料，协助采购人员择定交易对象。……………………………………………⑨

三、询价、招标……………………………………………………………………⑪

1. 采购人员应就物料之品名、规模、数量、交货日期等，通知有关厂商报价，若物料规格较为复杂时，尚需附规格说明书、图样及样品等。至于询价的方式，可以电话、传真、信函等为之。

2. 凡大宗物料采购及本地制造工程之发包，依实际上之需要按公开招标方式办理。

四、报价、投标……………………………………………………………………⑫

1. 应视实际情形，分别规定报价截止日期，通知厂商按时报价，同时要求供应商报价之有效期限不可太短。

2. 厂商报价的方式，亦可分为口头、书面两种方式，投标厂商应将标单密封，于规定期限内送交经办人员。

五、审查

1. 报价厂商之资格是否符合规定，必须首先予以审查。若企业已建立合格厂商名录，此种审查工作非常简单。但有时因采购案之特殊需求，必须另加一些条件，就得重新审查。……………………………………………………………………………⑬

2. 报价之审查，实质上就是分析报价内容是否符合请购需求，并比较各报价厂商之间的优劣点，作为订购时的参考。…………………………………………………⑬

3. 有时由于报价内容复杂，采购人员难以分辨，或外购机件及工程发包等，为避免因错误而发生严重损失，应将报价单送请申请单位确认。……………………⑭

六、开标

金额较大的采购案及以招标方式办理的采购案，通常会将报价单或投标单以密封方式送交稽核室，到报价或招标截止日期，配合采购部门拆封或公开开标。………⑮

七、采购方式 ………………………………………………………………………………⑯

1. 议价：参照事先拟订的底价或预算，并以各应邀报价厂商竞争情形，议定合理的订购价格。

2. 比价：按应邀厂商的报价加以比较，然后择定最低者予以订购。

3. 决标：开标后，以不超过底价之最低标为得标，如标价超过底价应择最低标之厂商另行议价或重新招标。

八、核定 ……………………………………………………………………………………⑰

议价、比价及决标之结果，金额不超过授权金额者，由采购经理核准之；金额超过此限时，由采购经理审查后，送请总经理核定。

九、订购

1. 议价、比价及决标之结果，经核定后，由采购部门正式向厂商订购，给予订购单；若金额较大，交货期较长，且有实际需要者，应由采购部门与供应商签订订货合约或制造工程合约。…………………………………………………………………………⑱

通常在选择供应商及决定价格之后，为了保障交易的权益，究竟采用买方的订购单或卖方的销售合约，主要决定于下列因素：

（1）买卖双方折中的结果，谁占优势就用谁的文件。

（2）交易物品的特性，例如卖方的专利品，以采用卖方的销售合约为宜。但是金额很小的交易，买方的订购单就可以接受。

（3）交易的复杂度与程序的复杂性较高，买方的简便订购单无法包容各种交涉的要件。

2. 合约应经双方签认及盖章，正本各执一份，副本可分送使用单位、财务单位、验收单位等存查。……………………………………………………………………⑲⑳

3. 国外承售厂商于接获订购单后，应立即制发正式的报价单，供订购厂商向国贸局或授权签证银行申请进口许可证。……………………………………………⑱

十、交货

大宗物料应由承售厂商自行送厂，零星采购则可送交中心仓库转运到厂。…………………………………………………………………………………………㉑㉒

订购后的稽催工作不可忽视，借以确保卖方能如期交货。尤其是针对交期长、金额高的采购案，必须时常查询进度，甚或派人前往观察，有时不惜以取消订单，对供应商施加压力，使其能按时或提早交货。

十一、验收

一般物料由料务课负责验收，包括品质与数量；特殊机具及零件，则由使用单位、品管单位负责品质验收，料务课仅负责验收数量。品质若有不符，即予退回。………………………………………………………………………………………………㉓㉔

十二、付款与结案

签订合约者，由采购部门依合约规定，连同验收单与发票，开支出传票向财务单位申请付款。其他均按月将料务课送来之验收单汇集，按厂商分别开支出传票请求付款，以便结案。………………………………………………………………………㉕㉖

分析

案例中通过流程图以及对流程图的分析，清晰地向我们展示了采购的过程：请购，采购，询价，招标，报价，投标，审查，开标，采购方式，核定，订购，交货，验收，付款和结束任务。该案例对书中介绍的采购流程做了进一步的细化，读者通过对本案例的学习，能够对采购流程有进一步的了解。

自学指导

学习重点

本章学习重点：采购的流程；采购手册；业务流程的改善。

（1）采购的流程：一个完整的采购流程由需求确定与采购计划制定、供应源搜寻与分析、定价、拟定并发出订单、订单跟踪与跟催、接受与验收、开票与支付货款、记录维护这几个步骤组成，每个步骤都是完整的采购过程所不可缺少的。

（2）采购手册：采购手册是指组织为了使内部各单位在执行采购作业时有规所循而制定的规则性文件。它的目的是使采购活动制度化与合理化，促进采购活动达到适质、适时、适量、适价的目标。它在本质上是交流信息的媒介，用来阐明采购政策、步骤、指令和规定等内容。

（3）业务流程的改善：随着时代的发展，传统的采购流程已经不能适应当今社会的要求。因此关于业务流程的改善变得十分重要。传统物料采购的目标是"用最低的库存实现供应"，而现代的采购目标是"用最低的成本提供高品质的物料，保证制造和生产的需要"。对业务流程的改善针对不同情况有改进、革新、再造三种。

复习题

一、单项选择题（在备选答案中选择1个最佳答案，请把它的标号写在题后的括号内）

1. 采购流程一般有（　　）个步骤。

    A. 五　　　　　B. 七　　　　　C. 八　　　　　D. 十

2. 下面情况不适合采用竞争性报价确定采购价格的是（　　）。

    A. 有足够多的合格供应商

    B. 供应商清楚采购细节和要求，有能力准确估计生产所需成本

C. 买方要求供应商早期参与

D. 买方没有优先供应商

二、多项选择题（在备选答案中有 2~5 个是正确的，将其全部选出并将它们的标号写在题后的括号内。错选或漏选均不给分）

1. 采购定价有哪些方法？（　　）

A. 竞争性报价　　B. 谈判　　C. 询价　　D. 招标　　E. 第三方定价

2. JIT 采购的主要作用有（　　）。

A. 减少原材料和外购件的库存

B. 提高采购物资的质量

C. 降低原材料和外购件的采购价格

D. 缩短交货时间

E. 提高企业的劳动生产率

三、简答题

1. 列举一个有效的采购程序涉及的步骤。

2. 采购部门有效运作所需的记录有哪些？对于所需的数据如何取得并进行维护？

四、论述题

1. 在未来，互联网会对采购和供应工作有何影响？带来哪些改善？

2. 假定你已经被公司高层指派去改进业务流程，列出你认为可以使流程更有效率的具体建议。

第 4 章　B2B 电子市场采购

学习目标

1. 应了解、知道的目标
   - B2B 电子市场的发展和基本概念
   - B2B 电子采购的基本概念
   - B2B 电子采购涉及的一般过程
2. 应理解、清楚的内容
   - B2B 电子市场的类别
   - 掌握 B2B 电子采购具有的优势
   - B2B 电子采购内部模型及其功能
3. 应掌握、会用的内容
   - 企业实施 B2B 电子采购的意义
   - 能够根据企业的规模和物料的种类选择适当的电子采购模式
   - 企业实施 B2B 电子采购时需经历的步骤
4. 应熟练掌握的内容
   - B2B 电子采购的三种基本模式

自学时数

4 学时。

老师导学

本章主要介绍 B2B 电子市场采购的相关知识，首先简单介绍 B2B 电子市场发展的基本概念及其发展历程。B2B 电子采购的最大特点就是利用了互联网技术，因此 B2B 电子采购的基本流程与传统采购流程不同，这种在线采购方式与传统的线下采购方式相比可以为企业带来更多的竞争优势。但是，在 B2B 电子采购中所采用的基本理论基本上都来源于传统的采购理论。为了深入了解 B2B 电子采购的功能和特点，本章从应用的角度介绍了建立基于 Internet/Intranet 的、开放的 B2B 电子采购系统。在具体的实践过程中，各个企业的经营环境、自身实力、信息系统的状况和未来发展的需要是不同的，不同的企业需要选择不同的采购模型。本章详细叙述了电子采购模式的类型和具体选择策略。

第 1 节　B2B电子市场

一、B2B 电子市场的发展

电子商务是指买卖双方利用现代开放的互联网技术，按照一定的标准所进行的商业活动。电子商务对全球经济和社会的主要影响在于它能够提高企业运营的效率、竞争力和利润以及信息化的发展。B2B 的电子商务源于通过 EDI（电子数据交换）进行的交易。EDI 使成员公司可以各自进行它们的交易，并使商业信息的交易标准化。EDI 交易为企业提高了效率，节约了交易成本。然而 EDI 的建立和实施需要大量的资本投入，所以它们的应用一直局限于大公司。互联网的使用费用比 EDI 低得多，这为 B2B 电子商务交易系统的发展提供了机会。20 世纪 90 年代初期，电子采购目录开始兴起，供应商将其产品信息发布到网上，以此来提高供应商的信息透明度和产品覆盖面。发展到今天，越来越多的全方位综合电子采购平台已经出现，并通过广泛连接买卖双方进行电子采购服务。电子市场是电子商务采购的一种主要形式，是电子商务开展的主要平台。今天的电子市场已经成为一个建立在互联网上的商务平台，它把不同的企业（买方和卖方）聚集到一个虚拟的空间进行商务活动，被同时聚集到这个网络中心站点的还包括金融服务组织、物流企业以及税收和行政管理部门。电子市场能够支持不同企业之间一切与交易有关的活动，实现企业之间设计、生产、销售等职能的供应链协作。

电子商务的发展要数美国最为先进，美国的 B2B 电子交易市场几乎涵盖了所有重要的产业，而且吸引着越来越多的公司参与，使美国的电子交易市场成为各个行业交易的中心。从电子交易市场发展的历史看，美国的电子交易市场主要经历了三个阶段：第一阶段的 B2B 电子交易市场是由一些独立的电子商务公司建立的，主要包括横向的 B2B 电子市场以及纵向的 B2B 电子市场。在这一阶段，大的公司仍然较少参与。B2B 电子市场的第二阶段开始吸引一些比较大的供应商或销售商，电子市场在加强交易管理的同时开始采取一些策略协调供需双方的利益。在第三阶段，一些大的行业巨头开始联合，建立自己的电子交易市场。

二、B2B 电子市场的概念和类别

B2B 电子市场是一种把多个买方卖方，供应链的各个相关企业集中到互联网上进行商业活动的一种市场。B2B 电子市场最初来源于经营单个行业的独立电子市场，如能够标准化的电子、化学、钢铁等行业。电子市场建立的目的都是为了获得某种市场机会，因此每一个电子市场在目标用户、价值创造方式、服务方法以及功能上都是不同的。电子市场一般具有以下特征：电子市场是一个集中于某个行业或者商务项目的

虚拟市场；买卖双方通过电子市场进行交易协调，最终完成交易；电子市场是使基于供应链的商务活动更加简单有效的新型商务模式。

根据电子市场占有结构可将 B2B 电子市场分成三类，分别是：

1. 以供应商（卖方）为中心的 B2B 电子市场

当供应商为少数大的供给企业或中间商占有时，可能就会形成以供应商为中心的电子市场。供应商自己建立的市场，由供应商控制，并将自己的产品放到 B2B 电子市场上，以在更大范围内吸引购买方，降低销售成本，如英特尔公司的网站。

2. 以采购方（买方）为中心的 B2B 电子市场

大买家可以自行建立以其自身为主的电子市场；若干中小买家组合在一起的集团也可以采取同样的模式。此类市场大多是由买方自己建立的市场，具有一定私下性质的封闭系统，由采购方控制，并将自己的采购需求放到 B2B 电子市场上，如沃尔玛、通用汽车等几家汽车公司的网站。以采购商为中心的 B2B 电子市场主要是用于帮助买方企业以比传统采购渠道更有效的方式采购到自己需要的商品。

3. 第三方主导的电子市场

由独立的第三方建立并通过吸引买方和卖方在电子市场上发布供应和需求信息，促进双方的共享和协调，并协助双方最终完成电子交易。如国内的阿里巴巴网站。在中介方建立的电子市场中还分为中性的电子市场，以采购方为中心的电子市场和以供应方为中心的电子市场。

第 2 节 B2B 电子采购概述

B2B 电子采购最先兴起于美国，它的最初形式是一对一的电子数据交换，即 EDI。这种由大卖家驱使、连接自己供应商的电子商务系统虽然大幅度地提高了采购的效率，但早期的解决方式价格昂贵，耗费庞大，且由于其封闭性仅能为一个买家服务，令中小供应商和买家却步。因此，真正商业伙伴间的 EDI 并未广泛开展起来。

B2B 电子采购是企业实现电子商务的一个重要环节，它已成为 B2B 市场中增长最快的一部分。与以往的采购方式不用，B2B 电子采购是基于或至少部分基于互联网技术的采购方式。

一、B2B 电子采购简介

与传统采购比较而言，B2B 电子采购是一种在互联网上创建的基于 Web 的采购方式。它能够使企业通过信息网络，寻找合格的供应商和物品，随时了解市场行情和库存情况，编制销售计划，在线采购所需的物品，并对采购订单和采购的物品进行在途管理、台账管理和库存管理，实现采购平台的自动统计分析。它的优点在于能够降低采购中的管理成本，缩短采购周期，加强对采购流程及库存等的控制。另外，它能提供新的供应商的信息，降低采购商品的价格。此外，一个成功的 B2B 电子采购解决方案能为企业制定一套规范的采购流程,有利于加强企业的管理。因此,B2B 电子采购将从根本上改变企业与供应商交易活动的模式。它不仅使采购过程自动化,极大地提高了效益,降低了采购成本,而且在一定程度上避免了因信息不对称引起的资源浪费,有利于社会资源的有效配置。

B2B 电子采购与传统采购的比较详见表 4-1。

表 4-1 B2B 电子采购与传统采购的比较

主要方面	主要区别	主要优势
采购成本	在线采购可以减少一定的中间成本和人为差错,并可简化订货过程	通过信息技术和雇员高效率的工作,使物资采购节约 10% ~ 15% 的成本
库存管理	供应商与采购商之间的信息交流加快,能使采购商在存储、制造和批发环节上降低库存水平	使得总库存成本降低 20% ~ 25%,为企业带来更高的利润率
生产周期	供应商与采购商之间通过共享一些数据信息和关键技术,从而缩短产品的开发和生产周期	使得交货时间缩短 20% ~ 25%,有利于增强企业的市场竞争能力

实施电子化采购已成为企业取得竞争优势不可或缺的手段。根据国际杂志 Purchasing 的一份调查,90% 的采购经理希望能实现 B2B 电子采购,而电子采购软件包市场近两年来的飞速成长也证明了 B2B 电子采购是一种更高效、更可靠的采购方式。

二、B2B 电子采购的过程

一个典型的电子采购周期包含以下 7 个步骤。用 B2B 电子采购来完成整个采购周期,不仅能很好地完成上述步骤,还能使之更有效率、更方便、更规范。

1. 提交采购需求

采购商通过填写在线表格(供应商的网站或采购商的网站)发出采购需求。对于经常需要采购的商品,可建立一个特别的目录以方便提出采购申请。

2. 确定采购需求

根据预先设定的采购确认程序,采购申请单将被依次自动地传递给各责任人请求批准和确认。企业具有完善的内部信息网络和优良的管理控制结构将有利于该阶段的实现。

3. 选择供应商

申购申请得到认可后,采购人员将根据不同情况采取相应的行动。若已有合同供应商能够提供所需的产品,该申请将转化为订单自动发送给供应商。否则,采购人员需通过检测供应商资料库来寻找供应商,或通过互联网来寻找。通过与 CAD 软件集成的 B2B 电子采购系统来浏览技术图纸,获得所需产品的价格和功能方面的信息,便于采购方在采购系统自动生成的供应商比较报告下做出选择。

4. 在线沟通和谈判

确定完合适的供应商后，采购方希望能够就某些问题与供应商进行协商和谈判，此时，采购方可通过 E-mail 发出请求，双方就某些细节问题在线进行沟通。如果条件允许也可以举行相应的网络会议。

5. 下发采购订单

在供需双方达成一致的情况下，采购订单会自动以电子邮件或其他方式传给供应商，同时等待供应商的确认信息。

6. 采购订单跟踪

在供应商收到订单后，会及时反馈给采购方相关的信息。如果采购需求能够满足，会产生一个订单号传递给采购方，进行送货时间方面的确认，以便于采购方人员追踪订单的执行情况直至最终交货。

7. 电子支付货款

作为采购流程的最后一个环节，采购货款的支付可通过电子银行进行支付。在全球采购货款的支付过程中，当涉及有关汇率兑换、关税扣除和增值税方面的问题时，可委托第三方全权处理，这将有助于采购双方迅速解决采购货款问题。

三、企业实施 B2B 电子采购的意义

采用 B2B 电子采购，企业可以方便地在线查询产品信息和库存情况，监控企业的销售、库存、货物和资金周转状况等业务信息，制定科学的采购计划及支持决策。在缩短采购周期、优化采购过程、降低经营成本、提高工作效率和市场竞争力方面，该采购方式皆具有十分重要的战略意义。

（一）选择了最佳的货物来源，降低了采购成本

B2B 电子采购的信息处理和管理是建立在互联网的基础上的，互联网的开放性使商家的新产品目录、网上广告等公共信息可以被互联网上的所有用户浏览，采购企业可以对各种型号产品的性能、外观甚至价格进行详细的了解和比较，还可以在网上直接与商家沟通。采购者通过货比三家，寻找到质量高、价格优惠且信誉比较好的商家后就可与其进行交易。通过网上采购，企业能够以较低的成本挑选出物美价廉的产品，从而保证了企业的利益。

（二）随时了解市场行情和库存情况，科学制定采购计划

企业在采购系统中建立了自己的库存信息档案并可及时更新，这样就可以通过网上查询来获取库存信息，及时审批和决定采购实施，避免盲目采购、超前采购、重复采购或非需求采购。

IBM 的微机系统集团就是采用电子化的采购方式减少了库存。每月该集团的市场部都报告本月预计销售的微机台数，计划部门根据这个预测，结合各个整机和零部件生产厂的生产能力，制定生产计划，下达生产任务。各个生产厂的采购人员根据这个计划与供应商谈判。每周这样的信息汇集一次，上述过程则重复一次。利用这个系统

提高了生产效率，却没有增加库存，免去了建立新的工厂，从而节省了5亿美元。

（三）优化了采购及供应链管理

B2B电子采购管理提供了有效的监控手段。很多大型企业和企业集团都面临着这样的矛盾：由于企业规模大，部门多，采购物资种类庞杂，需求不定，严格监控必然导致效率低下，反之则管理混乱。B2B电子采购在能提高效率的同时，还能使各个部门甚至个人的任何采购活动都在实时监控之下，有效地堵住了管理漏洞，减少采购的随机性，变事后控制为过程控制，有助于提高企业供应链管理水平。由于采购的计划性加强，周期缩短，货物能够根据计划时间更准确地到达现场，有利于实施零库存生产。

（四）加强了对供应商的管理，优化了供应商网络

B2B电子采购扩大了供应商资源。采购信息的公开化，吸引了更多的供应商。供应商静态数据库的建立也为企业采购提供了方便的查询手段，能帮助企业及时准确地掌握供应商的变化，同时也为供应商的选择提供了决策支持。

质量可靠的原材料、零部件是企业产品质量的基本保证。由于B2B电子采购杜绝了人情、关系、回扣等因素的影响，因此促进了供应商的公平竞争。对供应商管理的完善也促使供应商重视质量和服务管理，以免在客户的供应商档案里留下不好的记录。企业通过互联网建立与生产商的直接联系，减少了对中间商的依赖，避免了假货的出现。

第3节 基于Internet/Intranet的B2B电子采购系统

鉴于我国目前企业的实力和信息基础状况，实现B2B电子采购的最直接、最快捷的途径是进入当前全球共有的信息高速公路——Internet，将企业内部网与互联网进行集成，通过Internet与相关的供应商进行信息共享和无缝连接，形成开放的信息系统，来实现企业在B2B电子采购过程中对较为复杂的数据处理、信息统计、分析模型和决策支持的要求。

根据企业所处的经营环境、自身实力、信息系统状况和目前的需要，建立基于Internet/Intranet的、开放的B2B电子采购系统，将会对企业的经营理念、采购方式和手段以及供应商关系产生深层次的变革。

一、B2B电子采购的信息集成模式

Internet是企业获知外界信息资源的重要桥梁，而Intranet是联系企业内部各部门的信息网络。通过Internet/Intranet的有效集成，可实现企业内部资源和外部资源共享，提高整体业务的运营水平和执行效率。在Internet/Intranet的集成模式下，供应商与采购方的信息交流通常是通过双方的IP、主页或第三方的网站来完成的。这种信息沟通方式无论是在效率上还是时间上都是传统方式无法比拟的。

这种基于 Internet/Intranet 的 B2B 电子采购的集成模式具有以下技术特点：

(1) 基于 TCP/IP 协议和 WWW 规范，在技术上与 Internet 同步。

(2) 能够进行大型数据和信息的协同处理，实现双向便捷的、全面广泛的、不分地域和不限时间的信息沟通。

(3) 对内能够支持企业的采购决策和日常数据处理，对外能够开展信息发布、产品宣传和协调沟通。

(4) 能够进行超文本的链接和智能支持，简化信息查询和检索。

(5) 具有便捷的浏览窗口。

一般企业可通过高速数据专线连接到 Internet 骨干网上，通过路由器与自己的 Intranet 相连，再由 Internet 内主机或服务器为企业内部提供信息和数据的存储服务。在这个系统中，计算机既是 Internet 的接口，又是 Intranet 的节点，范围的界定是由服务范围和防火墙来限定的。在此体系中，主要包括三个层次的信息管理系统。

(一) 与供应商的信息交换

通过 Internet，采购方完成与不同地域的供应商的信息沟通，实现对重要供应商的实时访问和产品信息搜集，同时实现采购方与供应商之间的 B2B 电子采购贸易，在互联网上完成采购全过程。这个层次的主要工作由企业外部的 Internet 信息交换来完成。为此，企业应首先建立一个 Web 服务器，然后与供应商签订相关的标准协议，规定信息交换的种类、格式和类型，软件系统也需要相互共容。

(二) 采购方内部的信息处理

采购方内部的采购事务处理、信息数据共享、协同计算都是建立在 Intranet 基础上的，与外部交换的信息主要来源于 Intranet 的内部数据库。因此，企业在建立相关的内部信息系统的硬件框架后，需要决定在 Internet 上共享的信息格式和标准，同时还要完成信息数据的处理、状态统计、趋势分析等任务。

(三) 内部信息处理的集成

实现企业内部的信息交换和数据共享，需要设计采购方和供应方之间信息交换的数据接口。以往，由于各企业的信息系统存在系统结构、网络协议、通信规则和文本格式等环节的不统一，导致无法进行有效的数据交换和沟通。因此，采购方和供应方最好都能够设定良好的数据接口，充分利用 Internet 的标准化技术，达到数据库的无缝衔接。

最后，如果企业准备进行 B2B 电子采购，还需要注意网络安全问题。系统必须保证只允许适当的人员访问适当的信息，防止信息遗漏或被截取。

二、B2B 电子采购内部模型及其功能

B2B 电子采购在企业内部一般通过内部网（Intranet）实现，然后再通过互联网（Internet）与供应商相连。对采购方来说，B2B 电子采购系统一般应包括采购申请、采购审批和采购管理三个基本模块。

1. 采购申请模块

（1）接受生产部门和关键原材料供应商部门提交的采购申请。

（2）接受企业 ERP 系统自动提交的原材料采购申请。

（3）接受管理人员、后勤服务人员提出的采购低值易耗品、电脑软件或服务方面的申请等。采购申请应通过浏览器登录网上采购站点的页面进行或通过 ERP 系统自动传递。

2. 采购审批模块

（1）根据预设的审批规则自动审核并批准所收到的各种申请。

（2）对接收到的采购低值易耗品的申请，直接向仓库管理系统检查库存，如库存已有，立即通知申请者领用，如库存没有，通知申请者申请已批准，正在采购中。

（3）对于被自动审批未通过的申请，立即通知申请者，阐明申请由于何种原因未获批准，要求修改申请或重新申请。

（4）通过自动审批无法确定是否批准或否决的申请，邮件通知申请者的主管领导，由领导登录采购系统，审批该申请。

（5）对于已获通过的采购申请，邮件通知申请者，并提交给采购管理模块。

3. 采购管理模块

（1）接受采购管理部门制定年度或月份采购计划，制定供应商评估等业务规则。

（2）对所有接受的采购申请，依据设定规则确定是立即采购或是累积批量采购。

（3）对需立即采购或已达到批量采购标准的采购申请，依据业务规则，放入竞标模块投标或立即生成订单。

（4）对放入竞标模块的申请单，根据竞标结果，生成订单。

（5）对已生成的订单，依据设定规则决定是立即发给供应商，或是留待采购管理部门再次审核修改。

（6）所有订单，依据预设的发送途径向供应商发出。

（7）自动接收供应商或承运商提交的产品运输信息和到货信息，或者将这些信息由采购管理部门手工录入。

（8）任何有权限的用户都可查询所提交申请的被执行情况。

（9）订单产品入库或服务完成后，系统自动向财务管理部门提交有关单据。

（10）订购产品入库或服务完成后，系统用自动邮件通知或采购管理部门用电话通知申请者申请已执行完毕。

（11）依据设定规则，系统在发出订单时或者产品验收入库后，对供应商进行网上自动付款，或自动通知财务部门对供应商付款。

如果企业的 ERP 系统已经具备对内部采购申请、审批的管理功能模块，则主要开发任务集中在采购管理模块上。

第4节　B2B电子采购模式选择及其实施步骤

一、B2B电子采购模式介绍

B2B电子采购与其他企业应用软件相比，有一个很大的不同点，即其他应用软件如仓库管理软件、运输管理软件、财务管理软件等的主要信息都是来源于企业的内部，而B2B电子采购模式的建立提供了各种可能性。

（一）卖方模式

卖方模式（Sell-side Model）（如图4-1）是指供应商在互联网上发布其产品的在线目录，采购方则通过浏览来取得所需的商品信息，做出采购决策，下订单以及确定付款和支付选择。这就像一个购物者在一条商业大街上，进出各个商店不断地通过比较来购买商品。在这样一个模式里，供应商必须投入大量的人力、物力和财力用来建立、维护和更新产品目录，所以成本较高、操作较为复杂。而对采购方来说恰恰相反，他们不需要付出太多就可以得到自己需要的产品信息，既便宜又方便。但与此同时，这种模式又不得不面临B2B电子采购与后端的企业内部信息系统无法很好集成的问题。因为采购方与供应商是通过供应商的系统进行交流的，由于双方使用的标准不同，供应商

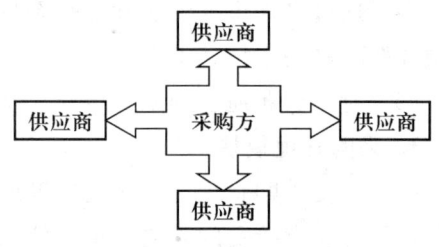

图4-1　卖方模式

系统向采购方传输的电子文档不一定能为采购方的信息系统所识别并自动地加以处理后传达到相关责任人处，这些文档必须经过一定的转化，甚至需经手工处理。这大大降低了B2B电子采购的效率，延长了采购时间。

XML（eXtensible Makeup Language）技术的出现，为互联网上的数据表示和传输提供了新的思路，促进了基于互联网的B2B电子采购发展。开放的、基于文本的XML非常适用于服务器之间交换信息。2001年，由500个成员组成的非营利性网上商务协会CommerceNet提议基于XML来描述产品和服务目录软件、商业规则和系统数据。这个称作Commerce Core的规范将定义如何给如公司名称、地址、价格、条款和数量等事物做标识，并相信这会让企业的数据交换变得简单、顺畅。但当前，主要的软件供应商如Ariba、Commerce One、微软都有自己的标准，统一的标准和规范仍然需要很长一段时间才能有所作用。另外，采购方为了进行供应商选择，必须寻找并浏览大量的供应商网站，这些网站有各自的界面、布局、格式，不利于进行迅速的比较，必须先把其中有价值的内容抽取出来，仔细整理之后，才能在供应商之间进行对比。

（二）买方模式

买方模式（Buy-side Model）（如图4-2）是指采购方在互联网上发布采购信息，供应商在采购方的网站上提供自己的产品信息，以供采购方评估，并通过采购方网站

双方进行进一步的信息沟通，完成采购业务的全过程。与卖方模式不同，在买方模式中采购方承担了建立、维护和更新产品目录的工作。虽然这样花费较多，但采购方可以更紧密地控制整个采购流程。采购方可以限定目录中所需产品的种类和规格，甚至可以给不同的员工在采购不同的产品时设置采购权

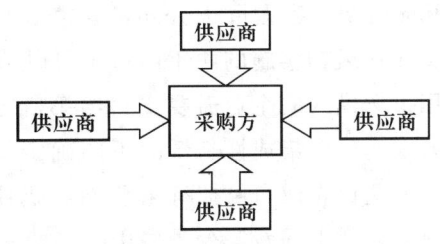

图 4-2　买方模式

限和数量限制。另外，员工只需通过一个界面就可了解到所有可能供应商的产品信息，并能方便地进行对比和分析。同时，由于供求双方是通过采购方的网站进行文档传递的，因此采购网站与采购方信息系统之间的无缝连接，将使这些文档流畅获得识别和处理。

对于一个成功的买方模式来说，用成熟的信息技术来保证其安全地运行是非常重要的。企业应建立完善的信息技术安全体系：在企业内部设置安全防御体系，限制远程登录，及时了解 Internet 上黑客常用的攻击手段，对系统管理员的权限进行双重保护，及时做好数据备份；在 Internet 接入处采取基于路由器的 IP 层防火墙、基于主机的应用层防火墙和病毒防火墙技术，防止外部病毒和黑客的攻击；同时企业之间的业务数据交互可采用加密、数据签名、鉴别等技术。只有采取了全面的技术防范手段，才能确保采购过程的顺利进行。

（三）市场模式

市场模式（Marketplace Model）（如图 4-3）是指供应商和采购方通过第三方设立的网站开展采购业务的过程。在这个模式里，无论是供应商还是采购方都只需在第三方网站上发布并描述自己提供或需要的产品信息，第三方网站则负责产品信息的归纳和整理，以便于用户的使用。

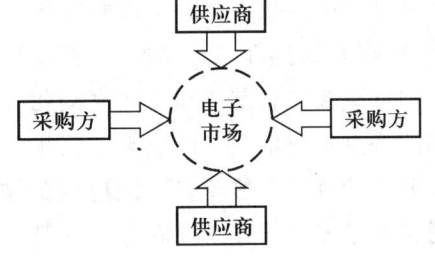

图 4-3　市场模式

虽然省去了建立网站的花费，但由于这一市场是独立的第三方网站，因此与采购方的后台系统集成比较困难。为了弥补这一缺陷，现今一些网上交易市场特别是基于 B2B 电子采购方案建立的 e-market，纷纷采用了基于 XML 的开放型架构，这种架构已逐渐成为构建 e-market 的主流模式。因为在这种框架下，不论企业自身的系统是什么"语言"，都可通过 XML 顺利地进行"沟通"。同时它们还为客户提供了后台集成的服务，使企业能够顺畅地通过电子市场进行采购。

基于互联网的 B2B 电子采购，根据模式的不同，资本的投入量有明显的差异。买方模式无疑需要投入较多，这不仅是因为技术复杂，而且与后台系统的集成也要求大量的投入，因此一些主要的 ERP 供应商如 SAP、Oracle 等都推出相应的 B2B 电子采购系统，当然价格也不菲。虽然花费了高额成本，但成效也相当明显：根据 Deloitte Consulting 对 200 家国际大公司的调查，B2B 电子采购平均实施成本为 200 万至 400 万美元，而在最初实施的两年内每年可以节省 9% 的采购费用，投资回报率平均达到 300%。使用市场模式的企业需要支付给第三方网站一定的费用，如 Commerce One.net 根据客户要求的后台集成性高低的不同确定了不同的费用，金额大致是几万元至十几万元不等，但这比企业自己拥有采购网站仍便宜许多。买方模式所花费的成本一般很少，企业只需支付上网费等少量费用，花费一般不超过万元。

三种 B2B 电子采购模式的比较如表 4-2 所示。

表 4-2 三种 B2B 电子采购模式比较

	卖方模式	市场模式	买方模式
产品目录工作的难易度	简单	中等	复杂
与后台系统的集成性	差	中等	好
使用的方便性	不方便	中等	方便
资本投入额	低	中等	很高

二、B2B 电子采购模式选择

企业建立 B2B 电子采购模式的决策取决于多方面的因素，主要的来说有两个：企业规模的大小；企业采购物料种类的不同。

在这里，我们把企业规模分为大企业和中小企业两种。大企业由于规模大、财力雄厚，往往较早在企业内开始利用信息技术，且通常已拥有了较成熟的 ERP 系统或 MRP Ⅱ 系统，另外也有资金和实力进行更深更广的信息系统开发。中小企业一般不具有整套的 ERP 或 MRP Ⅱ 系统，只是几个关键部门或业务流程进行了计算机化和自动化，并且进一步投入信息系统开发的财力、物力和人力不是很充足。

物料的采购可以分为两种：直接物料和 MRO 物料。

（1）直接物料是指和生产直接相关的物料，例如原材料、生产设备等。直接物料采购的特点是数量大、价值高，需求有一定的周期性和可预测性，而且采购直接物料时要分析的直接参数较多，供应商的选择过程比较复杂。因此，直接物料的供应商数目通常比较多，而且比较固定，一般不会轻易更换。

（2）MRO 物料是指与维护（Maintenance）、修理（Repair）、运作（Operation）有关的物料，例如办公用品、生产设备的零部件等。MRO 物料采购的特点是单位数量小、种类繁多、单位价值低、频率高、供应商多，但是 MRO 采购的总量却不低。MRO 采购的另一个特点是，虽然每次采购商品的价值不高，但采购的固定成本却比较高。形成这一特点的原因是，直接物料只满足生产部门的需要，而生产部门有详细的生产计划，因此直接物料的采购有较强的周期性和计划性。但是 MRO 物料的使用对象涵盖了整个企业的各个部门，而各个部门对 MRO 物料的需求时间、数量、品质的要求都不相同，从而导致 MRO 物料采购进行得非常频繁，而且每次采购都要经过一个复杂的流程，从而造成成本居高不下。Gartner Group 经过调查发现，75% 的 MRO 采购金额低于 1 000 美元，而无论采购的只是 5 美元的信纸还是 5 000 美元的电脑，每次采购的固定成本超过100美元。MRO采购成了企业总成本中的一个黑洞，B2B电子采购在这方面有很大的用武之地。

不同的规模、不同的采购种类所适用的采购模式见表4-3。

表4-3 不同的规模、不同的采购种类所适用的模式

	大企业		中小企业	
	直接物料采购	MRO物料采购	直接物料采购	MRO物料采购
卖方模式			√	
买方模式	√	√	√	
市场模式		√		√

1. 大企业的直接物料采购

大企业内一般已运行着成熟可靠的企业信息系统，因此与此相适应的B2B电子采购的效率也会使整个企业信息系统有着很好的集成性，能保持信息流的通畅。缺乏集成性不仅会影响B2B电子采购系统的效率，也会使整个企业信息系统的效率降低。而大企业往往处于所在供应链的核心地位，只有几家固定的供应商，且大企业的采购量占了供应商生产量的大部分，因此双方的关系十分密切，保证顺畅的信息流有助于保持双方紧密的合作关系。另外，大企业也有足够的能力担负起建立、维护和更新产品目录的工作。因此，对于大企业来说，建立买方模式的B2B电子采购系统进行直接物料采购是比较合适的。

2. 大企业的MRO物料采购

市场模式是进行MRO采购的最佳模式。它满足了大企业要求集成性的需要，同时又省却了非常复杂的产品目录维护工作，并且提供了完整的各类产品的供应商目录，方便了企业进行多品种、小批量的MRO物料采购。另外，虽然MRO采购的特点是数量较小，但大企业规模庞大、人员众多，因此MRO采购总量并不小，往往它的采购量对供应商有着举足轻重的作用，所以采用买方模式也是适当的。

3. 中小企业的直接物料采购

因为没有完整的企业信息系统作为后台的支撑，所以是否有很高的集成性不是决定中小企业直接物料采购模式的关键标准，采购方和供应商之间的关系才是决定性因素。如果供应商是一家大企业，采购方的采购量只是供应商销售量的一小部分，则采购方最好采用卖方模式，以配合大企业高度集成性的需要；如果供应商也是一个中小企业，则可采用卖方模式或采用买方模式，视双方实施信息化的程度而定。

4. 中小企业的MRO采购

对于中小企业来说，市场模式是进行MRO物料采购唯一的理想途径。

三、企业实施B2B电子采购的步骤

有的企业可能以为目前自己的信息化程度低，怀疑可不可以做B2B电子采购。对

这个问题有三个不同层次的答案。

因为 B2B 电子采购可以是一个独立的系统，企业可以没有 ERP（企业资源计划）的基础，没有 SCM（供应链管理），甚至于最起码的 OA（办公自动化）都没有。但只要有一点，即企业能够上网就可以了。企业可以人工统计自己的采购量，通过电子商务公司网上招标系统的 ASP 服务，租用招投标软件服务。另外，一些大型企业集团公司可以建立一个完整的采购平台，包括有整个采购业务流程，从采购订单的收集整理、通过层层审批汇总，然后通过专业的招投标人员完成具体的操作，直到一个成功的采购流程的完成。当然，国内几家大的行业巨头也可以联合起来建立一个更大的联合采购平台，为所有的购买商和供货商提供门户功能、目录管理功能、交易功能、协作功能以及诸多的增值服务，以实现更大范围的利益共享。

企业实施 B2B 电子采购的步骤一般可以从以下几方面进行考虑：

1. 提供培训

很多企业只在系统开发完成之后才对使用者进行应用技术培训。但是国外企业和国内一些成功企业的做法表明，对所有使用者提供充分的培训是 B2B 电子采购成功的一个关键因素。培训内容不仅仅包括技能方面，更重要的是让员工了解将在什么地方进行制度革新，以便将一种积极的、支持性的态度灌输给员工，这将有助于减少未来项目进展中的阻力。

2. 建立数据库，为在互联网上开展采购和供应链管理积累数据

这主要包括：供应商目录、供应商的原料和产品信息、各种文档样本、与采购相关的其他网站、可检索的数据库、搜索工具。

3. 成立正式的项目小组

小组需要由高层管理者直接领导，其成员应当包括项目实施的整个进程所涉及的各个层面，如信息技术、采购、仓储、生产、计划等部门，甚至包括互联网服务提供商（ISP）、应用服务提供商（ASP）、供应商等外部组织的成员。每个成员对各种方案选择的风险、成本、程序安装和监督程序运行的职责分配等的意见，要进行充分的交流和讨论，以取得共识。企业的实践证明，事先做好组织上的准备是保证整个进程顺利进行的前提。

4. 广泛调研，收集意见

为做好 B2B 电子采购系统，应广泛听取各方面意见，包括有技术特长的人员、管理人员、软件供应商等。同时要借鉴其他企业行之有效的做法，在统一意见的基础上，制定和完善有关的技术方案。

5. 建立企业内部管理信息系统，实现业务数据的计算机自动化管理

在企业的 B2B 电子采购系统的网站中，可设置 B2B 电子采购功能板块，使整个采购过程始终与管理层、相关部门、供应商以及其他内部相关人员保持动态的实时联系。

6. 培训使用者

在积极推进 B2B 电子采购系统应用的过程中，一定要和员工进行交流，倾听他们的意见，向他们宣传 B2B 电子采购的优势，让他们尽快接受新的 B2B 电子采购系统。

7. 网站发布

利用电子商务网站和企业内部网收集企业内部各个单位的采购申请，并对这些申请进行统计整理，形成采购招标意向，并在网上进行发布。

个案分析

案例材料

中国石化物资采购电子商务网是连接中国石化总部、各分（子）公司与供应商三方、实时互动的大型 B2B 采购交易网站。经过 8 年持续不懈的努力，网站累计成交 5 860 亿元；网上交易物资超过 71 万个品种，网站注册会员达到 28 000 个，中国石化生产建设所需主要化工原辅料、钢材、煤炭、机电设备全部实现网上采购。中国石化物资采购电子商务网已经成为信息共享、决策制定、过程实施、操作监管和供需协同工作的综合性采购业务平台。

1. 网站的主要功能

（1）信息发布

重要通知。由物资装备部发布，包括集团公司、股份公司、物资装备部发布的文件、函件、指导价格、物资要闻等。

网站主页信息。由物资装备部或企业发布，包括采购需求、企业信息、供应商及考核信息、物资调剂信息等。

意见交流。类似于网上邮件，任何网上正式用户都可以给其他用户或单位发送邮件。

（2）采购管理

订单管理。网上的采购需求订单是企业经过平衡后的采购需求计划，由企业计划员提报到网站。一条订单仅包括一个物资品种。计划员可以录入、提报、修改、删除订单。

询价方案管理。主要内容包括采购方式的选择、供应商范围的确定。询价方案由计划员编制，部门或科室领导审批。询价方案编制完成并经领导审批通过后由计划员下达给采购员。计划员可以录入、提报、修改、删除询价方案。

询价书管理。询价书由询价方案自动生成，主要内容包括报价截止时间、交货地点的确认和物资明细等。询价书由采购员编制。询价书编制完成后系统自动发给相关供应商。采购员可以录入、提报、修改、删除询价书。

报价书管理。供应商针对企业发布的询价书进行报价。报价书由供应商编制，报价为密封报价。在报价截止期之前，供应商可以修改、删除报价书。

采购方案管理。采购方案由采购员根据询价书、报价书生成。采购方案为本次采购行为的最终确定，内容包括价格确定和供应商确定。

合同管理。合同由采购员根据采购方式依据订单、询价方案、采购方案等生成。

网上合同为合同要素。

采购交易管理还包括直接集中采购反馈单管理、招标信息发布与招标结果录入管理、协议管理、配送管理等内容。

(3) 采购监控与查询功能

主要内容包括对采购过程中以及采购完成后对采购业务流程主要环节的过程监控和事后检查，以及对采购结果的统计分析。主要环节包括订单、询价方案、询价书、报价书、采购方案、合同等内容。

(4) 采购论坛

采购论坛是中国石化采购管理和操作人员进行交流的平台，目前共有物资管理、现代供应物流、采购管理、电子商务与网上采购、集中储备等板块。大家可以在这里发表真知灼见、探讨问题。

(5) 自助培训

自助培训系统可以对使用系统的各类用户进行自助式培训。自助培训系统按照用户角色和权限，将采购业务流程的操作一气呵成，不再需要培训教师的介入，非常适合企业自行组织上网操作培训工作。

2. 采购业务流程

网上采购业务流程的设计完全体现了中国石化现行采购管理体制，共有总部直接集中采购、总部组织集中采购和企业自行采购3种采购类型，协议采购、询比价采购、动态竞价采购、招标采购、配送采购、特殊采购等6种采购方式。对于总部直接集中采购，操作主体为总部业务员，企业计划员提报订单后，由总部进行操作，合同执行完毕后由企业采购员核销合同；对于总部组织集中采购和企业自行采购，操作主体为企业业务员，企业业务员按照网上采购流程自行完成采购业务操作。下面以询比价采购为例简要描述如下：

询比价采购适用于一般大宗、通用且为买方市场的物资，分为公开、定向询比价两种，其中定向询比价要求供应商必须在3家以上。具体操作流程为：

(1) 计划员录入采购需求订单，检查无误后提报到采购网站。

(2) 计划员根据订单编制询价方案，采购方式确定为（公开、定向）询比价采购，经领导审批后下达给采购员。

(3) 采购员根据询价方案编制询价书，并将询价书在网上发布。

(4) 供应商在网上查看询价书，并根据询价书报价（编制报价书）。

(5) 到达报价截止期后，采购员揭示报价，组织对报价进行打分评价。

(6) 采购员根据报价书编制采购方案，并报领导审批。

(7) 采购员根据审批后的采购方案编制询比价通知，发给参与报价的全部供应商。

(8) 采购员根据询比价结果编制采购合同，并对采购合同执行情况进行打分评价。

(9) 合同执行完毕后采购员对合同进行核销操作。

与传统的采购模式相比，电子商务采购具有无可比拟的优越性。在统一的平台上，按照统一的流程,在统一的供应商网络内实施采购业务,使中国石化物资采购工作发生了脱胎换骨式的变化。借助电子商务,中国石化传统采购模式实现了重大变革。首先,显著地规范了采购业务流程;其次,降低了采购成本和费用;再者,极大地提高了工作效率;最后,实现了采购信息的快速传递和广泛共享。

分析

本案例材料涵盖了以下知识点:中国石化的采购系统是一个典型的买方模式的 B2B 采购系统,各个供应商在中石化自己建设的网站上输入商品信息,由中石化的采购员对不同的供应商进行比较评价,最后进行集中采购。在整个采购流程中,中石化处于控制和主导的地位。企业在建立 B2B 电子采购系统时,应根据自身实力、信息化现状以及实际需求选择合适的功能和业务流程。中石化的电子采购平台充分显示了 B2B 电子采购的优越性,中石化从中获得了极大的竞争优势,开展了传统采购业务中无法提供的服务,缩短了平均采购周期,降低了采购成本,规范了采购业务流程。凭借着强大的电子商务采购平台,中国石化顺利迈进了电子化采购时代。

自学指导

学习重点

本章学习重点:企业实施 B2B 电子采购的意义;B2B 电子采购的基本模式;企业实施 B2B 电子采购的步骤。

(1) 企业实施 B2B 电子采购的意义。采用 B2B 电子采购,企业可以方便地在线查询产品信息和库存情况,监控企业的销售、库存、货物和资金周转状况等业务信息,制定科学的采购计划及支持决策,在缩短采购周期、优化采购过程、降低经营成本、提高工作效率和市场竞争力方面具有十分重要的战略意义。只有掌握了企业实施电子采购具有的意义,才能够认识到采用 B2B 电子采购的必要性。

(2) B2B 电子采购的基本模式主要有三种。卖方模式,是指供应商在互联网上发布其产品的在线目录,采购方则通过浏览来取得所需的商品信息以做出采购决策,下订单并确定付款和支付选择。买方模式,是指采购方在互联网上发布采购信息,供应商在采购方的网站上推出自己的产品信息,以供采购方评估,并通过采购方网站双方进行进一步的信息沟通,完成采购业务的全过程。市场模式是指供应商和采购方通过第三方设立的网站开展采购业务的过程。只有理解了这三种模式的基本概念,才能够掌握不同的企业在采用 B2B 电子采购时究竟选择哪种模式才是最合适的。

(3) 企业实施 B2B 电子采购的步骤一般可以从以下几个方面来考虑:提供培训、建立正式的数据库、成立正式的项目小组、广泛调研、收集意见、建立企业内部管理信息系统、实现业务数据的计算机自动化管理、培训使用者、网站发布等。当然,不同的企业也可以根据本身信息化的程度对上述基本步骤进行适当的调整。

学习难点

本章学习难点:B2B 电子采购模式选择策略。

针对企业规模大小以及物料种类的不同，有以下几种电子采购模式可供企业选择：大企业可以通过建立买方模式的 B2B 电子采购系统进行直接物料采购；市场模式是大企业进行 MRO 采购的最佳模式，在某些情况下也可以采用买方模式。中小企业进行直接物料采购时需要视供应商的特点采取相应的选择策略，如果供应商是一家大企业，采购方的采购量只是供应商销售量的一小部分，则采购方最好采用卖方模式；如果供应商也是一个中小企业，可采用卖方模式或采用买方模式，主要视双方实施信息化的程度而定。市场模式是中小企业进行 MRO 物料采购唯一的理想途径。企业在选择具体的采购模式时，一定要综合考虑企业的实际情况和发展策略，进而采取最适合企业未来发展的模式。

复习题

一、单项选择题（在备选答案中选择 1 个最佳答案，并把它的标号写在题后的括号内）

1. 下列选项中不属于 B2B 电子采购优点的是（　　）。
   A. 降低采购中的管理成本　　B. 基于互联网技术进行采购
   C. 缩短采购周期　　D. 加强对采购流程及库存等的控制
2. 根据电子市场占有结构可将 B2B 电子市场分成（　　）类。
   A. 一　　B. 二　　C. 三　　D. 四
3. 对买方模式特点描述错误的是（　　）。
   A. 产品目录工作相对比较简单　　B. 后台系统的集成性好
   C. 使用方便　　D. 资本投资额高
4. B2B 电子采购发展的最大瓶颈是（　　）。
   A. "商务为本"观念薄弱　　B. 缺乏 B2B 电子采购需要的法律环境
   C. 企业采购管理基础薄弱　　D. 物流与信息化基础设施落后

二、多项选择题（在备选答案中有 2～5 个是正确的，将其全部选出并将它们的标号写在题后的括号内。错选或漏选均不给分）

1. B2B 电子采购系统的基本模块一般应包括（　　）。
   A. 采购申请　　B. 采购审批　　C. 采购管理
   D. 采购准备　　E. 采购决策
2. B2B 电子采购模式主要包括（　　）。
   A. 买方模式　　B. 卖方模式　　C. 第三方模式
   D. 市场模式　　E. 直接模式
3. 企业在选择 B2B 电子采购模式时主要依据的要素包括（　　）。
   A. 企业的资金状况　　B. 企业采购的物料种类
   C. 竞争对手采用的模型　　D. 企业规模的大小
   E. 企业所处行业

三、简答题

1. B2B 电子采购主要运用到哪些经济学理论？
2. 简述 B2B 电子采购的基本模式以及彼此之间的区别。
3. 简述企业实施 B2B 电子采购的步骤。

四、论述题

1. 试述企业实施 B2B 电子采购的意义。
2. 试述 B2B 电子采购模式选择策略。

第 5 章 采购计划制定与采购预算确定

学习目标

1. 应了解、知道的内容
   - 预测的概念
   - 独立需求和相关需求的概念
   - 定量订货和定期订货的概念
   - MRP 和 DRP 的基本概念
   - 广义和狭义采购计划的概念
   - 采购预算的概念
2. 应理解、清楚的内容
   - 预测的作用和基本步骤
   - 采购计划的作用和采购计划的种类
   - 采购预算的作用和原则
3. 应掌握、会用的内容
   - 各种预测方法的运用,能综合选择合适的定量方法进行采购需求预测
   - 采购订单容量和采购计划制定
   - 采购预算的编制方法和步骤
4. 应熟练掌握的内容
   - 采购计划和采购预算的编制

自学时数

4 学时。

老师导学

本章首先介绍了采购需求确定的基本方法,然后对采购计划和采购预算的基本理论和编制方法进行了简要的介绍。在学习本章第 1 节的时候,要注意结合本系列教材《库存管理(一)(二)》中的相关内容进行学习,把相关原理搞清楚,同时要结合一些数据进行计算分析。有条件的话,可以用 Excel 表格结合一些数据进行一些定量预

测。对 MRP 和 DRP 的学习，要把基本原理和实现条件搞清楚，然后结合企业的实际情况看如何运用。在学习采购计划制定和采购预算时，要试着制定一些简单的采购计划和采购预算，由简单到复杂，才能把理论运用到以后的实践工作中去。

第1节 采购需求的确定

在制定采购计划之前，确定采购需求的数量和订购点是十分重要的事情，只有确定了这些情况，采购计划的制定才能做到有的放矢。采购需求确定的方法有预测、定量订货法、定期订货法和 MRP、DRP 等，下面一一进行简要的介绍。

一、预测

（一）什么是采购预测

简单地说，预测是在调查研究的基础上，根据过去和现在的已知因素，运用已有的知识、经验和科学方法，来预计和推测事物今后可能的发展趋势，并对这种发展趋势做出定量化的估计和判断，以便调节人们的行动方向，使人们的实践活动更加自觉地按照客观规律向预期的目标前进。商品采购市场预测，是在商品采购市场调查取得的资料的基础上，经过分析研究，并运用科学的方法来测算未来一定时期内商品市场的供求及其变化趋势，从而为商品采购决策和制定商品采购计划提供科学依据的一种方法。

在商品的采购活动中，市场预测居于十分重要的地位。在信息收集和市场调查之后，就要运用科学的方法，系统地分析有关资料，预测相关市场，提出相应的对策性建议报告，作为商品采购决策的依据，以寻求有利的采购机会。

（二）预测在商品采购中的目的和作用

在生产社会化和商品经济的条件下，企业的生产经营离不开市场，并受市场变化的影响。生产企业需要从市场购进生产所必需的各种商品，商业企业也需要掌握商品市场供给量和需求量的变化，从而进行商品采购经营活动，实现企业的经营目标。

1. 商品采购市场预测的目的

采购预测的目的主要有以下3个方面：

（1）为参与产品设计而进行采购市场预测。产品设计包括设计新产品和改良现有制成品。科学技术的不断进步，使新材料层出不穷；商品经济的不断发展，也使市场和价格不断地发生变化。采购部门通过市场预测，能为产品设计提出采用新的材料资源和降低成本的建议。

（2）为参与市场竞争而进行采购市场预测。市场竞争既需要了解市场供求的变化，也需要了解竞争企业和影响市场环境的外部因素的变化。采购部门通过市场预测，能掌握市场的变化，及时采取相应的采购措施，增强企业的市场竞争的能力。

（3）为商品采购决策和制定商品采购计划而进行采购市场预测。商品采购市场的状况是进行商品采购决策和制定商品采购计划的前提和依据,只有对市场的供求变化做到心中有数,才能做出正确的决策,并对各种计划做出适当的安排,使企业的商品供给既能满足需要,又不会造成库存积压,从而使整个企业的生产经营活动正常地进行。

2. 预测在采购中的作用

(1)预测是决策的基础。预测是一种客观分析,决策则是一种领导艺术。预测分析可能提供多种方案,决策则根据有利时机在多种方案中取优。所以预测是决策的前提,决策是预测的实现机会和服务对象。有人说:"卓越的效果取决于英明的决策,而英明的决策则依赖于高质量的预测。"

(2)市场预测有助于掌握技术和产品发展的方向和速度,发现市场供求变化和发展的规律性,为制定采购计划、决定采购策略、搞活企业经营、提高经济效益提供重要信息。

(3)有助于掌握产品处于生命周期的哪一个阶段,以决定采购策略,防止采购带来的技术落后。

(4)有利于掌握生产厂家的生产潜力,在采购时做到心中有数。

(5)有助于把握市场采购机会,避开或减少采购风险。

(三)采购预测的基本步骤

预测的一般步骤可简单叙述如下:

(1)确定预测的目标。预测工作的第一个环节是确定预测目标,即预测什么,通过预测要解决什么问题,进而明确规定预测目标、预测期限和预测目标的数量单位。

(2)拟定预测计划。为了保证预测工作的顺利开展,必须制定预测计划,计划内容包括:预测工作的组织领导、人员力量的调配、确定预测目标、信息资料收集方法和预测工作完成期限、拟定预测经费预算、制定预测工作控制措施等。只有按照周密的预测计划,才能够以最少的人力、最少的费用、最短的时间,取得最适用的有关未来的信息资料。

(3)收集并分析历史与现实数据资料。预测的数据资料依据就是市场调查中获得的直接情报信息和间接情报信息。信息资料的收集一定要注意广泛性、适用性。信息资料收集得不全面、不系统,将严重影响预测质量。但也不是说信息资料越多越好,漫无目的地收集资料,一是浪费时间、人力和资金;二是资料过多,又无系统性和适用性,反而会给预测工作带来麻烦,增大预测误差,降低预测质量。对于收集来的信息资料一定要进行鉴别和整理加工,去掉不真实的资料,排除背离事物发展规律的个别数据资料,剔除与预测对象关系不密切的影响因素等。

(4)选定预测方法和模型。在预测时,应根据预测目标和占有的信息资料,选择适当的预测方法和模型进行预测。预测方法不同,预测结果也就不一样。预测方法和模型的选择,还要考虑预测费用的多少和对预测准确度的要求,按照选定的预测方法进行预测,一定要尽量接近事物的实际情况。

(5)计算并核实初步预测结果。

(6)提出预测报告。

(7)进行追踪检验。预测毕竟是对未来事件的预计和推测,无论是定量预测模型还是定性预测模型,往往以一定的假设为前提,所以预测得出的数据不一定完全准确和全面。因此,在实际预测之后,还要进行预测误差分析,要将未考虑到的因素的影响范围和程度以及误差产生的原因等做综合判断,以修改、调整预测模型得出的预测数量,提出比较准确的预测值。

(四)采购预测的基本方法

采购预测基本方法按主客观因素所起的作用可以分为定性预测法和定量预测法两种。定性预测法也称主观预测法,它主要运用有关专家的个人经验或主观判断来进行预测。它简单明了,不需要数学公式,在缺少历史数据和需要做出惯例性判断的情况下,这类技术是理想的。以销售人员提供的数据为基础对一个新地区或一个新产品进行预测就是一个例子。然而,定性方法并不普遍用于对物流的预测,因为它需要时间,而且主观性太强。定性预测方法需要通过调查、座谈和协商会议来开展,具体方法包括德尔菲法、部门主管讨论法、市场人员意见汇集法等。

定量预测法又称统计预测法,其主要特点是利用统计资料和数学模型进行预测,然而,这并不意味着定量方法完全排除了主观因素,只是各主观因素所起的作用小一些罢了。定量分析法包括移动平均法、指数平滑法、线性回归法等。对于预测的基本方法,本系列教材中的《库存管理(一)(二)》一书中有详尽的介绍,这里就不进行重复了。

二、独立需求物料的采购需求的确定

(一)独立需求物料与相关需求物料

对物料的需求可以分为相关需求和独立需求两种类型。相关需求是指某种物资的需求量与其他物资有直接的匹配关系,当其他物资的需求量确定以后,就可以通过这种相关关系把该种物资的需求量推算出来。例如,计划每天生产汽车的数量与所要用的轮胎的数量是匹配的,知道了汽车的需求量,轮胎的需求量也就确定了。相关需求关系可以分为水平相关和垂直相关两种。垂直相关需求可分为若干层次,如原材料供应商、零部件制造商、装配商和配送商等。而水平相关需求则指在每一种物资中包括的附属物、促销品等。例如,购买一副网球拍免费提供的网球等。

对基本物资的需求估计可以通过预测、存货状况和需求计划来确定。一旦采购或制造计划被确定,相关需求量(如前面提到的汽车轮胎、网球等)就可以通过相关关系被确定,而不需要分别进行预测。因此,零部件的预测可以直接产生于基本物资的预测。有关相关需求物资的管理,将在物料需求计划(MRP)中进一步探讨。

独立需求是指某种物资的需求量是由外部市场决定的,与其他物资不存在直接的对应关系,表现出这种库存需求的独立性。例如,对冰箱的需求可能与牛奶的需求无关，所以对牛奶需求进行的预测对于冰箱需求的预测来说不起任何作用。

从库存管理的角度来说，独立需求库存是指那些随机的、企业自身不能控制而是由市场所决定的需求，这种需求与企业对其他库存产品所做的生产决策没有关系。独立需求物资包括大多数产成品形式的消费品和工业物资，它们无论在数量上还是时间上都有很大的不确定性，但可以通过预测方法粗略地进行估计。

某一物料项是独立需求还是相关需求要视具体的情况而定，甚至在某些情况下，同一物料项既是独立需求又是相关需求。例如，上面所讲的汽车轮胎，若用来组装为产成品则为相关需求，若用来作为质量服务的备件（提供维修服务）则为独立需求。

（二）定量订货模型和定期订货模型

对于独立需求物料订购批量和订购点的确定采用的是定量订货模型和定期订货模型。

在介绍定量订货模型和定期订货模型之前，首先来了解一下两个基本概念：订购批量和订购周期。订购批量是指每次订购物品的数量计划期内采购货物的总量一定时，订购批量与订购次数成反比例关系。两次订购之间的时间间隔称为订购周期。在企业生产过程中，各种生产或者同种用料不可能是绝对均衡的，因此每次订购也就不可能均衡。就是说，每次的订购批量相同时，可供使用的时间就不同，订购周期就会有长有短。或者说，订购周期相同，订购批量就会不同。于是就形成两种基本的订购方式，即定量订购和定期订购。

定量订货模型中要求规定一个特定的点 R，当库存水平达到这一点时就应该进行订购且订购批量为 Q。由于订购点和订购量都是确定的，因此这种模型被称为定量订货模型。在定量订货模型中，是没有固定的订货周期和订货时间的。定量订货模型的订货批量又称为经济订货批量，是综合考虑了订货费用和库存费用等一系列因素而计算出来的具有最小订货成本的订货批量，其基本计算公式为：

$$Q = \sqrt{\frac{2DS}{H}}$$

式中 D 为每年货物需求量，S 为生产准备成本或订购成本，H 为单位产品存储成本，可用单价的百分比表示。

所谓定期订货方式是指按预先确定的订货间隔期进行订货补充库存的一种库存管理方式。企业根据过去的经验或经营目标预先确定一个订货间隔期，每经过一个订货间隔期就进行订货。在库存消耗无法连续监测时，常常采用定期订货模型而不是需要连续检测库存变化的定量订货模型。另外，当供应商走访顾客并与其签订合同或者某些顾客为了节约运输费用而将他们的订单合在一起时，也常常采用定期订货模型进行库存盘点和订购。

在定期订货系统中，每次订货数量都不尽相同，订购量的大小主要取决于各个时期的使用率。它一般比定量订货系统要求更多的安全库存。定量订货系统对库存进行连续盘点，一旦库存水平达到再订购点，立即进行订购；而定期订货模型仅在所定的盘点期进行库存盘点。它有可能在刚订完货时由于大批量的需求而使库存下降为零，这种情况只有在下一个盘点期才能被发现，而新的订货需要一段时期才能到达，这样就有可能在整个盘点期 T 和提前期 L 之间发生缺货，所以要有一个适当的安全库存保证在盘点期和提前期内不发生缺货。

三、相关需求物料的采购需求的确定

实践证明，用传统的订货点法来处理相关需求，会带来一系列的问题：

（1）盲目性。由于库存需求不稳定，对需求的情况不了解，盲目地维持一定量的库存会造成资金积压。

（2）高库存与低服务水平。用订货点方法容易造成高库存与低服务水平。由于对需求的情况不了解，只有靠维持高库存来提高服务水平，这样会造成很大浪费。

（3）形成"块状"需求。采用订货点方法的条件是需求均匀。但是，在制造过程中形成的需求一般都是非均匀的：不需要的时候为零，一旦需要就是一批。采用订货点方法加剧了这种需求的不均匀性。

为了解决这方面的问题，人们提出了物料需求计划（MRP）与分销需求计划（DRP），下面分别简要介绍。

（一）物料需求计划

物料需求计划是20世纪60年代发展起来的一种计算物料需求量和需求时间的系统。所谓物料，泛指原材料、在制品、外购件以及产成品。MRP是一个基于计算机的信息系统，通过该系统可以将产品出产进度安排向后转化为对各相关物料项（原材料、零件、组件）的需求，利用生产提前期以及其他相关信息，可以计算并做出对所需相关物料项的数量与时间安排，这样，对最终产品的需求就会转化为不同计划期内对底层物料的需求，使得基本的生产运作过程以及相应的辅助性生产运作过程和服务性生产运作过程等都能以确定的时间、数量进行统一安排、协调运转，从而能及时满足市场的需求，并使库存保持在合理的低水平上。

MRP 既是一种管理理念、生产方式，也是一种管理技术、一个信息系统；既是一种库存控制方法，也是一种时间进度安排方法。其核心思想是：围绕物料转化组织相应的资源，实现在正确的时间、正确的地点得到正确的物料，实现按需准时生产，提高客户服务水平，同时使库存成本最低、生产运作效率最高。

MRP 是一种以顾客为中心的新生产方式，它与传统的生产方式不同。因此，MRP 环境下的采购管理与传统的采购管理也不相同。因为采购与库存控制是紧密相连的两个环节，MRP 环境下采购管理的特点是：首先，MRP 是按产品结构将对物料的需求联系起来考虑；第二，MRP 是将企业中的需求分为独立需求和相关需求；第三，MRP 在物料的库存状态数据中引入了时间分段的概念。

MRP 的基本任务是：（1）从最终产品的生产计划（独立需求）导出相关物料（原材料、零部件等）的需求量和需求时间（相关需求）；（2）根据物料的需求时间和生产

（订货）周期来确定其开始生产（订货）的时间。

MRP 的基本构成包括以下三部分：

1. 主生产计划（Master Production Schedule，简称 MPS）

主生产计划是确定每一具体的最终产品在每一具体时间段内生产数量的计划。这里的最终产品是指对于企业来说最终完成、要出厂的完成品，它要具体到产品的品种、型号。这里的具体时间段，通常是以周为单位，在有些情况下也可以日、旬、月为单位。主生产计划详细规定生产什么、什么时段应该产出，它是独立需求计划。主生产计划会根据客户合同和市场预测，把经营计划或生产大纲中的产品系列具体化，使之成为展开物料需求计划的主要依据，可起到从综合计划向具体计划过渡的承上启下作用。

2. 物料清单（Bill Of Material，BOM）

物料清单是对完整产品的描述，包含了生产每一单位产成品所需要的所有部件、组件、零件和原材料的种类和数量，是一个制成品的所有物料或零件的结构清单，也称为产品结构文件或产品结构树。MRP 系统要正确计算出物料需求的时间和数量，特别是相关需求物料的数量和时间，首先需要根据物料清单知道企业所制造的产品结构和所有要使用到的物料。图 5-1 是一种针对圆珠笔的物料清单。

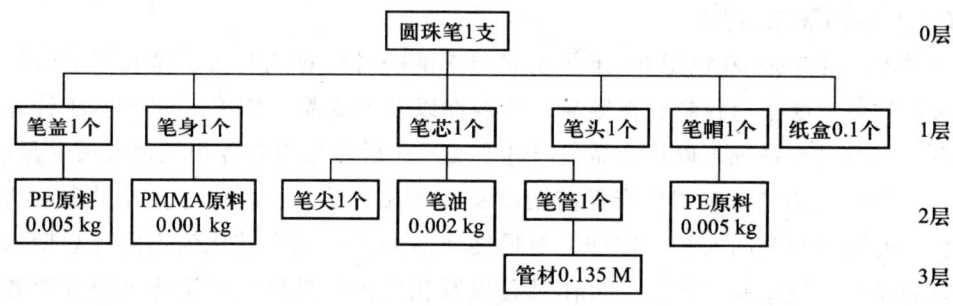

图 5-1 圆珠笔物料清单

3. 库存信息

库存信息是保存企业所有成品、零部件、在制品、原材料等存在状态的数据库。在 MRP 系统中，将成品、零部件、在制品、原材料甚至工装工具等统称为"物料"或"项目"。

有了上述三类信息之后，MRP 系统就可据此生成对应的物料采购计划。MRP 的计算逻辑见图 5-2。

MRP 系统能实现按顾客需求准时化生产。按顾客需求将产品按其结构逐步分解，通过计算机运算，很快就能编制出生产加工计划和采购计划。随着社会生产力的发展和科学技术的进步，MRP 系统的信息集成功能逐渐扩大，不仅把企业内部的生产、财务、销售、采购、工程技术等子系统结合在一起，而且在向供应链管理扩展。

要实现 MRP 环境下的采购管理，则必须改变传统的采购观念，树立新的采购观

第 5 章 采购计划制定与采购预算确定

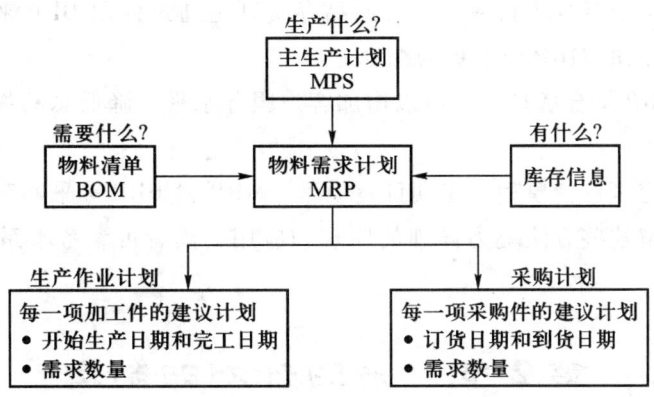

图 5-2 MRP 的计算逻辑

念,即从为补充库存而采购转变成为订单而采购,从单纯地保证生产需要转变为参与生产和保证生产;采购作业要更加强调制度化和程序化;采购计划的编制采用滚动计划;同供应商的关系,从单纯的买卖关系转变为长期合作的关系;从供需双方各自管理转变为供需双方共同管理等。对具体的采购作业环节来讲,有些环节要根据 MRP 系统的要求做相应的调整。

MRP 虽然起源于美国,美国的国情与中国不同,但是,企业的生产经营活动是相似的。企业有着共同的追求,如最低的库存、最短的生产周期、最高的生产率、最低的生产成本、准确的交货日期等。正因为有这些共性,我们应该学习和运用 MRP,使我们的企业也能做到降低库存投资、降低采购成本、提高生产率、提高为顾客服务的水平、增加利润等。

(二) 分销需求计划

MRP 的逻辑和形式可以应用到服务领域,这种典型的例子就是分销需求计划(DRP)。DRP 是广泛运用于产品销售流通系统的潜在的功能强大的技术。该技术主要解决分销物资的供应计划和调度问题,基本目标就是合理进行分销物资和资源配置,达到既保证有效地满足市场需要,又使得配置费用最省的目的。

分销需求计划的思想实际上是一种"准时"供应的思想,而准时供应的实现以大范围内的物流系统实时控制为基础,是计算机集成物流系统中决策支持系统的主要方法和原则之一。

准时制物流要求将用户所需要的产品准时送到用户手中,制定物流计划的关键也就集中在订货需求与库存控制上。分销物资资源配送调度计划方法是物流系统管理计划导向的结果。

DRP 的实际应用表明:流通企业能够改进客户服务(减少缺货现象的发生、加快响应客户需求的速度等),降低产品的总体库存水平,减少运输成本,改善物流中心的运作状况。由于以上好处,DRP 受到了越来越多的流通企业的重视。

DRP 的原理是更精确地预测需求并将相关信息用于制定生产计划。公司将 MRP 与总体生产结合，可以减少原材料存货。产品存货则是通过使用 DRP 来减少的，大部分的 DRP 模型比标准的 MRP 模型更为综合。

DRP 在与 MRP 结合后是一个可以增加客户服务水平，降低总的物流和制造成本能力的有力工具。

以上只是对定量订货模型、定期订货模型、MRP 和 DRP 等采购需求确定方法的简单介绍。若想了解这些方法更为详细的原理和应用，读者可参考本系列教材的《库存管理（一）（二）》一书。

第2节 采购计划的制定

采购需求确定以后，下一步的任务就是编制采购计划。本节首先对采购计划的概念和作用进行介绍，然后介绍采购计划的编制方法。

一、采购计划的概念

（一）采购计划的含义

计划是指管理人员对未来应该采取的行动所做的谋划和安排。采购计划是指企业管理人员在了解市场供求情况，认识企业生产经营活动过程和掌握物料消耗规律的基础上，对计划期内物料采购管理活动所做的预见性安排和部署。它包括两方面的内容：一是采购计划的制定，二是采购订单的制定。这两部分的内容需要综合平衡，以保证物料的正常供应，并降低库存和成本。

采购计划有广义和狭义之分：广义的采购计划是指为了保证各项生产经营活动的物料需要量而编制的各种采购计划的总称；狭义的采购计划是指每个年度的采购计划，即对企业年度计划内生产经营活动所需采购的物料的数量和采购的时间等所做的安排和部署。采购计划是企业生产计划的一部分，也是企业年度计划和目标的组成部分。

采购计划可以从不同的角度进行分类：

（1）按计划期的长短分，可以把采购计划分为年度物料采购计划、季度物料采购计划、月度物料采购计划等。

（2）按物料的使用方向分，可以把采购计划分为生产产品用物料采购计划、维修用物料采购计划、基本建设用物料采购计划、技术改造措施用物料采购计划、科研用物料采购计划、企业管理用物料采购计划等。

（3）按物料自然属性分，可以把采购计划分为金属物料采购计划、机电产品物料采购计划、非金属物料采购计划等。

（二）采购计划的作用

计划在企业的管理工作中起着非常重要的作用，同样，采购计划也对采购起着十分重要的作用。制定采购计划是企业整个采购工作的第一步。采购计划是为了维持企业正常的生产经营活动，在某一特定的时期内，确定应在何时购入何种物料的估计作业。采购计划对企业的生产经营活动所起的重要作用，具体表现为：

（1）可以有效地规避风险，减少损失。采购计划是面向未来的，企业在编制采购计划时，已经对未来因素进行了深入的分析和预测，以做到有备无患，既保证企业正常经营需要的物料，又能降低库存水平、减少风险。

（2）为企业组织采购提供了依据。采购计划具体安排了采购物料的活动，使企业管理者在安排组织采购时有了依据。

（3）有利于资源的合理配置，以取得最佳的经济效益。采购计划选择最优化的采购决策与实施计划，对未来物料供应进行了科学筹划，有利于合理利用资金，最大限度地发挥各种资源的作用，以获得最佳效益。

企业的采购计划要发挥作用，需要达到如下的目的：

（1）预计物料需用时间与数量，防止供应中断，影响产销活动。
（2）避免物料储存过多，积压资金以及占用存储空间。
（3）配合企业做好生产计划与资金调度。
（4）使采购部门事先做好准备，选择有利时机购入物料。
（5）确定物料耗用标准，以便管制物料采购数量与成本。

二、物料采购订单容量的确定

计算物料采购订单容量是采购计划的重要组成部分。只有准确地计算订单容量，才能对比需求和容量，经过综合平衡，最后制定出正确的订单计划。计算订单容量主要有以下四个方面的内容。

（一）分析采购项目供应资料

在物料采购过程中，物资和项目都是整个采购工作的操作对象。对于采购工作来讲，在目前的采购环境中，所要采购物料的供应商信息是非常重要的一项资料。如果没有供应商供应物料，那么无论是生产需求还是紧急的市场需求，一切都无从谈起。可见，有供应商的物料供应是满足生产需求和满足紧急市场需求的必要条件。从一个简单的例子来看，某企业需要设计一个隔音系统，隔音玻璃棉是完成该系统的关键材料。经过项目认证人员的考察，该种材料被垄断在少数供应商的手中。在这种情况下，企业的计划人员就应充分利用这些情报，这样在下达订单计划时就会做到心中有数了。

（二）计算总体订单容量

总体订单容量一般包括两方面的内容：一是可供给的物料数量，二是可供给物料的交货时间。这两方面是这样结合的：在一定的交货时间内，几个不同的供应商所能够提供的某种物料的总和。举例说明如下：供应商Ⅰ在 8 月 31 日之前可以供应 3 万个特种轮胎（其中 A 型 2 万个，B 型 1 万个），供应商Ⅱ在 8 月 31 日之前可以供应 5 万个特种轮胎（其中 A 型 2 万个，B 型 3 万个），那么 8 月 31 日之前 A 和 B 两种轮胎的总订单容量为 8 万个，其中：A 型轮胎的订单容量为 4 万个，B 型轮胎的订单容量为 4 万个。

(三) 计算承接订单容量

承接订单容量是指供应商在指定的时间内已经签下的订单量。但是，承接订单容量的计算过程较为复杂，下面举一个例子加以说明：供应商Ⅰ在本月30日之前可以供给4万个特种轮胎（其中A型2万个，B型2万个），若是已经承接A型轮胎2万个，B型1万个，那么对A和B两种轮胎已经承接的订单量就比较清楚（A型2万个+B型1万个=3万个）。有时在供应商各种物料容量之间可以借用，并且存在多个供应商的情况下，其计算会比较复杂。

(四) 确定剩余订单容量

剩余订单容量是指某物料所有供应商群体的剩余订单容量的总和，用公式表示就是：

$$物料剩余订单容量 = 物料供应商群体总体订单容量 - 已承接订单容量$$

例如，供应商Ⅰ的总体订单容量为5万个，已经承接订单容量为2万个，供应商Ⅱ的总体订单容量为4万个，已经承接的订单容量为3万个，那么供应商群体的总体订单容量为5+4=9万个，已承接订单容量为5万个，则物料剩余订单容量为4万个。

三、制定订单计划

在计算了物料采购订单容量之后，我们进入了采购计划的最后一个环节，也是最重要的环节——制定订单计划。它主要包括以下四个方面的内容。

(一) 对比采购需求与供应容量

这是制定订单计划的首要环节，只有通过比较物料需求与供应容量的关系才能有针对性地制定订单计划。如果经过对比发现物料需求小于供应容量，则无论需求多大，供应容量总能满足需求，企业可以根据物料需求来制定订购计划；如果供应商的容量小于企业的物料需求，则要求企业根据容量制定合适的物料需求计划，这样就产生了剩余物料需求，需要对剩余物料需求重新制定认证计划。

(二) 供需综合平衡

供需综合平衡是指综合考虑市场、生产、订单容量等要素，分析物料订单需求的可行性。必要时再调整订单计划，计算订单容量能否满足剩余订单需求。

(三) 确定余量认证计划

在对比物料需求与供应容量的时候，如果供应容量小于物料需求就会产生剩余需求。对于剩余需求，需要交给认证计划制定者进行处理，并确定能否按照物料需求规定的时间交货。

(四) 制定订单计划

这是制定采购计划的最后一个环节，订单计划做好之后就可以按照计划进行采购工作了。一份订单包含的内容有下单数量和下单时间两个方面。它们的计算公式分别为：

$$下单数量 = 生产需求量 - 计划入库量 - 现有库存量 + 安全库存量$$

下单时间＝要求到货时间−认证周期−订单周期−缓冲时间

下面我们就一个企业的采购计划作业程序来了解采购计划的基本作业过程：

（1）营业部于每年年度开始时，提供主管单位有关各机型的每季度、每月的销售预测。销售预测需在经营会议上通过，并配合实际库存量、生产需要量、现实状况，由生产管理单位编制每月的采购计划。

（2）生产管理单位编制的采购计划副本送至采购中心，据此编制采购预算，由经营会议审核通过后，再将副本送交管理部财务单位编制每月的资金预算。

（3）营业部门变更"销售计划"或有临时销售决策（如紧急订单）时，应与生产单位、采购中心协商，以排定生产日程，并修改采购计划及采购预算。

一般的采购计划表如表5-1所示。

表 5-1 采购计划表示例

制表日期：

料号	品名规格	适用产品	上旬		中旬		下旬		库存量	订购量
			生产单号	用量	生产单号	用量	生产单号	用量		

第3节 采 购 预 算

一、采购预算的概念

（一）采购预算的定义

所谓采购预算就是一种用数量来表示的计划，是将企业未来一定时期内经营决策的目标通过有关数据系统地反映出来，是经营决策具体化、数量化的表现。

传统采购预算的编制是将本期订购数量乘以各物料的购入单价，或者按照物料需求计划（MRP）的请购数量乘以标准成本，即可获得采购预算。为了使预算对实际的资金调度具有意义，采购预算应该以付款的金额来编制，而不是以采购的金额来编制。预算的时间范围要与企业的计划期保持一致，不能过长或过短，这是因为长于计划期的预算是没有实际意义的，只会浪费人力、财力和物力，而过短的预算期又不能保证计划的顺利执行。由于受到客观条件的限制，企业所能获得的可供分配的资源和资金是有限度的，因而企业管理者必须通过有效地分配有限的资源来提高效率以获得最大的收益。一个良好的企业不仅要赚取合理的利润，还要保证企业有良好的资金流。良好的预算既要注重实际,又要强调财务业绩。

由于预算会影响到资源分配,并且在事实上它正是一种在相互竞争的需求中分配资源的工具,因此,它常常造成部门预算的失真。一方面,某些部门为了提高其在企业内的地位,获得更多的资源和人员,常常会夸大其词,将预算不切实际地做大,以便掌控更多的人力、财力和物力。另一方面,由于预算考虑的是不确定的未来,每一个部门主管都很明白那些不在他控制之内的外在因素,如环境变化、消费者偏好改变等,这些因素常常会影响甚至决定预算的成败,而预算与实际数据的比较又常常会成为管理者评定部门或是个人业绩的依据。在这种情况之下,保守或悲观的部门主管往往会提交一个保守的、收缩了的预算,而不是一份充满了挑战性又切实可行的预算报告,最终可能造成应该得到人力、物力和财力支持的部门反而没获得与之相匹配的资源。

预算本来就是一个协调和综合的过程,它要求企业各个部门、各个层次的管理者根据自己的专业知识和以往的经验,由上到下,层层叠加,共同制定出一个总的预算。如果由于内在竞争或者是心理的保守而使预算失真,那么层层失真的叠加将会使总预算与真实预算严重偏离,从而严重影响资源的合理配置,进而影响企业的经营绩效。

为了确保预算能够规划出与企业的战略目标相一致的可实现的最佳实践,必须寻找一种科学的行为方法来缓和这种竞争和悲观的倾向。管理者应该与部门主管就目标展开积极的沟通,了解他们的要求和期望,制定劳动力和资金需求计划并要求部门提供反馈。管理者应该引导部门主管把主要精力放在应付不确定性情况的出现上,而不是开展所谓的"战备竞争"并造成内耗。

另外,预算应该具有灵活性和适应性,以应对意外发生的不可控事件。企业在预算过程中应该尽量采取合理的预算形式,建立趋势模型,以减少预算的失误以及因此带来的损失。

(二)采购预算的作用

前面已经指出了采购预算的重要性。对于所有层面的管理者来说,预算是有效用的,但是我们并没有明确指出预算到底有什么具体作用,下面就这一点进行具体阐述。一般来说,采购预算具有以下主要作用:

(1)保障企业战略计划和作业计划的执行,确保企业各部门目标一致。通过编制采购预算,就给企业采购部门和其他职能部门在计划期间的工作分别定出了目标,也明确了部门和个人的责、权、利,使个人的利益与企业的经济效益相挂钩,能促使企业采购部门的员工努力去完成采购目标,从而保证企业战略计划和作业计划的实现。

(2)协调企业各部门之间的合作经营。采购预算使各部门的工作有机地结合在一起。各部门通过执行预算,可明确各自所处的地位和作用,协调各自的工作步伐,从全局出发,统筹兼顾、全面安排,争取全局计划的最优化。

(3)在企业各部门之间合理安排有限的资源,保证资源分配的效率。企业所拥有的资源是有限的,通过编制采购预算和日常发生的各项经营性活动的预算,能够充分考虑各部门的资源需求，保证资源得到充分利用，实现以最小的投入取得尽可能多的经济效益的目标。

（4）对企业物流成本进行控制、监督。预算是分析、控制各项经济活动的尺度，各部门通过认真地编制切实可行的预算，并用其控制各项经济活动，就可以避免不必要的开支，降低物流成本，保证预定目标的顺利实现。

（三）采购预算编制的原则

1. 实事求是地编制采购预算

编制采购预算应该本着实事求是的原则，注意以企业所确定的经营目标为前提，不要盲目哄抬目标值。要先确定销售预算，再确定生产计划，然后再制定采购计划。不要为了贪图低价，盲目扩大采购量，从而造成了库存的积压。

2. 积极稳妥、留有余地编制采购预算

积极稳妥是指不要盲目抬高采购目标，也不要消极压低指标。既要保证采购预算指标的先进性，又要保证采购预算指标的可操作性，充分发挥采购预算指标的指导和控制作用。另外，为了适应市场的千变万化，采购预算应该留有余地，具有一定的调整空间，以避免发生意外时处于被动，影响企业正常的生产经营。

3. 比质比价编制采购预算

企业在编制采购预算时，应广泛收集采购物料的质量、价格等市场信息，掌握主要物料采购信息的变化，要通过对比质量和价格确定所要采购的物料。除了只有一个供应商或者企业有特殊的生产经营要求等情况外，企业主要物料的采购都应当选择两个以上的供货单位，以便从质量、价格和信誉等方面择优安排采购。企业主要物料以及有特殊要求物料的采购，应该审查供应商的资格。对于已经确定的供应商，应当及时掌握其质量、价格、信誉等方面的变化情况，以便及时做出调整。企业大宗原料和燃料的采购、基建或技术改造项目所用的主要物料以及其他金额较大的物资的采购等，具备招标条件的，应尽量安排招标采购。

（四）采购预算的编制步骤

采购预算的编制包含以下几个步骤：

1. 审查企业以及部门的战略目标

预算的最终目的是为了保证企业目标的实现。企业在编制部门预算前首先要审视本部门和企业的目标，确保它们之间的相互协调。

2. 制定明确的工作计划

管理者必须了解本部门的业务活动，明确它的特性和范围，以便制定出详细的工作计划表，从而确保部门实施这些活动所带来的产出。

3. 确定所需的资源

有了详细的工作计划表后，管理者可以对支出做出切合实际的估计，从而确定为了实现目标所需要的人力、物力和财力资源。

4．提出准确的预算数字

管理者可以通过以往的经验做出准确判断，也可以借助数学工具和统计资料通过科学分析提出准确方案。

5．汇总

汇总各部门、各分单位的预算。最初的预算总是来自每个分单元，而后层层提交、汇总，最后形成总预算。

6．提交预算

预算是关于预计收入和可能支出的动态模型，它反映的是未来的事情。由于外在的环境总是处于不断变化之中，因此，必须根据实际情况的变化不断进行修订，以确保预算最大限度地接近现实，反映实际的支出。采购预算也不例外。由于预算总是或多或少地与实际有所差异，因此，我们有必要选定一个偏差范围。该范围的确定可以根据行业平均水平，也可以根据企业的经验数据，它的主观性很强，同管理者的偏好有很大关系。例如悲观的管理者同乐观的管理者所能容许的差异范围就相差很大。设定了偏差范围以后，管理者应当比较实际支出和预算的差距以便控制业务的进展。如果与估计值的差异达到或超过了容许的范围，就有必要对具体的预算做出建议或必要的修订。采购部门常常有责任密切监控其他部门的预算，以确保它们不会超过整个组织购买产品和服务的预算限制。

二、采购预算的编制方法

预算编制方法有弹性预算、滚动预算、概率预算和零基预算等，下面分别对这几种预算编制方法进行介绍。

（一）弹性预算

弹性预算亦称变动预算，它是根据计划期间可能发生的多种业务量，分别确定与各种业务量水平相适应的费用预算数额，从而形成适用于不同生产经营活动水平的一种费用预算。

由于弹性预算是以多种业务量水平为基础而编制的一种预算，因此，它比只依一种业务量水平为基础编制的预算（一般称为固定预算或静态预算），具有更大的适应性和实用性。即使企业在计划期内的实际业务量发生了一定的波动，也能找出与实际业务量相适应的预算数，对预算与实际工作业绩进行比较，从而有利于对有关费用的支出进行有效的控制。

编制弹性预算，首先要确定在计划期内业务量的可能变化范围，在具体编制工作中，对一般企业，其变化范围可以确定在企业正常生产能力的70%～110%之间，其间隔取为5%或10%，也可取计划期内预计的最低业务量和最高业务量为其下限和上限。

其次，要根据成本形态，将计划期内的费用划分为变动费用部分和固定费用部分。在编制弹性预算时，对变动部分费用，要按不同的业务量水平分别进行计算，而固定部分费用在相关范围内不随业务量的变动而变动，因而不需要按业务量的变动进行调整。

弹性预算一般用于编制弹性成本预算和弹性利润预算。弹性利润预算是对计划期内各种可能的销售收入所能实现的利润所做的预算,它以弹性成本预算为基础。

(二)概率预算

在编制预算过程中,涉及的变量较多,如业务量、价格、成本等。企业管理者不可能在编制预算时就十分精确地预见到这些因素在将来会发生何种变化,以及变化到何种程度,而只能大体上估计出它们发生变化的可能性,从而近似地判断出各种因素的变化趋势、范围和结果,然后,对各种变量进行调整,计算其可能值的大小。这种利用概率(即可能性的大小)来编制的预算,即为概率预算。

概率预算必须根据不同的情况来编制,大体上可分为以下两种情况:

(1)销售量的变动与成本的变动没有直接联系。这时,只要利用各自的概率分别计算销售收入、变动成本、固定成本的期望值,即可直接计算出利润的期望值。

(2)销售量的变动与成本的变动有直接联系。这时,需要用联合概率的方法来计算利润的期望值。

(三)零基预算

零基预算是指在编制预算时,对于所有的预算项目均以零为起点,不考虑以往的实际情况,而完全根据未来一定期间生产经营活动的需要和每项业务的轻重缓急,从根本上来研究、分析每项预算有否支出的必要和支出数额大小的一种预算编制方法。

传统的预算编制方法是在上期预算执行结果的基础上,考虑到计划期的实际情况,加以适当调整,从而确定出本计划期内应增加或应减少的数额。这种预算往往使原来不合理的费用开支继续存在下去,造成预算的浪费或是预算的不足。零基预算的编制方法与传统的预算编制方法截然不同。在这种方法下,确定任何一项预算皆完全不考虑前期的实际水平,只考虑该项目本身在计划期内的重要程度,对于具体数字的确定始终以零为起点。

零基预算的编制方法,大致上可以分为以下三步:

1. 提出预算目标

企业内部各有关部门,根据本企业计划期内的总体目标和本部门应完成的具体工作任务,提出必须安排的预算项目以及以零为基础而确定的具体经费数据。

2. 开展成本—收益分析

组成由企业的主要负责人、总会计师等人员参加的预算委员会,负责对各部门提出的方案进行成本—收益分析。这里所说的成本—收益分析,主要是指对所提出的每一个预算项目所需要的经费和所能获得的收益进行计算、对比,以计算对比的结果来衡量和评价各预算项目的经济效益,列出所有项目的先后次序和轻重缓急。

3. 分配资金,落实预算

按照上一步骤所确定的预算项目的先后次序和轻重缓急,结合计划期内可动用的资金来源,分配资金、落实预算。

零基预算不受现行预算框架的限制,它是以零为基础来观察和分析一切费用和开支项目,确定预算金额,能充分调动企业各级管理人员的积极性和创造性,把有限的资金切实用到真正需要的地方,以保证整个企业的良性循环,提高整体经济效益。但该预算编制方法将一切支出均以零为起点来进行分析、研究,因而工作量太大。而且,一个企业,如何把许许多多不同性质的业务按照其重要性排出一张次序表来,也绝非易事,其中不可避免地带有某些主观随意性。因此,在实际预算工作中,可以隔若干年进行一次零基预算,在后几年内则略做调整。这样,既可简化预算编制的工作量,又能适当控制费用的发生。

(四)滚动预算

滚动预算又称连续预算或永续预算,其主要特点是预算期随着时间的推移而自行延伸,始终保持一定的期限(通常为一年)。当年度预算中某一季度(或月份)预算执行完毕后,就根据新的情况进行调整和修订后几个季度(或月份)的预算,如此往复,不断滚动,使年度预算一直包含四个季度(或十二个月)。图5-3给出了滚动预算基本特征的示意图。

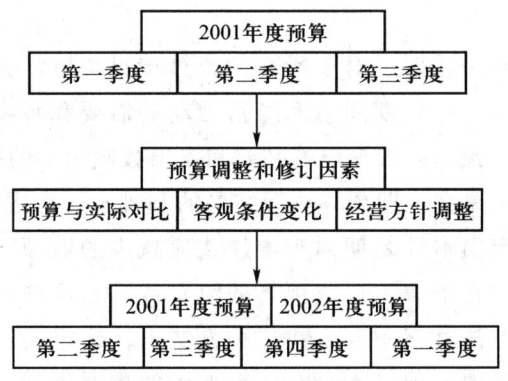

图5-3 滚动预算的基本特征

滚动预算的提出根据是:第一,企业的生产经营活动在可预见的将来是延续不断的,因此,指导企业经营活动的预算也应该全面反映这一持续不断的过程,使预算方法和生产经营过程相适应;第二,现代企业的生产经营活动是复杂的,随着时间的推移,它将产生各种难以预料的结果,滚动预算在执行过程中可以结合新的信息,对其不断进行调整与修订,使预算与实际情况能更好地相适应,有利于充分发挥预算的指导与控制作用。

个案分析

案例材料

某编织企业采购预算编定规则

一、材料的预算编制

除遵照本企业预算制度之外,均按照本规则的规定办理。

二、材料的预算

材料的预算分为:

1. 用料预算。

2. 购料预算。

用料预算再按用途分为:

(1) 营业支出用料预算。

(2) 资本支出用料预算。

三、材料预算按编制的期间分类

1. 年度预算。

2. 分期预算。

四、年度用料预算的编制程序

1. 由用料部门依据营业预算及生产计划编制"年度用料预算表"(特殊用料应预估材料价格),经主管科长核定后送企划科,编成材料管理汇编"年度用料总预算"转工厂会计部。

2. 凡属于委托维修科修缮的工作,一概由维修科按用料部门计划代为编列预算,并通知用料部门。

3. 材料预算经最后审定后,由总务科运输组严格执行。如经核减,应由一级主管召集科长、组长、领班研究拟订新分配计划后,由企划科分别通知各用料部门重新定预算。属于自行修配委托者,按本条第 2 款的规定办理。

4. 用料部门用料超出核定预算时,由企划科通知总务科运输组。用料部门超出数在 10% 以上时,应由用料部门提出书面理由呈转上一级主管核定后办理。

5. 用料总预算超过 10% 时,由企划科通知运输组说明超出原因且呈请核实,并办理追加手续。

五、分期用料预算

由用料部门编制。凡属委托修缮的工作,维修科按用料部门计划分别代为编列"用料预算表",经一级主管核定后送企划科转送运输组。

六、资本支出用料预算

由一级主管根据工程规划,通知企划科按前条的规定办理。

七、购料预算的编制程序

1. 年度购料预算由企划科汇编并送呈审核。

2. 分期购料预算,由运输组根据库存量、已购未到数量及财务状况,编制"购料预算表",由企划科送呈审核并转企业财务会议审议。

八、经核定的分期购料预算

在当期未动者,不得保留;确有需要者,下期补列。

九、资本支出预算

年度有一部分未动用或全部未动用者,其未动用部分不能保留,根据情况在次一年补列。

十、未列预算的紧急用料

由用料部门领取用料后,补办追加预算。

十一、用料预算

用料预算除由用料部门严格执行外,并由运输及企划科配合控制。

自学指导

学习重点

本章学习重点:预测的基本方法;采购订单容量确定和订单计划制定;采购预算的作用和采购预算编制原则。

(1)预测基本方法可以分为定性预测和定量预测两大类。定性预测包括德尔菲法、部门主管讨论法、市场人员意见汇集法等。定量预测方法包括指数平滑法、移动平均法、线性回归法等。对各种预测方法要结合一些具体数据进行练习,并分析具体方法的运用场合。

(2)采购订单容量确定和订单计划制定。计算物料采购订单容量是采购计划的重要组成部分。只有准确地计算订单容量,才能对比需求和容量,经过综合平衡,最后制定出正确的订单计划。计算订单容量包括分析项目供应资料、计算总体订单容量、计算承接订单容量和确定剩余订单容量四个方面内容。订单容量确定以后,在此基础上制定订单计划,采购计划就完成了。

(3)采购预算作用和编制原则。采购预算具有保障企业战略计划和作业计划的执行,确保企业组织目标一致,协调企业各部门之间的合作经营,在企业各部门之间合理安排有限的资源,保证资源分配的效率性和对企业物流成本进行控制、监督等作用。编制采购预算时要符合实事求是、积极稳妥、留有余地、比质比价的编制原则。

学习难点

本章学习难点:采购计划制定和采购预算的编制。

采购计划制定和采购预算编制是本章学习的难点。采购计划是对未来采购活动所做的谋划和安排,它对未来采购活动的顺利开展具有重要作用。要做好采购计划,首先要对企业的需求情况有一个基本的了解,然后进行物料订单容量的确定工作,最后是制定出订单计划。掌握这些基本理论和步骤还不足以做好采购计划,一定要在企业内部做好和其他部门的交流工作,同时要找一些采购计划的实际例子来比较分析,最终可以自己制定理想的采购计划,这需要艰辛的劳动。采购预算是将企业未来一定时期内经营决策的目标通过有关数据系统地反映出来,它是经营决策具体化、数量化的表现。采购预算对采购成本的节约有很大的好处,可以充分发挥采购的利润杠杆效应。采购预算的编制是一项系统工程,要考虑多方面的因素,同时要结合实际发生的情况做好采购预算的修订工作。

复习题

一、单项选择题（在备选答案中选择1个最佳答案，并把它的标号写在题后的括号内）

1. 预测基本方法按主客观因素所起的作用可以分为（   ）。
   A. 主观预测和统计预测   B. 主观预测和客观预测
   C. 简单预测和综合预测   D. 因果预测和统计预测

2. 某公司每年需购入某种原材料4 000件，每件单价10元，每次订购费用为20元，资金年利率为15%，单位存储成本按原材料价值的25%计算，则其经济订货批量为（   ）。
   A. 100   B. 200   C. 300   D. 400

二、多项选择题（在备选答案中有2～5个是正确的，将其全部选出并将它们的标号写在题后的括号内。错选或漏选均不给分）

1. 订货点法在处理相关需求时的局限性有（   ）。
   A. 盲目性   B. 不协调性   C. 形成块状需求
   D. 高库存与低服务水平   E. 存在时滞

2. 采购计划的作用包括（   ）。
   A. 可以有效地规避风险，减少损失
   B. 协调企业各部门之间的合作经营
   C. 有利于对企业物流成本进行控制、监督
   D. 为企业组织采购提供了依据
   E. 有利于资源的合理配置，以取得最佳的经济效益

三、简答题

1. 预测在商品采购中的作用是什么？
2. 采购预算的编制原则是什么？

四、论述题

1. 试述采购预测的基本步骤。
2. 试述物料采购订单容量的确定方法。

第6章 供应商选择与供应商管理

学习目标

1. 应了解、知道的内容
   - 供应商质量，供应商质量管理
   - 供应商合作伙伴关系的概念
   - 供应商早期参与
2. 应理解、清楚的内容
   - 供应源选择的途径
   - 供应商选择指标及其确定原则
   - 供应商质量管理的作用与质量认证
   - 供应商的改进与激励
   - 供应商合作关系与传统关系的区别
   - 建立供应商合作关系的意义
   - 供应商合作伙伴关系的分类及其特征
3. 应掌握、会用的内容
   - 建立企业供应商评价指标，了解各种供应商评估方法的应用场合
   - 制定合适的招标文件
   - 应用层次分析法对供应商进行评估
   - 能够应用相应的方法分析和提高供应商质量
   - 企业与供应商如何建立合作伙伴关系
   - 评价供应商伙伴关系是否失效
4. 应熟练掌握的内容
   - 能够通过建立评价指标选择合适的供应商
   - 分析企业与供应商的关系类型并指导企业如何建立供应商合作伙伴关系

自学时数

5 学时。

第6章 供应商选择与供应商管理

老师导学

本章主要介绍供应商的选择、供应商的质量管理以及供应商的关系管理。如今，良好的供应源是质量的保证，而不断完善的思想与计划则是进一步提高质量的保证。因此，优秀而稳固的供应源是企业的一个重要资产。如何妥善管理自己的供应商也是企业的重点管理内容之一。

学习本章，主要应掌握供应商选择时要考虑的主要因素、如何测评自己的供应商以及如何与供应商形成合作伙伴关系。

第1节 供应商的选择

在采购过程中，供应商的选择是一个十分重要的步骤。供应商优秀与否，很大程度上决定了采购的成功与否。所以，一定要认真对待供应商的选择过程。

一、供应源调查

供应商管理的首要工作，就是要了解供应商、了解资源市场。要了解供应商的情况，就要进行供应商调查。

供应商调查，在不同的阶段有不同的要求。供应商调查可以分成三种，第一种是资源市场分析，第二种是供应商初步调查，第三种是供应商深入调查。

（一）资源市场分析

1. 资源市场调查的内容

资源市场应包括以下一些基本内容：

（1）资源市场的规模、容量、性质。例如资源市场究竟有多大范围，有多少资源量，多少需求量，是卖方市场还是买方市场，是完全竞争市场、垄断竞争市场还是垄断市场，是一个新兴的成长的市场还是一个陈旧的没落的市场。

（2）资源市场的环境如何。例如市场的管理制度、法制建设、规范化程度、经济环境、政治环境等条件如何，市场的发展前景如何。

（3）资源市场中各个供应商的情况如何。把众多的供应商的调查资料进行分析，就可以得出资源市场自身的基本情况，例如资源市场的生产能力、技术水平、管理水平、可供资源量、质量水平、价格水平、需求状况以及竞争性质等。

开展资源市场的调查目的，就是要进行资源市场分析。资源市场分析，对于企业制定采购策略以及产品策略、生产策略等都有很重要的指导意义。

2. 资源市场分析的内容

（1）要确定资源市场是紧缺型市场还是富余型市场，是垄断性市场还是竞争性市场。对于垄断性市场，我们将来应当采用垄断性采购策略；对于竞争性市场，我们应当采用竞争性采购策略,例如采用投标招标制、AB 角制①等。

(2) 要确定资源市场是成长型市场还是没落型市场。如果是没落型市场,则要趁早准备替换产品,不要等到产品被淘汰了再去开发新产品。

(3) 要确定资源市场总的水平,并根据整个市场水平来选择合适的供应商。通常要选择在资源市场中处于先进水平的供应商,选择产品质量优而价格低的供应商。

(二)供应商初步调查

所谓供应商初步调查,主要是了解供应商的名称、地址、生产能力、能提供什么产品、能提供多少、价格如何、质量如何、市场份额有多大、运输进货条件如何。

1. 供应商初步调查的目的

供应商初步调查的目的,是为了了解供应商的一般情况。而了解供应商一般情况的目的,一是为选择最佳供应商做准备,二是为了掌握整个资源市场的情况。因为许多供应商基本情况的汇总就是整个资源市场的基本情况。

2. 供应商初步调查的特点

供应商初步调查的特点,一是调查内容浅,只要了解一些简单的、基本的情况;二是调查面广,能够对资源市场中所有供应商都有所调查、有所了解,从而能够掌握资源市场的基本状况。

3. 供应商初步调查的方法

开展供应商初步调查一般可以采用访问调查法,通过访问有关人员而获得信息。例如,可以访问供应企业的市场部有关人员,或者访问有关用户、有关市场主管人员,或者其他的知情人士。通过访问建立起供应商卡片,如表 6-1 所示。

表 6-1 供应商卡片

公司基本情况	名称					
	地址					
	营业执照号			注册资本		
	联系人			部门		
	电话			职务		
	E-mail			传真		
产品情况	产品名	规格	价格	质量	可供量	市场份额
运输方式		运输时间		运输费用		
备注						

---

① AB 角制是指供应由 A、B 两家供应商完成。A 产品质量好价格低,多买一些,B 相应少买一些,但要让 B 体会到选择的标准。

该表也可作为调查表，由供应商填写。

在供应商初步调查的基础上，要利用供应商初步调查的资料进行供应商分析。供应商分析的主要目的，是比较各个供应商的优势和劣势，选择适合于企业需要的供应商。

4. 供应商分析的主要内容

（1）产品的品种、规格和质量水平是否符合企业需要，价格水平如何。只有产品的品种、规格、质量水平都适合于企业，才算得上企业的可能供应商，才有必要进行下面的分析。

（2）企业的实力、规模如何，产品的生产能力如何，技术水平如何，管理水平如何，企业的信用度如何。企业的信用度，是指企业对客户、对银行等的诚信程度，表现为供应商对自己的承诺和义务认真履行的程度。特别是在产品质量保证、按时交货、往来账目处理等方面能够以诚相待，一丝不苟地履行自己的责任和义务。

（3）产品是竞争性商品还是垄断性商品。如果是竞争性商品，则要分析供应商的竞争态势如何，产品的销售情况如何，市场份额如何，产品的价格水平是否合适。

（4）供应商相对于本企业的地理交通情况如何，即进行运输方式分析、运输时间分析、运输费用分析，看运输成本是否合适。

在进行以上分析之后，就可为选定供应商提供决策支持。

（三）供应商深入调查

供应商深入调查，是指对经过初步调查后，准备发展为自己的供应商的企业进行的更加仔细的考察活动。这种考察是深入到供应商企业的生产线、质量检验环节甚至管理部门，对现有的设备工艺、生产技术、管理技术等进行考察，看看所采购的产品能不能满足本企业对生产工艺条件、质量保证体系和管理规范的要求。只有通过这样深入的调查，才能发现可靠的供应商，建立起比较稳定的物资采购供需关系。

深入供应商进行调查，需要花费较多的时间和精力，调查的成本高，并不是对所有的供应商都需要这样做，只是在以下情况下它才变成一种需要：

1. 准备发展成紧密关系的供应商

例如在进行准时化（JIT）采购时，供应商的产品可准时、免检、直接送上生产线进行装配。这时，供应商已经成了像企业一个生产车间一样的紧密关系。如果我们要选择具有这样紧密关系的供应商，就必须深入供应商开展调查。

2. 寻找关键零部件的供应商

如果我们所采购的是一种关键零部件，特别是精密度高、加工难度大、质量要求高、在我们的产品中起核心功能作用的零部件产品，那么在选择供应商时，就需要特别小心，要进行反复认真的深入考察审核。只有经过深入调查证明确实能够达到要求时，才确定发展它为我们的供应商。

除以上两种情况以外，对于一般关系的供应商，或者是非关键产品的供应商，一般可以不必进行深入的调查，只进行简单初步的调查就可以了。

二、供应商的选择指标

为了便于开展供应商的选择，采购商常常会制定出关于供应商选择的一系列指标。这些指标有利于对供应商做出较为公正客观的比较。

（一）供应商选择指标的确定原则

在选择供应商时，企业考虑的主要因素有：

1. 价格

物美价廉的商品是每个企业都想获得的。各个供应商提供的各种折扣是最明显的比较。虽然价格并不是最重要的，但是价格的高低是选择供应商的一个重要指标。

2. 质量

质量是一个非常重要的影响因素。质量的选择可以根据实际情况而定，有的企业愿意花大价钱购买高质量产品，而有的企业却希望得到较廉价的产品。从理论上讲，并不是质量最好的就是最适用的，关键是要比较性价比，要用最低的价格买到最适合本企业质量要求的产品。

3. 服务

在选择供应商时，供应商所能提供的服务也是一项十分重要的考虑因素。例如：售后质量的追踪服务、设备的指导性服务、设备的维护保养修理等。供应商服务质量的高低直接关系到买方与供应商的后续合作与发展。而在有的采购中，服务的好坏可能会在供应商选择过程中起关键性作用。

4. 位置

供应商所处的位置对送货时间、运输成本、紧急订货与加急服务的回应时间等都有影响。多采用当地购买有助于发展地区经济，形成社区信誉以及良好的售后服务。

5. 供应商存货政策

如果供应商的存货政策要求自己随时持有备件存货，拥有安全库存，则有助于设备突发故障的解决。

6. 柔性

对愿意并且能够回应需求改变、接受设计改变的供应商应予重点考虑。

（二）供应商选择指标的体系设置

下面主要叙述选择供应商的三大主要因素：供应商的产品价格、产品质量和服务。

1. 供应商的产品价格

供应商的产品价格情况是选择供应商的一个重要方面。任何企业都希望能够采购到价廉物美的物料。然而在采购过程中，所有供应商都会倾向于隐瞒自己的成本结构和定价方法。因此，找出供应商的定价方法和成本构成就成了采购人员的一大任务。企业可以对供应商所提供的价格进行综合认证，比较各家供应商的价格，针对不合理的成本消耗进行分析改进，从而找出性价比最高的产品。我们主要从价值评估方法、影响供应商价格的因素、供应商的产品定价方法、供应商的产品成本控制四个方面阐述供应商的产品价格与采购的关系。

（1）产品价值评估方法。首先我们看一下评价采购供应商产品价格的主要方法。一般来讲，主要有成本法、收益法、市场法三种。成本法是指计算物品的采购成本，主要是计算物品的成本价格和采购费用。收益法注重于一项新资产带来收益的能力，而不考虑它的取得或者建造成本。大多数物品或服务的价格是根据市场的需求状况来确定的。对这类物品或服务的采购成本评估只能采用市场法。采用市场法采购的物品一般具有以下三个特点：此类物品存在于一个活跃的公开市场；具有可比较的同类商品及信息；多家社会供应群体同时供应。例如服装市场十分活跃，卖方的开价、买主的应价和交易价等过程是公开的。

成本法、收益法和市场法是评估物品或资产价值的三种方法。采购者应当充分考虑每项物品和资产的具体情况，从而确定评估方法。有时需要几种方法并用才可以获得最佳的效果。

（2）影响供应商产品价格的因素。所谓供应价格是指供应商对自己的产品提出的销售价格。影响供应价格的因素主要有成本结构和市场结构两个方面。成本结构是影响供应价格的内在因素，受生产要素成本如原材料、劳动力价格、产品技术要求、生产技术水平等因素的影响。而市场结构则是影响供应价格的外在因素，包括经济、政治及技术发展水平等。市场结构会强烈影响成本结构，而反过来供应商自己的成本结构却往往不会对市场结构产生影响。市场结构对供应价格的影响直接表现在供求关系上。

（3）供应商产品的定价方法。一般来讲，供应商制定产品价格有三种方法：成本导向定价法、需求导向定向法和市场导向定价法。

成本导向定价法是以产品成本为基础确定供应价格；需求导向定价法则是随行就市的方法——即以市场价格作为自己产品的销售价格；而市场导向定价法则是将市场因素及成本因素一起考虑来确定自己产品的价格。其中，尤以市场导向定价法最为常见。

同时，供应商在考虑其产品的供应定价时，通常还会考虑市场的供应关系、客户的订单数量、客户与供应商的关系等。

（4）供应商产品的成本控制。生产价廉物美的产品会在市场上取得竞争优势，这是每个供应商都努力追求的目标。为了实现这一目标，产品的成本控制显得尤为重要。供应商为了将产品的成本控制到最低，一般要从以下四方面做工作：采购物料项目、选择原材料供应商、采购批量和到货时间等。

- 采购物料项目。供应商生产商品也需要采购物料，特别是要对物料进行齐备性检查，任何采购物料项目的遗漏，都会造成系统组装时的缺料，产生缺料成本。
- 选择原材料供应商。对于采购商来讲，供应商选择什么样的原材料供应商对采购商的采购价格也会产生间接的影响。所以产品供应商在选择原材料供应商时，同产品采购商选择供应商一样，也要考虑原材料供应商的质量、价格，而且要考虑供应商的实力。
- 采购批量和到货时间。这两方面也是成本控制所必须考虑的重要因素。

2. 供应商的产品质量

供应商的产品质量如何对任何一个企业或任何一项购买都是至关重要的。一切认证工作的基础恰恰就是合格的物料项目质量。采购物料项目质量包括：样件物料质量、批量物料质量。

如果一个供应商的批量物料质量不高，就算其样件物料质量很好，该供应商也不能成为企业优先考虑的供应商，最多只能成为样件供应商。

（1）认证过程中的质量控制。认证过程中的质量控制可以从四个方面进行阐述：初选供应商的质量控制、样件试制认证的质量控制、中试认证的质量控制和批量认证的质量控制。

初选供应商时，应该严把质量关。这时可以考虑以下几方面的内容：考察供应商的硬件（设备的先进性、环境配置是否完善等）、软件（人员技术水平、工艺流程、管理制度、合作意识等）；考察供应商是否通过ISO 9000系列的质量认证或是其他一些要求的质量认证；质量控制措施如何；考察该供应商是否为世界名牌厂商供货，如果有供货，是否和你将要采购的物料类似等。

样件试制认证是指供应商提供样件并进行验证的过程。供应商提供样件的方式根据所要采购的物料的形式不同而有所不同。

中试认证阶段的关注点是由单一样件向小批量过渡。质量是至关重要的因素。作为认证人员应该牢牢记住：样品的质量符合要求，并不代表小批量的质量也能符合要求。

批量认证阶段的质量控制有两个重要方面：一是控制新开发产品的批量生产的物料供应质量的稳定性；二是控制新增供应商的批量物料供应质量的稳定性。

（2）质量的定位标准。质量与成本之间的关系最常用的是使用"性价比"来平衡。前面我们已经提到过质量并不是越高越好，质量过高会产生质量过剩，并使成本大大增加。作为认证人员应该严格掌握质量标准，在认证准备期间认真阅读"技术规范"等项目资料，在供应商试制、中试期间严格监控质量实施情况，慎重选择每一项物料。

对质量与供应之间的关系也应恰当处理。对于大批量的供应来说，由于对质量的过高要求，可能会导致供应商加工周期过长，严重时可能会导致缺货。特别是对于自动化不连续的机械供应商，只要物料不影响产品质量，不要像精品一样逐个检验物料。

质量与售后服务之间的关系也较为密切。若由于产品组成部件的质量问题而导致故障频频出现，不仅会使产品在用户心目中的印象较差，而且会给售后服务带来麻烦，并增加服务成本。

3. 供应商的服务

服务认证作为认证供应商的一个必要条件，需要我们对它进行比较全面的描述。日常生活用品及企业物料项目的采购都涉及售前售后服务。得到产品的资讯，包括产品说明、制造过程或材料规范、免费培训等，是售前服务。此项服务可增加采购人员对所采购产品的专业知识，对将来的采购决定大有帮助，而且这种服务通常是由卖方免费提供的。售后服务则是指卖方提供机器、设备等的安装或维护，操作或使用方法的教育培训，运送及退换产品等。通常买方采购的物品在实际应用过程中会得到卖方（供应商）提供的安装、培训、维修、保养、升级、技术支持等方面有偿或无偿的服务。

（1）安装服务。对于采购者来说，安装服务带来了便利。通过安装服务，采购方可以缩短设备的投产时间。供应商能否提供完善的安装服务是评价供应商好坏的一个重要指标。

（2）培训服务。如果采购者对如何使用所采购的物品不甚了解，供应商就有责任向采购者传授所卖产品的使用方法。供应商对产品卖前与卖后的培训工作情况，也会大大影响采购方对供应商的选择。

（3）维修服务。供应商对所售产品一般都会做出免费保修一段时间的承诺。免费维修是对买方利益的保护，同时也对供应商提供的产品提出了更高的质量要求。供应商会想方设法提高产品质量，避免或减少免费维修情况的出现。

（4）升级服务。这也是一种非常常见的售后服务形式，尤其是如今信息时代的产品就更需要升级服务的支持。信息时代的产品更新换代非常快，各种新产品、新功能层出不穷，供应商提供免费或有偿的升级服务对于采购者是一大诱惑，也是供应商实力的一种体现。

（5）技术支持服务。采购者有时非常想了解在其产品系统中究竟什么样参数的器件最合适，有时浪费大量的时间和费用也不一定能找到合适的解决办法。这时，如果供应商向采购者提供相应的技术支持，供应商在替采购者解决难题的同时也销售了自己的产品。

供应商有良好的服务意识是采购者对供应商的一个比较普通的要求。在市场经济的环境下，没有服务意识的供应商是支撑不了多长时间的。"遵守服务协议"是服务意识的一个要素。服务意识的另一个方面是指"服务主动性"，有的供应商专门组织人员定期走访用户，一方面听取用户的使用意见，以便改进产品性能；另一方面主动为用户提供售后服务，争取下一代产品的用户。

综上所述，无论供应商提供的是售前服务还是售后服务，都会对用户产生很大的影响。能够提供良好服务的供应商也会是用户以后选择的重点考虑对象。

三、供应商的评估方法

（一）供应商走访

实地考察供应商最好由一个多功能团队来担当，该团队由一个高级采购人员以及质量和产品方面的专家组成。每个成员都能从专家角度出发对供应商做出评估，并对批准或否决供应商的决定分担责任。走访供应商的目的是：核实供应商在问卷调查中所回答的信息；与潜在供应商讨论产品和服务以及如何满足买方需求；解决不确定因素、存在的问题以及矛盾和冲突；建立买卖双方关键人员之间的人际关系。

若这样的走访是定期进行的，就可以准备一份标准的"供应商评估表"。这样能确保重要问题不被遗漏，对走访和做出最后决定的原因提供永久性记录。

（二）招标法

选择供应商也可以通过招标的方式。招标选择是采购企业采用招标的方式吸引多个有实力的供应商来投标竞争，然后经过评标小组分析评比而选择最优供应商的方法。

招标选择的主要工作，一是要准备一份合适的招标书，二是要建立一个合适的评标小组和评标规则，三是要组织好整个招标投标活动。

招标书是采购企业制定的一份目标任务书，也是一份招标操作说明书。作为目标任务书，其中有目标任务，也有对完成目标任务的一些要求。这些都是对供应商提出的要求，也就是企业选择目标供应商的一些标准。作为招标操作书，其中有关于本次招标操作的详细的操作方法、步骤和规则，告诉供应商如何一步步地参加投标活动。招标书是整个招标投标活动中由采购企业提供的最主要的文件，也是整个招标投标活动的核心和依据。因此，起草好合适的招标书，是搞好招标活动的一个关键环节。

招标书中通常含有：招标项目说明、技术规格要求、交货时间地点、合同样本和投标书格式。

招标活动的另一个关键环节就是要组织好评标。评标就意味着具体选择供应商。要搞好评标活动，一是要组织一个好的评标小组，二是要拟定一个好的评标规则，三是要组织好评标活动。

在招标活动中，广大供应商的主要工作，一是起草自己的投标书参与投标竞争；二是参加招标会，参与投标说明和辩论。评标小组根据各个供应商的标书以及他们的投标陈述，进行质询、分析和评比，最后得出中标的供应商。这样就最后选定了供应商。

（三）协商法

在供货方较多、企业难以抉择时，也可以采用协商选择的方法，即由企业先选出供应条件较为有利的几个供应商，同他们分别进行协商，再确定适当的供应商。与招标法相比，协商法由于供需双方能充分协商，在物资质量、交货日期和售后服务等方面较有保证。但由于选择范围有限，不一定能得到价格最合理、供应条件最有利的供应来源。当采购时间紧迫、投标单价少、竞争程度小、订购物资规格和技术条件复杂时，协商法比招标法更为适合。

四、采购中的职业道德规范

采购就是用金钱换取商品和服务。很多时候，交易涉及的金额都很大，因此，很有必要将与采购过程有关的交易问题置于社会伦理的最高层次。不幸的是，一旦涉及大量金钱，诱惑就总是存在。有时，供应商为确保交易的达成，可能使用不道德的手段，如贿赂或送礼等。有时，不道德的采购者还会利用自己的特权地位捞取个人好处，既不合乎道德，也不遵从法律。显然，交易双方都必须为这种不为人认同的不道德行为负责。而对采购者，英国皇家采购与供应学会（Chartered Institute of Purchasing and Supply，简称 CIPS）制定了道德准则，用以指导会员的专业行为。

CIPS 具有近 80 年的历史，现有世界各地的会员近 40 000 人，是欧洲最大的采购与供应专业组织，也是国际上海外学员最多、学员规模发展最快的专业组织。CIPS 是目前世界上领先的专业采购与供应机构，是国际采购与供应链行业的研究与职业教育认证的中心。CIPS 采购与供应职业道德准则已经成为国际通用的行业标准，被世界上 100 多个国家和地区所采用（见表 6-2）。

表 6-2　CIPS 道德准则摘录

原则

3. 会员应当始终设法支持和提升采购与供应职业地位，并始终职业化地、无私地按下列规范行事：

a）在所有商务关系中，无论是本组织内部的还是本组织外部的，都应当保持可能的最高诚信标准。

b）拒绝任何可被认为是不适当的商业做法，决不使用他们的权力谋取个人私利。

c）获取和保持与时俱进的技术知识和最高道德行为标准，提高业务水平和技能。

d）在他们所负责的人员中培养可能的最高业务能力标准。

e）优化他们所能影响和所负责的资源的利用，以便为他们所在的组织谋求最大收益。

f）遵守下列规章和精神：

1）学习所在国家的法律。

2）学会关于专业实践的行为指南。

3）遵守合同义务。

4. 会员决不允许自己偏离这些原则。

行为指南

5. 在应用这些原则时，会员应当遵循下列行为指南：

a）利益申报——对可能影响或被他人视为影响会员履行其职责时的公正性的任何个人利益都应当申报。

b）情报的保密性和准确性——对在履行职责的过程中所得到的情报应当保密，决不用于个人私利。对在履行职责的过程中所提供的情报应当诚实而清晰。

c）竞争——与供应商的合同和商务关系的特性及持续时间可能因具体情况而发生变化。这些应当始终确保可交付成果和收益。应当避免那些从长远观点来看可能会妨碍公平竞争有效运行的行为。

d）商业礼物——除了实值很小的物品比如商业日记本或日历之外，不应当接受任何商业礼物。

e）款待——接受者不应该使自己由于接受款待而在商业决策中受到影响或被他人视为受到了影响。对所接受款待的频数和规模应当公开地、慎重地进行管理，不应当大于会员雇主所能酬答的频数和规模。

第2节 供应商质量管理

质量一直是广大用户十分关心的一个问题，也是供应管理中的一个关键问题。生产出来的最终产品的不合格不仅是由于产品的设计和装配有问题，而且很多时候是由于厂商采购的原材料有问题，因此，供应商的质量问题必然会引起采购商的关注。

本章主要介绍对供应商质量的要求和管理。

一、供应商质量管理的概念

首先，我们要了解一下供应商质量管理的概念及其作用。

（一）供应商质量管理的含义

质量的含义被定义为公司提供的产品和服务应与需求一致或超出客户的期望。由质量的观点我们可以得出供应商质量的定义：在特定的绩效范围内，符合或超过现有和未来客户（买方或最终客户）期望或需求的能力。这个定义有三个主要内容：

（1）一贯符合或超出标准绩效的能力。这意味着供应商每次都能满足或超出买方要求。若在实体产品质量或是即时配送方面的绩效反复变化的话，则该供应商不是高质量供应商。

（2）现在或未来的客户期望或标准。供应商必须满足或超出现有的需求标准，同时有能力满足未来需求。供应商必须能做到随时改善供应工作，能满足现在标准却达不到未来标准的供应商不是高质量的供应商。

（3）供应商质量不仅仅是指产品的实体特性。好的供应商能满足买方的多方面期望，如产品或服务的配送、产品或服务的一致性、售后服务等。

（二）供应商质量管理的意义

供应商的质量高低会对采购方以下几个方面造成影响：

（1）供应商对产品质量的影响。质量专家飞利浦·克罗斯比认为，供应商对相关产品的质量问题负50%的责任。此外，每个生产单位在购买的物品和服务上要花费约55%的销售额。如果只注意内部质量问题的话，供应商低质量会破坏公司全部质量改进的努力。

（2）供应商质量高低会影响到供应商现在及将来的绩效水平。一般来讲，采购经理可从以下三个角度观察供应商的绩效：供应商对设计和计划变动的应变能力、实体产品质量和物料/产品配送。

（3）供应商的质量管理还是实现供应商持续改善的必要手段。有效的质量管理是推动企业实现持续改善的一个途径。

（4）许多公司从供应商那里采购全部配件甚至最终产品，因此出现了许多依靠具备设计和生产能力的供应商的公司。这些公司甚至要求供应商提供高新技术或复杂部件。供应商提供的产品占最终产品的比例越大，他们对全部产品成本和质量的影响就越大。

二、供应商质量管理策略

采购方在供应商质量管理中发挥着重要作用。许多复杂的新任务成为了采购部门的工作，它们促进了供应商的质量管理。

（一）提供明晰的产品说明书

明晰的产品说明书能够帮助供应商更好地介绍自己的产品，同时能够使采购方更好地了解供应商提供的产品能不能满足自己的需求，减少了许多交涉的环节和成本。同时，产品说明书能够展示供应商的实力，一份制作精美、清楚明晰的产品说明书能从侧面表现出供应商的雄厚实力。

（二）明确采购方期望

对采购方的期望和要求的确切理解有两方面含义：第一是采购方说明自身需求的能力，第二个是采购方和供应方沟通的能力。这意味着双方都要理解这些需求，需求涉及的要素有实体产品说明书、原材料、供应方交货的承诺或特定供应方的任务和责任。供应方保证满足采购方要求的第一步是采购方详细通知供应方自己的需求是什么。

（三）采购方态度

采购方态度也是十分重要的。认真的采购方值得长期合作。通常他们会时不时派人去和供应商交流沟通，沟通层次从高层管理者到直接负责采购的人，以便及时发现供应方不符合采购方意图的部分，及时改进，节约成本。同时，供应方愿意和通情达理的采购方合作，供应方希望采购方做到：一旦生产开始，尽可能不再对产品设计进行改动；预测未来采购量以对计划的制定提供帮助；及早预测未来新产品的需求；及时支付；详尽说明产品的规格和交货要求。

（四）供应商数量优化

减少供应商、致力于核心活动的趋势不仅仅是历史发展的要求，也是"20/80 规则"的科学体现。一个典型的例子就是英国某大型公司共有认证的供应商 23 000 家，过去几年做过生意的仅 7 500 家，而在每年数以亿计的采购额中 81% 的采购量只是集中在区区 87 家供应商身上。减少了供应商数量，企业就可以将主要时间、精力和资源放在少数重要供应商身上，而不是频繁地同大量的供应商进行讨价还价。

（五）供应商绩效评定

供应商绩效评定是针对已经通过认证的、正在为企业提供服务的供应商进行的，其目标是了解供应商的表现，促进供应商提升供应水平，并为供应商奖惩提出依据；确保供应商供应的质量，同时在供应商之间继续同优秀的供应商进行合作，而淘汰绩效差的供应商。供应商的绩效管理同时也是了解供应工作存在的不足之处，将不足之处反馈给供应商，以促进供应商改善其业绩，为日后更好地完成供应活动打下良好基础的一项工作。

为了科学、客观地反映供应商供应活动的运作情况，应该建立与之相适应的供应商绩效评定指标体系。在制定评定指标体系时，应该突出重点，对关键指标进行重点分析，尽可能地采用实时分析与考核的方法，把绩效度量范围扩大到能反映供货活动运营的信息上去，因为这要比做事后分析有价值得多。评估供应商绩效的因素主要有质量、交货时间、价格、服务水平等。

供应商绩效评定归纳起来有四大类，即供应商在质量、供货、价格及支持与配合等方面表现出的绩效。

（六）供应商的持续改进

供求双方可以通过各种方式实现战略发展、解决问题和持续改进，如定期召开合作策略回顾和发展会议。在理想状态下，这些会议应该在采购方和供应商所在地轮流进行，会议的重点应该是针对如何改进共同制定的具体目标和识别未来机会等方面进行深入探讨；建立高层主管的协商会议，共同探讨双方合作间遇到的问题，努力找到解决方案；分享技术发展趋势和未来产品计划；建立持续改进小组，促进双方工作的持续改进；建立跨职能小组，管理和改进联盟与伙伴关系。

（七）供应商激励

供应商激励的目的是充分发挥供应商的积极性和主动性，促使其努力搞好自己所承担的物资供应工作，保证采购方的生产生活正常进行，并和供应商逐渐建立起一种稳定可靠的关系。

供应商激励有多种方式。比如企业可以和供应商签订一个较长时间的业务合同关系；有意识地在供应商之间引入竞争机制，促使供应商之间在产品质量、服务质量和价格水平方面不断优化；当供应商经考核转为正式供应商之后，将优质供应商的货物由验货收货逐渐转为免检收货等。此外，不定期地开一些企业领导的碰头会，以便交换意见、研究问题、协调工作，甚至开展一些互助合作，都对供应商有激励的作用。

（八）供应商质量认证

现今世界上有很多质量认证体系，可以用来对供应商质量进行认证，运用较广泛、较为有名的有 ISO 9000 系列标准。ISO 9000 提供了最基本的质量保证的定义和指导，并主要为设计开发、生产、安装以及服务提供合适的质量体系。ISO 9002 和 ISO 9003 是 ISO 9001 的子系统，ISO 9002 涉及生产和安装，而 ISO 9003 涉及最终检测和检验；ISO 9004 则涉及全面质量系统的开发。ISO 9000 的资格认证和注册登记要经授权的第三方进行现场审核。而对于一些专门领域，则有专门的认证标准，如：在软件开发领域，有软件开发质量保证体系 CMM；在汽车领域，有美国汽车工业协会发起的 Quality System 9000 质量管理系统；在环境开发保护领域，有 ISO 14000 环境管理标准；在企业的职业安全卫生管理方面，有 OHSAS18001 职业安全卫生管理体系。

第3节 供应商关系管理

供应商和采购方之间的关系，除了各种明显的相互作用以外，还有其他的存在形式。例如产品和服务的相互适应、运营衔接以及共同的战略意图。所有这些构成了供应商和采购方间相互关系的本质,并使这种关系保持稳定,得以发展。

理解与供应商的关系对评估经营机会及促进企业发展有十分关键的意义。企业需要了解在供应商那里所处的位置以及将会承担什么样的角色。正确理解与供应商之间的关系是很重要的,但这项工作具有一定的难度,可以说是对企业的一个挑战。

一、供应商关系分类

根据供应商矩阵分类法,可以将供应商分为商业型、重点商业型、优先型、伙伴型四种形式。供应商矩阵分类法是依据供应商对采购方的重要性和采购方对供应商的重要性而进行分类的一种方法,可以用图6-1表示。

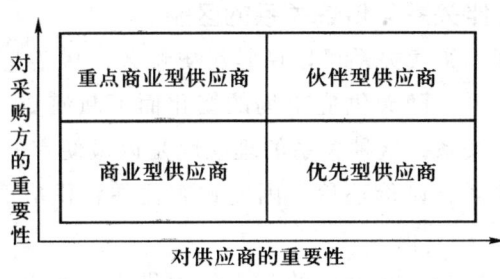

图6-1 矩阵分类法

在供应商分类的模块中,如果供应商认为采购方的采购业务对于他们来说非常重要,供应商自身又有很强的产品开发能力等,同时该采购业务对供应商也很重要,那么这些采购业务对应的供应商就是"伙伴型供应商";如果供应商认为采购方的采购业务对于他们来说非常重要,但该项业务对于采购方却并不是十分重要,这样的供应商就是"优先型供应商";如果供应商认为采购方的采购业务对他们来说无关紧要,但该采购业务对采购方却是十分重要的,这样的供应商就是需要注意改进提高的"重点商业型供应商";那些对于供应商和采购方来说均不是很重要的采购业务,相应的供应商可以很方便地选择更换,那么这些采购业务对应的供应商就是普通的"商业型供应商"。

二、供应商合作伙伴关系

供应商合作伙伴关系是现今较为热门,而且被证明对双方企业都有较大好处的一种供应商关系。下面主要介绍供应商合作伙伴关系。

(一)供应商合作伙伴关系的概念

供应商合作伙伴关系是企业与供应商之间达成的最高层次的合作关系,它是指在相互信任的基础上,供需双方为了实现共同的目标而采取的共担风险、共享利益的长期的合作关系。具体来说,供应商合作伙伴关系包含下列含义:发展长期的、相互依赖的合作关系；这种关系由明确或口头的合约确定，双方共同确认并且在各个层次都有相应的沟通；双方有着共同的目标，并且为着共同的目标有挑战性的改进计划；双方相互信任，共担风险，共享信息；共同开发、创造；以严格的尺度来衡量合作表现，不断提高合作水平。

在供应商合作伙伴关系中有一个重要的概念，就是供应商的早期参与和采购方的早期介入。在采购过程的早期，影响价值的机会比后期大许多。供应商与采购方在早期的共同介入（Early Purchasing Involvement，EPI）将大大改善工艺、设计、再设计、价值分析等活动。缩短循环周期、提高竞争力、降低成本等好处，会促使许多组织将供应商纳入自己的职能交叉团队。供应商甚至会主动参与拯救企业的活动，或自愿成为继续发展的合作伙伴/联盟关系的一部分。

（二）供应商合作伙伴关系与传统关系的区别

采购商和供应商之间的买卖关系可以说是历史悠久，从企业成立之初便已存在了。供应商与采购商之间的关系，随着供应市场的变化而不断演变。传统的采购商与供应商的关系就是简单的买卖关系，这种关系的理念就是以最便宜的价钱买到最好的东西，其出发点是买卖双方围绕生意讨价还价，因此顾客往往将供应商看成生意场上的对手或敌人。

随着社会发展和技术进步，在过去的几十年中供应市场也发生了深刻的变化。面对供应市场的变化与越来越激烈的市场竞争，传统采购的弊端越来越明显：采购过程中信息封闭，供应商和采购方做不到有效的信息共享，影响了采购效率，造成采购、库存成本的大大增加，对产品质量、交货期的控制难度加大；供需双方的关系未能很好地协调，竞争多于合作，造成了更多的时间浪费在解决日常问题和供应商的频繁选择上，未能达到双赢的目的；供应商对用户的需求变化反应迟钝，缺乏应付需求变化的能力。为了解决这些问题，控制企业上游资源，采购方不断认真审视自己与供应商之间的关系，大多数企业顺应潮流的发展要求，将采购活动由单纯性的"做生意"转向了与供应商建立长期合作关系方面。

供应商合作伙伴关系最初的表现形式是采购方的注意力由关心成本转移到不仅关心成本，更注重供应商的产品质量与交货的及时性。而供应商管理进入真正的战略合作伙伴关系阶段的标志则是采购方主动帮助、敦促供应商改进产品设计，促使供应商主动为自己的产品开发提供设计支持。供应商合作伙伴关系和传统关系的区别如表6-3所示。

表6-3 传统关系和供应商合作伙伴关系的区别

传统关系	合作伙伴关系
最低价格	采购总成本
产品规格导向	最终用户导向
短期，市场反应	长期

续表

传统关系	合作伙伴关系
避免麻烦	机会最大化
采购方责任	职能交叉小组，高层管理者参与
战术	战略
双方信息基本不沟通	采购方与供应方互通长、短期计划
	共担风险与机遇
	标准化
	合营
	共享数据

（三）建立供应商合作伙伴关系的意义

企业发展与供应商的长期合作伙伴关系具有十分重要的意义。通过与供应商建立长期合作伙伴关系，可以缩短供应商的供应周期，提高供应的灵活性；可以降低企业的原材料、零部件的库存水平，降低管理费用，加快资金周转；提高原材料、零部件的质量；加强与供应商的沟通，改善订单的处理过程，提高材料需求准确度；可以共享供应商的技术与革新成果，加快产品开发速度，缩短产品开发周期；可以与供应商共享管理经验，推动企业整体管理水平的提高。

不同的企业由于自身条件不同，所处的环境不同，与供应商建立长期合作伙伴关系的目的也不同，但是总的来说，主要是提高产品质量、保证材料和零部件的供应、缩短交货周期、降低库存水平、控制生产成本、取得供应商的技术支持。

（四）供应商合作伙伴关系的分类

根据范围和有效性，各个联盟与合作伙伴关系差异很大。一项协议或关系可能是基础性的，而另一项可能又是战略性的或高层次的。另外，可能一项协议开始时是基础性的或一般性的，但随着时间的推进，反而为参与双方创造了新的振奋人心的机会。无论建立合作伙伴关系的动机是什么，较高层次的协议（如战略性的）和层次不太高的协议还是有某些差异的。

基本供应链联盟与合作伙伴关系的重点通常在降低成本和风险。降低风险是指保证材料和服务的供应。比起层次适中的协议，其发展不那么正式或结构不那么完善。就字面意义理解，基本联盟与合作伙伴关系的意义不容易被企业直观地看到，它是针对具体产品或项目签署的协议，这些协议与职能或业务目标的联系也不紧密。由于衡量成功的关键因素通常是采购价格的降低，因此基本协议的重点可能也包括降低交易成本。

层次适中的联盟与合作伙伴关系开始与职能目标直接挂钩，而且，它的发展也采用标准化程度更高的方式，而不是基本协议中的特殊方式。在建立和执行这些协议中，应积极利用跨职能或跨地点小组。除了降低成本和风险，层次适中的协议可能以改进质量、加快配送和缩短周转期为目标。从采购职能的角度看，这些绩效领域是重要的，但通常并不直接与具体的客户需要或企业战略需求挂钩。

建立战略性或高层次的联盟与合作伙伴关系的企业比重很小。高层次协议直接支持公司或业务单位的需要，其范围是企业的而非职能性的。它们直接与业务需求挂钩，或支持最终产品和服务。高层次协议的一个重要特征是关键人物经常接触，并在最高组织级别上对绩效加以监控。层次适中的协议强调降低成本或改进质量，而高层次联盟与合作伙伴关系往往更重视开发新技术，使其成为最终产品或流程的一个有机组成部分。

把联盟与合作伙伴关系分为基本的、适中的和高层次的，并不意味着一种类型的协议要比另一种好。对某些应用来说，一个基本水平的协议就可以满足双方的绩效期望，将一个基本协议转换为高层次或战略性协议可能会浪费资源。然而，如果需要一个高层的协议，却建立了基本的或适中的协议，可能会损失更大的价值。当组织缺乏技能、经验或自信来建立战略性协议时，往往会发生以上情况。因此，组织不仅必须识别联盟与合作伙伴关系机会，还要考虑是建立一项基本的、适中的还是高层的协议。

（五）几种典型的供应商合作伙伴关系

1. 战略性原材料联盟

面对日益激烈的竞争，不断提高的客户期望，不断缩短的产品生命周期，Whitlin公司——《财富》杂志排名前500名的日用品制造商，开始认识到从采购工作上获得竞争优势的需要比以前更加迫切了。该公司高级管理层决定把与一个钢材供应商建立联盟与合作伙伴关系作为采购战略的一个重要部分，因为钢材是其所需要的重要原材料。

Whitlin决定减少供应商数目，确定一个主要钢材供应商，该供应商的目标应该是只投资于日用品工业，从而向该供应商采购固定数量的钢材。Whitlin公司期望通过供应商早期参与、日常的供应商设计支持以及持续改进流程等手段来利用所选择的供应商的技术能力。同时，该公司高级管理层认识到，为了获得这些利益，也需要让其供应商从这种关系中获益。因此，联盟必须创造出一种双赢的业务氛围，否则，供应商不可能认为，为日用品工业所需的钢材制造技术进行投资是公平合理的。

2. 先进技术发展伙伴关系

关于先进技术发展伙伴关系及其建立，我们可以通过一个案例来理解。一家资产达50亿美元的全球电子公司为了应付激烈的竞争环境，需要尽快开发有更多功能、更少包装和更低价格的产品。为此，他们决定让战略合作伙伴参与早期的技术开发，这样供应商便可以针对具体的行业需求开展工作。这里所说的"工作"主要是针对先进材料的技术开发，通常这种技术开发要早于具体产品的需求。这项先进技术开发的早期阶段就让供应商参与其中。

合作伙伴之间早期合作的重点是尽可能减少技术项目的失败。第一个项目受到了普遍关注，主要是用一个供应商开发的金属导体替代原来采购方开发的金属导体。后两个项目都是短期的项目，主要是如何迅速地反馈信息。第四个项目主要是采购方希望了解更多技术领域的长期发展趋势。

最初，合作伙伴关系并没有创造新的企业业务机会。然而，其中一个合作项目显示出合作的商业价值。在这个项目中，合作伙伴为一个特殊的新产品制定成本、质量和配送目标，这个项目代表了工程材料方面重大技术的先进性。通过合作，双方预计能缩短一年的新产品开发时间。项目的成功使公司最终进入了一个新的业务领域，并给公司带来了几十亿的销售收入。

如今，在对未来产品需求的预测中，双方也开始了合作，所有的工程材料都需要供应商的外部支持。合作开发的新材料已经帮助企业增加了新的收入。

支持这种合作伙伴关系的是一份合作伙伴关系宣言和一个合作伙伴关系理解备忘录，两者都得到了双方公司高层领导的支持。这些文件将合作伙伴关系正式书面化，指明了公司达成的协议和他们对合作伙伴关系的义务。指导这一合作伙伴关系的正式备忘录建立在信任和期望的热情基础上，而不是法律约束的基础上。

3. 供应商早期参与流程设计的技术联盟

几年前，一个重要化学公司的高级采购主管要求自己回答一个大多数采购主管都应回答的问题：公司如何通过采购，建立以成本—时间为基础的优势？

这家公司关注的一个重要领域是更新和建设新的生产设备所耗费的时间和成本。在以流程为核心的设备中，较大的成本包括设计、安装和维护流程控制系统，整个设备的操作由这些系统监督和控制——这些系统是设备的神经中枢。以前，控制系统的选择是由一个业务单位而非公司决定。由于有15个左右的供应商提供不同的控制系统技术，故在设备之间转换操作并维护每个系统是比较困难的，而且每个系统还需要针对该系统技术进行广泛深入的培训。另外，由于每个系统是根据客户需要设计的，这就导致了较高的投资成本和较长的开发周期。这样，必然的结果是消极的设计流程，没有提供供应商早期参与的机会。竞争性招标也延长了完成一项设备所需的时间。

为了缩减成本，高层管理者做出了决策，准备与精心选择的供应商建立一个联盟，让供应商参与早期的设计。这些供应商将负责设计所有更新和新建的控制系统。经过广泛的评价和选择过程，采购方与两个控制系统供应商确定并谈成了一项长期联盟协议。

两个控制系统供应商参加了公司高级主管会议，与采购方讨论控制系统的技术。联盟伙伴建议采购方关注系统控制技术的发展方向，因为这可能成为采购方的流程设计计划的一部分。

虽然供应商不了解各个业务单位的每一个流程或应用，但采购方也同样不完全了解系统控制设备和技术。通过在较高级别的技术会议上或通过设计小组共同合作，双方开始了解对方的需求和能力。采购方通过其长期资产需求计划影响联盟供应商研发投资的分配；另一方面，供应商如今也影响着采购方的更新和新建设备的设计。设计小组采纳了供应商提供的控制系统技术,而不是根据客户需求设计每个系统,这支持了公司的主要目标:与供应商建立总成本最低的系统,取得投资的合理回报。

除提供技术支持之外,这一联盟还减少了更新或建立一个新设备所需的时间和精力。以前,对于每个项目,采购方都需要与一个承包商合作,主承包商负责将项目分包给一个控制系统供应商。如今,采购方在早期就与联盟伙伴合作,越过了设计承包商(同时也跨越了与这一步相连的时间和成本)。而且,采购方可以直接向控制系统供应商提出需求,而不用再通过一个设计承包商。

除了早期的设计支持,联盟供应商答应通过有效使用控制系统技术来帮助采购方控制设备的操作成本。例如,联盟供应商为一个采购方派遣了一名专业工程师,帮助控制设备投资和操作成本。

三、建立供应商合作伙伴关系

供应商合作伙伴关系的建立、评判、维护通常需要以下几个过程。

(一)供应商合作伙伴关系建立途径

与供应商建立长期合作伙伴关系首先要得到公司高层领导的重视与支持。企业高层管理要意识到供应商管理是整个公司业务管理中最重要的有机组成部分,要下决心支持采购等部门发展与供应商的长期合作伙伴关系,然后才能开展具体的工作。

建立长期合作伙伴关系要经过几个步骤:

(1)首先采购部门要在对供应市场调研的基础上向有关部门提出对采购物品的分析分类,根据预先设定的伙伴关系型供应商制定出供应商分类模块,确定伙伴型供应商对象。

(2)根据对供应商合作伙伴关系的要求,明确具体的目标及考核指标,制定出达成目标的行动计划。这些行动计划必须在公司内部相关部门及层次进行充分交流并取得一致,同时要完全取得供应商的认可,并经双方代表签字。

(3)通过供应商会议、供应商访问等形式对计划实施进行组织和进度跟进,内容包括对质量、交货、降低成本、新产品、新技术开发等方面的改进进行跟踪考核,定期检查进度,及时调整行动。

(4)在公司内部还要通过供应商月度考评、体系审核等机制跟踪供应商的综合表现,及时反馈并提出改进要求。

供应商合作伙伴关系发展过程如图6-2所示。

(二)供应商合作伙伴关系评价

从采购方来看,可以根据以下几条原则来判断供应商合作伙伴关系是否奏效:

- 具有正式的沟通程序
- 致力于供应商的成功
- 共同获利
- 关系稳定,不依赖个别人

第6章 供应商选择与供应商管理

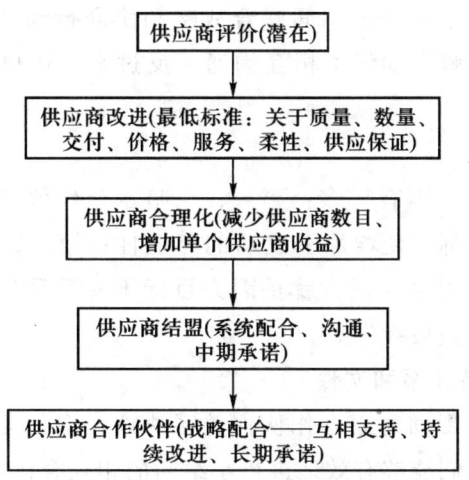

图6-2 供应商合作伙伴关系发展过程

- 始终仔细审视供应商绩效
- 双方对对方具有合理的预期/期望
- 员工有责任遵循职业道德
- 共享有益信息
- 指导供应商改进
- 基于采购的总成本进行非敌意切磋，共同决策

（三）避免供应商合作伙伴关系失败的要点

对合作伙伴关系的研究和经验表明，一系列关键因素将影响合作伙伴关系的成功。这些因素均十分重要，缺乏任何一个都可能阻碍合作伙伴关系的发展甚至导致其失败。

1. 高层管理的承诺

高层管理的承诺是成功建立合作伙伴关系最核心的问题。高级管理层有权利指定建立合作伙伴关系所需要的资源、人员、信息和预算资金。这一过程很重要，没有资源的支持，合作伙伴关系的成功机会将会大大降低。最后，高层管理的承诺向每个组织传送出一种信息：合作协议是重要的，应该得到支持。合作伙伴关系没有组织性保障是无法成功的。

2. 严格的供应商选择过程

由于建立和管理合作伙伴关系的工作量非常大，供应商转换成本也特别高，因此选择一个合适的联盟伙伴是采购方最重要的决策。如果采购方还没有确定合作伙伴，就必须进行严格筛选。通常确定一个候选供应商要耗费大量的时间，绩效管理系统有助于采购方从现有的供应商中"剔除掉"绩效较差的候选者。另外，对新供应商进行大量的实地考察或对现有供应商进行进一步了解，也是选择过程的重要部分。

3. 持续努力地改进

由于种种原因，合作行为也许是合作伙伴关系所追寻的最关键的利益。双方为形成合作伙伴关系努力提供了一个公司间联合战略和协同行动的机会,这些努力也促进了双方患难与共,相互依赖,加强了相互沟通。反过来,这也极大地帮助了伙伴之间的相互理解和信任。

4. 目标一致

目标一致非常重要,原因有很多:第一,它暗示合作伙伴为建立目标花费了时间和精力,有了可操作的目标,便增加了成功的可能性;第二,它意味着双方都在努力满足对方的需要和要求。很多时候,就是因为目标不一致导致了不可调和的矛盾,造成了一项正在讨论中的联盟最终失败。

5. 合作伙伴关系支持体系和文件

跨职能小组经常用于帮助建立合作伙伴关系协议,但是无论是什么样的小组,跨职能联盟小组必须表明他们能够有效地进行小组间的相互合作。

许多联盟伙伴公司,通过一个或更多的正式签订的文件来指导双方关系。这些文件可能是长期采购协议。这些协议强调了各种各样的非价格问题,包括绩效改进要求、冲突解决机制、具体资产关系的指定、促使供应商进一步投资伙伴关系的激励机制等。

6. 不断关注双赢机会

发展合作伙伴关系还必须不断地关注双赢机会,尤其是在制定合作发展战略阶段。双赢关系的核心是认识对方的需求和期望,双方认识到通过合作方可以提高价值,而不是为了分割一个固定的市场而彼此竞争。联盟各方之间的竞争不利于合作伙伴关系长期潜在的绩效的提高。

7. 广泛沟通和分享信息

合作伙伴关系比传统协议涉及的范围更广,因此,需要进行广泛的沟通和信息共享。例如,采购方可能与供应商分享自己的未来产品计划,并确定如何将其与供应商的技术发展计划结合起来。在合作关系中,可以通过多种方式进行沟通和信息共享,包括:合作伙伴关系双方的经理定期召开会议;职能部门间的点对点或平行沟通;电子邮件;电视或电话会议以及时事报道等。频繁的沟通能直接促进相互间信任的进一步加深。

8. 建立信任

信任意味着合作伙伴关系的成功。信任是个无形的概念,它是指相信联盟伙伴的品质、能力、优势或诚实。合作伙伴关系双方都在加深彼此间的信任,从而增加该关系成功的可能性。加深信任的方式有很多种,包括组织间进行公开的沟通;履行做出的承诺和义务;遵循有道德的和诚实的办事原则;为对方考虑而不是仅仅考虑自己的利益;公开发表有关成功合作的事件,尤其是那些能够巩固合作伙伴的市场地位的事件;对于涉及双方关系的内部信息和数据严格保守秘密;定期召开组织间的会议。

9. 资源让步

公司可以通过多种方式为合作伙伴关系提供支持:差旅费和会议预算,组建制定和执行协议的小组,提供适当的信息,提供有能力的人才,保障小组对内部客户进行关系培训等。其中，高级管理层在保证和支持合作伙伴关系能够顺利取得所需资源的方面有重要的作用。

10．关于合作伙伴关系目标和期望利益的内部教育

对大多数组织来说，建立合作协议意味着要有所变化。正如对于任何变化都有可能会出现抵制一样，建立合作协议也不例外。为了避免来自业务单位或生产部门的抵制，进取型组织就会教育内部客户要关注利用合作伙伴所带来的利益。可见，内部教育对于克服对合作伙伴关系的抵制非常重要。

11．人员发生变动时，保持合作伙伴关系的能力

当最初的参与者被调离或发生了其他人事变动时，也许合作伙伴关系将面临最大的挑战。因为信任通常是建立在代表组织的人员之间的，因此，人员变动可能会引起信任关系的变化，进而对合作伙伴关系产生影响。只有那些当人员变动时仍能保持组织连续性的公司，才能保持合作成功。这就要求每个有可能变动的组织结构都能接受合作伙伴关系。

对供应链合作伙伴关系的研究表明，保持更高的信任度，进行更多的沟通和信息共享，与合作伙伴关系是否令人满意有很大的关系；合作战略的发展和持续的改进也与合作伙伴关系的成功和满意度高度相关。组织必须密切注意那些能影响合作关系成功性的因素。

个案分析

案例材料

A．克莱斯勒公司（Chrysler）与洛克维尔公司（Rockwell）之间的长期合作伙伴关系

克莱斯勒公司与洛克维尔公司达成一项协议，两个公司将在汽车的设计阶段进行紧密合作。洛克维尔公司负责总装厂与零部件厂的计算机控制部分的设计。如果计算机控制与汽车的设计不匹配，就会影响到汽车的质量和汽车进入市场的时间。根据协议，洛克维尔公司是为克莱斯勒公司的总装、冲件、焊接、电力设备等部门设计计算机控制的独家公司，它们之间是一种相互依赖的合作关系。它们（汽车制造商与计算机控制供应商）之间的合作在汽车行业内属首次。两个公司的工程师在汽车设计阶段的紧密合作中，洛克维尔公司的工程师设计开发相关计算机控制软件，以便能与克莱斯勒公司的工程师同时设计控制系统和整个汽车。计算机控制是汽车制造过程中的重要部分，合作双方都希望能够尽可能实现降低成本、缩短制造周期等目标，而且缩短进入市场的周期是克莱斯勒公司保持竞争优势的主要目标，以前的周期是 26~28 周，现在的目标是将它缩短至 24 周。克莱斯勒公司希望能通过与洛克维尔公司的合作实现这个目标。

B．本田公司（Honda）与其供应商的合作伙伴关系

位于俄亥俄州的本田美国公司，强调与供应商之间的长期战略合作伙伴关系。本

田公司总成本的大约 80% 都是用在向供应商的采购上，这在全球范围是最高的。因为它选择离制造厂近的供应源，所以与供应商能建立更加紧密的合作关系，能更好地保证 JIT 供货。制造厂库存的平均周转周期不到 3 小时。

1982 年，27 个美国供应商为本田美国公司提供价值 1 400 万美元的零部件，而到了 1990 年，有 175 个美国的供应商为它提供超过 22 亿美元的零部件。大多数供应商与它的总装厂距离不超过 150 英里。在俄亥俄州生产的汽车的零部件本地率达到 90%（1997 年），只有少数的零部件来自日本。强有力的本地化供应商的支持是本田公司成功的原因之一。

本田公司与供应商之间是一种长期相互信赖的合作关系。如果供应商达到本田公司的业绩标准就可以成为它的终身供应商。本田公司也在以下几个方面提供支持帮助，使供应商成为世界一流的供应商：

① 2 名员工协助供应商改善员工管理。
② 40 名工程师在采购部门协助供应商提高生产率和质量。
③ 质量控制部门配备 120 名工程师解决进厂产品和供应品的质量问题。
④ 在塑造技术、焊接、铸模等领域为供应商提供技术支持。
⑤ 成立特殊小组帮助供应商解决特定的难题。
⑥ 直接与供应商上层沟通，确保供应品的高质量。
⑦ 定期检查供应商的运作情况，包括财务和商业计划等。
⑧ 外派高层领导人到供应商所在地工作，以加深本田公司与供应商相互之间的了解及沟通。

本田公司与 Donnelly 公司的合作关系就是一个很好的例子。本田美国公司从 1986 年开始选择 Donnelly 为它生产全部的内玻璃，当时 Donnelly 的核心能力就是生产车内玻璃，随着合作的加深，相互的关系越来越密切（部分原因是相同的企业文化和价值观），本田公司开始建议 Donnelly 生产外玻璃（这不是 Donnelly 的强项）。在本田公司的帮助下，Donnelly 建立了一个新厂生产本田的外玻璃。他们之间的交易额在第一年为 5 百万美元，到 1997 年就达到 6 千万美元。

在俄亥俄州生产的汽车是本田公司在美国销量最好、品牌忠诚度最高的汽车。事实上，它在美国生产的汽车已经部分返销日本。本田公司与供应商之间的合作关系无疑是它成功的关键因素之一。

分析

本案例材料涵盖了以下知识点：供应商合作伙伴关系的建立和供求双方的努力达到双赢。案例 A 中克莱斯勒公司和洛克维尔公司形成了相互依赖的供应商合作伙伴关系，双方（汽车制造商与计算机控制供应商）紧密合作，共同提高了生产效率，降低了成本，缩短了制造周期，为克莱斯勒公司在汽车市场上抢得先手打下基础。案例 B 中本田美国公司与 Donnelly 公司是一种长期相互信赖的合作关系。在相互合作中，本田公司得到了质量可靠、供货稳定的物品，而 Donnelly 公司也得到了发展，是典型的双赢关系。

自学指导

学习重点

本章学习重点：供应商评估方法；供应商质量管理策略；供应商关系分类；供应商合作伙伴关系。

（1）供应商评估方法：供应商评估方法有供应商走访、协商法、招标法和层次分析法四种，它们各有各的使用环境。供应商走访适于整体地了解供应商，常常走访供应商能增加与供应商的接触，全面立体地了解供应商，防止被供应商蒙蔽；协商法常用于供应商不太多的情况下，有利于和供应商商谈技术细节等问题；招标法用于供应商数量较多且条件相差不大的情况下；层次分析法则从各个层面具体地分析供应商，对供应商的评定最客观、最可靠。

（2）供应商质量管理策略：一个优质的供应商应能够提供一份明晰的产品说明书，同时供应商要明确采购方的期望以及采购方的态度，这样有利于供应商提供满足采购方需求的货物。而对于采购方来说，供应商在于精不在于多，采购方需要对供应商的绩效做出评定，从而选择较好的几个供应商作为其长久供应商。而在采购方对供应商不断提出要求、供应商不断满足采购方的要求时，供应商自己也在不断进步。

（3）供应商关系分类：根据不同的观点、不同的方法，对供应商与采购方之间的关系可以进行分类。

（4）供应商合作伙伴关系：传统的供应商和采购方之间的竞争关系已渐渐变为合作伙伴关系，供需双方追求一种双赢的境界。合作伙伴关系中，供需双方相互信任，为了一个共同的目标努力，这是发展的趋势。

学习难点

本章学习难点：供应商合作伙伴关系。

供应商合作伙伴关系：供应商合作伙伴关系是近来发展较快的一种供应商关系。这种模式下，双方相互信赖、相互合作，达到双赢。在合作中双方可以分享更多的信息，可将自己所掌握的信息共享，从而确保竞争中的情报优势；有利于协调与合作，在与供应商的协作中，企业要不断调整经营策略和管理模式，保证比竞争对手具有更强的协调和适应能力；从双方自身优势出发，本着资源共享、优势互补的原则，达到降低成本、改进质量、加速产品研发的目的。

复习题

一、单项选择题（在备选答案中选择1个最佳答案，并把它的标号写在题后的括号内）

1. 当企业订购的产品数量大、竞争激烈时，合作伙伴选择可采用（　　）。
　　A. 直观判断法　　　　B. 招标法　　　　C. 协商选择法　　　　D. 层次分析法

2. 对于长期合作需求而言，合作伙伴应选择（　　）。

A. 有影响力的合作伙伴　　　　B. 战略性合作伙伴

C. 普通合作伙伴　　　　　　　D. 竞争性/技术性合作伙伴

3. 建立战略合作关系的第一步是（　　）。

A. 明确战略关系对企业的必要性　B. 制定选择标准

C. 评价合作伙伴　　　　　　　D. 选择合作伙伴

二、多项选择题（在备选答案中有2～5个是正确的，将其全部选出并将它们的标号写在题后的括号内。错选或漏选均不给分）

1. 供应商评估方法有以下哪几种？（　　）

A. 供应商走访　　B. 协商法　　C. 招标法

D. 外部评估　　　E. 层次分析法

2. 以下属于供应商质量管理策略的有（　　）。

A. 提供明晰的产品说明书　　　B. 供应商激励

C. 供应商质量认证　　　　　　D. 供应商数量优化

E. 供应商绩效评定

3. 影响制造类生产设施选址的主要因素有哪些？（　　）

A. 劳动力条件　　　　　　　　B. 距离市场的远近程度

C. 生活环境　　　　　　　　　D. 距离供应商和资源的远近程度

E. 距离企业所属其他部门的远近程度

三、简答题

1. 简述供应源调查的步骤。
2. 供应商质量管理有什么意义？
3. 试述供应商合作伙伴关系的建立途径。
4. 试述供应商合作关系与传统关系的区别。

四、论述题

1. 对新供应商和现行供应源进行的评价有什么异同？
2. 为什么要创建合作伙伴或战略联盟？
3. 供应商早期参与的目的是什么？怎样将其与跨部门团队协调使用？

第7章 采购定价与合同

学习目标

1. 应了解、知道的内容
   - 采购价格的概念
   - 采购谈判的定义
   - 采购合同的定义及基本特征
   - 采购合同的类型及其基本概念
2. 应理解、清楚的内容
   - 采购价格的种类及其影响因素
   - 采购谈判的方法、内容、作用及影响因素
   - 采购谈判的基本步骤和谈判后的工作
   - 采购合同不同分类方法下的合同类型
   - 采购合同的作用、签订原则和履行的基本原则
   - 采购合同终止的原因和方法
3. 应掌握、会用的内容
   - 简单应用各种定价方法进行采购价格分析
   - 谈判计划和谈判策略的制定
   - 能够选择和制定合适的采购合同
   - 采购法律纠纷与索赔的解决方法
   - 合同终止的原因分析与合适的终止方法
4. 应熟练掌握的内容
   - 采购合同的制定

自学时数

5学时。

老师导学

本章主要介绍采购谈判和采购合同,首先介绍采购价格的含义和定价方法,这是

采购谈判和采购合同最为关心的问题，然后介绍采购谈判的作用、步骤和谈判策略，最后介绍采购合同的基本理论和具体运用问题。本章所介绍的内容都是在采购工作的具体执行阶段要做的工作，这些工作执行得好坏，直接影响到采购工作的效果。而且本章的内容都偏重于实际运用，要学会在实践中把书上的理论加以运用，才能对本章内容有更深刻的理解和把握。

第1节 采购定价

在商品经济条件下，价格是实现再生产过程的重要因素之一。任何商品交易都要有价格，人们到市场上去采购商品，最关心的交易条件就是价格。但是市场环境复杂多变，使得商品价格问题变得复杂微妙。这里介绍有关价格的基本理论，供采购人员学习参考，以便在采购中把握合理的价格，为采购决策提供准确而有用的信息，从而使采购者做出科学的决策。

一、采购价格概述

价格是影响采购的一个重要因素。采购中价格可以分为很多种，通过下面的学习我们将初步了解采购价格的概念。

（一）采购价格的概念

价格可以定义为以标准货币单位为尺度的商品或服务的价值，也就是说是商品的价值与货币价值的对比。在比较两笔报价单时，价格通常被用来评估每个供应商所提供的相对价值。

经济学理论表明，价格可以影响和制衡供需关系：均衡价格即表明在该点的供给和需求正好是一致的。所以也可以说，价格是供应商和采购者之间相互妥协的结果：供应商如果想卖出更多的物品，就不能收取太高的价格，否则就卖不出太多的物品；采购者如果想采购足够多的物品，也不能支付太低的价格，否则供货商就不愿意供货。采购价格是指企业进行采购作业时，通过某种方式与供应商之间确定的所需采购的物品或服务的价格。

在特殊的情况下，由于某些不确定因素的影响，市场价格可能暂时与均衡价格分离。当这些因素稳定之后，价格即会回到均衡状态。这表明"弹性"或者说供应或需求对价格变化的反应程度会影响需求曲线的状态。当轻微的价格变化就可以导致需求的大幅度变化时，我们称该商品需求为弹性需求；反之，当价格的巨大变化只引起需求的轻微变化时，该商品需求则是缺乏弹性的。研究表明，在弹性需求的条件下，供应商降低较少价格便会吸引更大比例的买者，从而带来销售利润的增加，但价格要在自己的成本以上，因为这是开展经营的基本保证。如果是缺乏弹性的需求，则价格大比例的上升仅仅引起较小比例销售量的减少，这时提高价格会引起利润的增加，供应商一般采取高价措施。

（二）采购价格的种类

依据不同的交易条件，采购价格会有不同的种类。采购价格一般由成本、需求以及交易条件决定，一般有送达价、出厂价、现金价、期票价、净价、毛价、现货价、合约价及实价等。

1. 送达价

送达价是指供应商的报价当中包含负责将商品送达采购方的仓库或指定地点时，期间所发生的各项费用。以国外采购而言，即到岸价加上运费（包括在出口厂商所在地至港口的运费）和货物抵达买方之前的一切运输保险费，其他还有进口关税、银行费用、利息以及报关费等。这种送达价通常由国内的代理商，以人民币报价方式（形同国内采购），向外国原厂进口货品后，售予买方，一切进口手续皆由代理商办理。

2. 出厂价

出厂价指供应商的报价不包括运送责任，即由采购方雇用运输工具，前往供应商的仓库提货。这种情形通常出现在采购方拥有运输工具或供应商附加的运费偏高时，或当市场为卖方市场时，供应商不再提供免费的运送服务。

3. 现金价

现金价指以现金或相等的方式支付货款。但是"一手交钱，一手交货"的方式并不多见。按零售行业的习惯，月初送货、月中付款，或月底送货、下月中付款，即视同现金交易，并不加计延迟付款的利息。现金价可使供应商免除交易风险，采购方亦享受现金折扣。

4. 期票价

期票价指采购方以期票或延期付款的方式来采购商品。通常采购方会加计延迟付款期间的利息于售价中。如果卖方希望取得现金周转，会将加计的利息超过银行现行利率，以使供应商舍弃期票价取现金价。另外，从现金价加计利息变成期票价，可以用贴现的方式计算价格。

5. 净价

净价指供应商实际收到的货款，不再支付任何交易过程中的费用，这点在供应商的报价单条款中通常会写明。

6. 毛价

毛价指供应商的报价，可以因为某些因素加以折让。例如，供应商会因为采购方采购金额较大，而给予其某一百分比的折扣。

7. 现货价

现货价指每次交易时，由供需双方重新议定价格，即使签订买卖合约亦是完成交易后即告终止。现货价可以让买卖双方按交易当时的行情进行，不必经受以后价格可能发生的巨幅波动所带来的风险或困扰。

8. 合约价

合约价指买卖双方按照事先议定的价格进行交易，合约价格涵盖的期间依契约而定，短的几个月，长的一两年。由于价格议定在先，经常造成与时价或现货价的差异，使买卖时发生利害冲突，因此，合约价必须有客观的计价方式或定期修订，才能维持公平、长久的买卖关系。

9. 实价

实价指采购方实际上支付的价格。特别是供应商为了达到促销的目的，经常提供各种优惠的条件给买方，这些优待都会使采购方的采购价格降低。

（三）采购价格的影响因素

采购价格的高低受以下各种因素的影响。

1. 供应商成本的高低

这是影响采购价格的最根本、最直接的因素。供应商进行生产，其目的是获取一定的利润，否则生产将无法继续。因此，采购价格一般在供应商成本之上，两者之差即为供应商的利润，供应商的成本是采购价格的底线。一些采购人员认为，采购价格的高低全凭双方谈判的结果，可以随心所欲地确定。其实这种想法是完全错误的。尽管经过谈判供应商大幅度降价的情况时常出现，但这只是因为供应商的报价中水分太多的缘故，而不是谈判中随心所欲决定的。

2. 规格与品质

采购企业对采购品的规格要求越复杂，采购价格就越高。价格的高低与采购品的品质也有很大的关系。如果采购品的品质一般或质量低下，供应商会主动降低价格，以求尽快脱手，有时甚至会贿赂采购人员。采购人员应首先确保采购物品能满足本企业的需要，质量要满足产品的设计要求，千万不要只追求价格最低而忽略了质量。

3. 采购物品的供需关系

当企业需采购的物品为紧俏商品时，则供应商处于主动地位，它会趁机抬高价格；当企业所采购的商品供过于求时，则采购企业处于主动地位，可以获得最优的价格。

4. 生产季节与采购时机

当企业处于生产的旺季时，对原材料需求紧急，因此，不得不接受更高的价格。避免这种情况的最好办法是提前做好生产计划，并根据生产计划制定出相应的采购计划，为生产旺季的到来提前做好准备。

5. 采购数量多少

如果采购数量大，采购企业就会享受供应商的折扣，从而降低采购的价格。因此，大批量、集中采购是降低库存的有效途径。

6. 交货条件

交货条件也是影响采购价格的非常重要的因素。交货条件主要包括运输方式、交货期的缓急等。如果货物由采购方来承运，供应商就会降低价格，反之就会提高价格。有时为了争取提前获得所需货物，采购方会适当提高价格。

7. 付款条件

在付款条件上，供应商一般都规定有现金折扣、期限折扣，以刺激采购方提前用现金付款。

二、采购定价方法

在采购过程中，采购价格对供采双方都有着十分重要的意义，因此，有必要介绍一些采购定价的方法。传统的定价一般由供应商制定，定价方法主要有成本导向定价法、需求导向定价法和市场导向定价法等，这些内容在上一章中已经做了简要介绍，这里就不再重复了。除此之外，现在又出现了生命周期法、目标成本法等一些新的定价方法，了解这些方法有助于采购方更好地做好采购决策。

（一）产品生命周期成本法

管理会计师注册协会（CIMA）将生命周期成本法定义为：以最低的成本，在生命周期内使具体的物理资产获得最佳利用，即所谓的"物尽其用技术"。这一实践是通过综合管理、财务、工程和其他原则来实现的。

因此，周期成本就是那些涉及购置、使用、保养和报废物理资产的成本，包括可行性研究、调查、开发、设计、生产、维护、更新和报废等成本，以及在资产拥有期间相关的支持、培训和运作等成本。

生命周期成本对基于技术迅速发展变化的产品是非常重要的。从生产者的角度看，飞速的科技变革意味着销售利润可能小于初期设计和开发上的投资。而从采购者的角度看，在投入资金获得回报之前，投资的产品已经或多或少地过时了。生命周期成本法对于采购价格的确定有重要的意义，它并不仅仅从初期采购价格的角度来衡量采购成本，而是把成本的衡量纳入到整个生命周期中来进行衡量，具有现实意义。这一点在采购面临着多个供货商的高科技产品时表现得尤为明显。例如，一家公司要采购一台复印机，而它面临着两家不同型号复印机的供应商，一家的价格比较贵，另一家的价格便宜，是不是便宜的一定实惠呢？把这个问题用生命周期成本来考虑，采购方会发现，生命周期中的维修保养费用远大于购置费用，而且价格贵的维修保养费用要低得多，甚至这个数值比当初的价差要大，那么，现在看来，买贵的要更划算一些。

（二）目标成本法

CIMA 对目标成本法的定义是：源于市场竞争价格推导出的产品成本估算，它被用来不断改进和更新技术及生产程序，以降低成本。

目标成本法的含义是采购方首先依据市场供需情况预测产品的市场价格，然后扣除自己计划得到的利润，即确定了产品的目标成本。由于最终产品的市场价格是动态的，会随市场供求情况的变化而变化，因此，目标成本也不是固定不变的，而是动态的。

目标成本确定以后，采购部门就要承担起通过与供应商协调来实现这个目标价格的责任。例如，如果产成品预计以 3 000 元的价格出售，同时采购成本占销售收入的 60%，那么采购部门就要对 3 000 元售价中的 1 800 元负责。如果考虑价格折扣对销售收入的影响，提供 10% 的价格折扣能取得令人满意的结果，那么采购部门就要保证商品中的材料成本部分能够降低10%，即180元，这就意味着商品成本中的材料采购成本不能超过1 620元。由此就构成了价格框架中的目标材料成本。

目标定价可以在公司范围内使成本降低，比如：设计规划部门的设计成本，生产部门的制造成本，采购部门的采购成本。从采购和供应主管的角度来看，目标定价对于采购是有益的，因为它能够提供供应商需要的具体价格减让的文件证明，证明采购对于实现企业价格目标的贡献。

为了更有效率，目标定价最好在以下情况中应用：① 客户对于供应链有一定影响；② 在采供双方之间存在着类似于联盟企业之间的那种忠诚关系；③ 供应商也能从成本降低中有所收益。

第2节 采购谈判

一、采购谈判概述

谈判是采购中常用的方法之一。通过谈判，双方可以就采购的各种事宜（价格、规格、交货时间等）达成一致，有利于采购的正常实施。

（一）采购谈判的定义

采购谈判是指企业为采购商品，作为买方与卖方厂商对购销业务的有关事项，如商品的品种、规格、技术标准、质量保证、订购数量、包装要求、售后服务、价格、交货日期与地点、运输方式、付款条件等，通过反复磋商，谋求达成协议，建立双方都满意的购销关系的过程。谈判越来越成为团体的而不是个人的活动，因此，谈判的参与者除了要具备有效的谈判者所需的技能外，还必须学会在谈判时以团队的方式工作。

采购谈判主要适用于以下几种场合：

（1）采购结构复杂、技术要求严格的成套机器设备，在设计制造、安装试验、成本价格等方面需要通过谈判，进行详细的商讨和比较。

（2）多家供货厂商互相竞争时，通过采购谈判，使渴求成交的个别供货厂商在价格方面做出较大的让步。

（3）采购商品的供货厂商不多，但企业可以自制，或向国外采购，或可用其他商品代替时，可通过谈判做出有利的选择。

（4）需用的商品经公开招标，但开标结果表明，在规格、价格、交货日期、付款条件等方面没有一家供货厂商能满足要求，这时可通过谈判再做决定。但在公开招标时，应预先声明，如果开标结果达不到招标要求，需经谈判决定取舍。

（5）需用商品的原采购合同期满，市场行情有变化，并且采购金额较大时，可通过谈判进行有利采购。

(二)谈判方法分类

谈判的方法大体上可以分为强硬型、温和型和价值型 3 种。采购谈判中经常用的是价值型谈判法。有时,可根据特殊情况,使用强硬型谈判法。而温和型谈判法在采购谈判中一般是不采用的。

1. 价值型谈判法

价值型谈判法的谈判者认为,参加谈判的双方都是问题的解决者,谈判的目的是以友好关系来产生理想的结果,谈判的焦点是满足利益而不是坚持立场。因此,应把人和问题分开考虑,对争论的关键问题需双方共同认定,任何一方都必须准备放弃己见,重新构画出富有创意的、对大家都有利的方案。谈判的结果,往往是彼此的利益都得到了基本满足。

2. 强硬型谈判法

强硬型谈判法的谈判者认为自己的观点是十分正确的,他们将谈判视为"战斗",将对方视为"敌人",谈判的目的在于取得胜利,谈判时对人对事固执己见,向对方施加压力,造成威胁,要求对方为维持关系而做出让步,谈判的结果往往是使对方蒙受损失。

这种固执而强硬的立场,使谈判的重心始终落在当事人是否同意让步这一关键点上,谈判只能由双方意志力的竞争来决定胜负。如果谈判的一方态度强硬,常常会使另一方中途离开谈判桌,从而中断谈判。如果谈判的双方都坚持自己的意见,将会使双方的人际关系趋于恶化。假设一方坚持己见,令对方感到毫无道理,而另一方也认为对方太不讲道理,于是,双方都认为对方不注重彼此之间的关系,也就根本不考虑对方的立场,其结果往往是谈判破裂。

3. 温和型谈判法

温和型谈判法的谈判者认为,谈判的双方是朋友关系,为维持这种友好的关系,对人对事都要具有弹性,在谈判中必须适度调整立场,为维持、增进双方的关系而做出最大让步。这种谈判方法为了达成协议,避免冲突,往往要屈服于对方的压力,做出很大的妥协,牺牲自己的利益。温和型谈判法在采购谈判中一般是不采用的。

(三)采购谈判的内容

在采购谈判中,谈判双方主要就以下几项交易条件进行磋商:① 商品的品质条件;② 商品的价格条件;③ 商品的数量条件;④ 商品的包装条件;⑤ 交货条件;⑥ 货款的支付条件;⑦ 货物保险条件;⑧ 商品的检验与索赔条件;⑨ 不可抗力条件;⑩ 仲裁。

商品的品质、价格、数量和包装条款是谈判双方磋商的主要的交易条件。只有明确了商品的品质条件,谈判双方才有谈判的基础,也就是说谈判双方首先应当明确双方希望交易的是什么商品。在规定商品的品质时,可用规格、等级、标准、产地、型号和商标、产品说明书和图样等方式来表达,也可以凭借一方向另一方提供商品实样的方式表明己方对交易商品的品质要求。

在国内货物买卖中，谈判双方在商品的价格问题上主要就价格的高低进行磋商。而在国际货物买卖中，商品价格的表示方式除了要明确货币种类、计价单位以外，还应明确以何种贸易术语成交。

在磋商数量条件时，谈判双方应明确计量单位和成交数量，在必要时订立数量的浮动条款。在货物买卖中，大部分货物都需要包装。因此，谈判双方有必要就包装方式、包装材料、包装费用等问题进行洽谈。

商品的交货条件是指谈判双方就商品的运输方式、交货时间和地点等进行的磋商。而货物保险条件的确定则需要买卖双方明确由谁向保险公司投保、投保何种险别、保险金额如何确定、依据何种保险条款办理保险等。

货款的支付问题主要涉及支付货币和支付方式的选择。在国际货物买卖中使用的支付方式主要有：汇付、托收、信用证等。不同的支付方式，买卖双方可能面临的风险大小不同，在进行谈判时，应根据情况慎重选择。

检验、索赔、不可抗力和仲裁条件，有利于买卖双方预防和解决争议，保证合同的顺利履行，维护交易双方的权利，是国际货物买卖谈判中必然要商议的交易条件。

（四）采购谈判的作用

采购谈判在采购活动中的作用如下：

（1）可以争取降低采购成本。通过采购谈判，可以以比较低的价格获取供应商的产品，降低购买费用；可以以比较低的进货费用获得供应商送货，降低采购送货的费用。这样就可以降低采购成本。

（2）可以保证产品质量。在进行采购谈判时，产品质量肯定是一个重要的内容。通过谈判可以让供应商对产品提供质量保证，使购买方能够获得质量可靠的产品。

（3）可以争取采购物资及时送货。通过谈判，可以促使供应商保证交货期、按时送货、及时满足采购方的物资需要。并且，可以降低采购方的库存量，提高经济效益。

（4）可以获得比较优惠的服务项目。伴随产品的购买会产生一系列的服务内容，例如，准时交货、提供送货服务、提供技术咨询服务、售后安装、调试、使用指导、运行维护以及售后保障等。这些服务项目，供应商都需要花费成本，供应商当然希望越少越好，而购买方希望越多越好，这就需要谈判。

（5）可以降低采购风险。采购进货过程风险大，途中可能发生事故，造成货物损失，甚至人身、车辆的重大损失。通过谈判，可以让供应商分担更多风险，承担更多风险损失。这样，采购方就可以减少甚至避免采购风险，减少或者消除风险损失。

（6）可以妥善处理纠纷，维护双方的效益及正常关系，为以后的继续合作创造条件。

总之，通过谈判可以争取降低采购成本和采购风险，及时满足企业物资需求，保证物资质量，获取优惠服务，降低库存水平，提高采购的效益。如果能够谈判成功，则对企业是非常有利的。

(五)采购谈判的影响因素

谈判有三大影响因素:谈判参与者、谈判形势和谈判时间。

1. 谈判参与者

在谈判中采购方和供应商都是一些具体的人,他们分别代表自己的组织。他们在谈判过程中的行为和态度部分受个人性格的影响,部分受谈判中所扮演的角色的影响。当然,谈判者的经验也会产生很大的影响。

个性即个人性格,这是表征个人的行为、思想和感受等相对持久和稳定的特性。调查研究表明,不同的个性特征,例如独断专行、教条武断、焦虑不安、逃避风险、盲目自尊等,会影响谈判过程中合作或竞争的程度。同样,个性特征也会影响谈判策略的执行,所有参与谈判者的个性混合在一起最终可能会决定谈判的结果。

在谈判中,谈判的参与者应该清楚了解所代表的公司或组织授予自己的权限,这是十分重要的,因为这种权限规定了他们对谈判结果的选择余地和责任。谈判参与者的权限多种多样,某参与者可能只能按公司高级主管指定的某些特别事项去进行谈判,某谈判主管人员可能具有更灵活和更广泛的权限。显然,谈判者所受的限制越少,越能充分发挥谈判者的个人才华、经验和个性,从而有效推动谈判进程。另外,谈判者的举止和行为在很大程度上受到他们所承担的责任的影响,越是复杂类型和结果不受限制的谈判,越应该让职位高的人员参与。

在谈判中,谈判参与者的个人经验也起着很大的影响作用。谈判者经验越丰富,对谈判对手的情况越了解,就越有可能在谈判进程中处于主动的地位,从而取得比较好的谈判结果。

2. 谈判形势

谈判形势跟谈判参与者在谈判中的强势与弱势有关。

买方在以下情况中处于强势地位:① 买方的需求并不迫切,甚至可以推迟;② 供应商急于获得这笔生意;③ 市场上有许多潜在的供应商;④ 买方处于买主垄断或半垄断的地位,即市场中只有唯一或少数几家公司需要某产品;⑤ 买方的需求有许多选择或替代品;⑥ 买方可以选择"购买",也可以选择"自己制造";⑦ 买方在即时付款和公平交易方面有着良好的声誉;⑧ 买方对供应商的财务、生产以及其他各方面的情况都十分了解。

卖方在以下情况中处于强势地位:① 买方的需求是迫切的;② 供应商对这笔生意的反应冷淡;③ 卖方处于垄断或半垄断的地位;④ 买方愿意与质量及可靠性等方面具有良好声誉的供应商做生意;⑤ 供应商拥有生产所必需的模具、工具或特殊的机器设备;⑥ 供应商对买方的基本情况十分了解。

在谈判中,谈判者应该尽量使自己处于强势地位,而避免将自己的弱势暴露给对方。比如,在谈判前要收集到对方尽可能多的资料,在谈判中尽量不要表现出自己对产品需求的迫切性等,这些都会给自己带来谈判上的优势,从而收到比较好的谈判结果。

3. 谈判时间

高级管理层、设计人员、生产人员以及仓储人员都应该知道"买方永远都不应该表现出急需某产品的情况"。因此，所有部门都要提前告知本部门的需求，这样才能保证采购部门有足够的时间去正确执行购买程序，避免出现在紧急形势下与供应商进行谈判的情况。时间因素尤为重要，假如没有了时间上的优势，即没有充足的时间去准备谈判，那么在谈判桌上就失去了与对方讨价还价的根本。因而，从某种意义上说，失去了时间就失去了一切。

二、采购谈判的过程

采购谈判的过程可以分为三个显著的阶段：谈判前、谈判中和谈判后。

（一）采购谈判前计划的制定

专家认为，计划是谈判过程中最重要的组成部分。计划是为了获得合意的结果而制定的做某些事情的方法或方案。制定计划就是为了得到合意的结果而做出安排或设计方法的过程。采购人员一旦建立了一个计划，他们就能开始执行准备好的策略了。没有制定计划，谈判者就不可能得到充足的信息，令人信服地主持一场复杂的谈判或坚持某些论点。谈判计划包括明确谁将参加谈判，谈判中的主要问题是什么，将在何时何地进行谈判，怎样进行谈判等。谈判计划中包括许多步骤，为的是准备即将到来的谈判。成功的谈判计划包括如下步骤：

1. 确立谈判的具体目标

计划过程的第一步是确立希望通过谈判达到的目标。目标是通过未来工作力图实现的愿望。只有确定了具体的并且有希望达成的目标，谈判工作才能做到有的放矢。采购谈判的基本目标就是就所要采购的产品或服务达成协议。

2. 分析各方的优势和劣势

在进行谈判以前，有经验的谈判者常常通过调研来了解对方。当买方第一次和供应商谈判时，买方只有经过调研才能充分了解对方。对各方做分析需要评价相对的优势和劣势，这个过程能够影响谈判时采用的战略和策略，甚至影响到谈判目标的实现。

3. 收集相关信息

要分析自己和对手的优劣势，还需要收集信息。如果买方和卖方有过采购谈判的经历，这个问题就比较容易办到。如果买方并不了解供应商，那么就要寻找信息来源。公司中与供应商打过交道的人员是信息来源渠道之一。信息也可能来自公司的技术人员、销售人员、采购人员和制造人员等，因为他们对相关领域比较熟悉。行业杂志、行业协会数据、政府报告、互联网以及商业数据库等公开发行的信息也是可以利用的信息来源。

4. 认识对方的需要

谈判中的买方和卖方在许多方面互为镜像，各方都想达成有利于长期合作的协议。当买方收集供应商的信息时，应该确认这些信息对供应商是否重要。例如：利用其在行业内保持的市场份额从而得到一份完全的而不是部分的采购合同,是所有供应商希望达到的谈判目标。对供应商来说比较重要的问题若对买方不太重要,此时,双方容易达成一致,因为一方在一个问题上的让步一般会在另一件事上得到对方的回报。

5. 识别实际问题和情况

制定谈判计划要求区分实际情况和问题。谈判双方要对什么是实际情况,什么是问题较早达成一致。实际情况是不必讨论的条件,而问题才是谈判要解决的主要内容。

6. 为每一个问题设定一个成交位置

谈判各方必须为每一个即将讨论的问题设定一个成交的位置,且这个位置应当具有某些弹性。因此,谈判者应当建立一系列的成交位置,比如价格的成交位置即为买方要购买物品所能接受的最高价格和供应商所愿意提供的最低价格之间的一段区域,双方的谈判结果只能在这个区间内达成。

7. 开发谈判战略与策略

谈判战略是在与买方持不同意见的供应商谈判时,为达成对双方有利的协议而采取的一种总体性的方法,它通常着眼于长期。策略是用来实现一个结果、目标或战略的过程或技术。战略性问题很广泛,包括谁谈判,谈什么,何时何地以及怎样谈判。我们把战略和策略看作谈判过程的两个方面,策略是实施战略所必需的,谈判战略反过来又支持了策略的实现。

8. 向其他人员简要介绍谈判内容

采购谈判通常会影响到公司的其他部门。进行谈判的个人和团体应当向这些部门做简要的介绍,确保他们了解和赞同谈判目标。在谈判前让其他人员简要了解谈判内容,可以让人们对谈判做好心理准备。

9. 谈判预演

有经验的谈判者会在正式谈判开始前进行排练或预演,方法之一是模拟。在谈判预演时,对方所提出的问题可能是买方没能事先想到的,这时应马上着手补充。因此在模拟时,双方要尽可能真实地扮演自己的角色,才能起到应有的作用。

(二)谈判过程中的步骤

谈判过程一般分为五个阶段,分别介绍如下:

阶段1:双方互做介绍,商议谈判议程和程序规则。

阶段2:探讨谈判所涉及的范围,即双方希望在谈判中解决的事宜。

在对抗性谈判中,由于谈判双方经常夸大其辞,该阶段通常需要较多的时间。反之,在合作性谈判中,该阶段因双方开诚布公可以节约很多时间。

阶段3:要使谈判成功,双方需要有共同的目标。

该阶段通常需要双方稍微改变既定的谈判所涉及的内容,并向对方的意见靠拢。在合作性谈判中则不需要这种靠拢。

阶段4:在可能的情况下,双方需要确定并解决阻碍谈判达成共同目标的分歧。

该步骤分为:所要解决的问题,各自提出解决问题的办法,考虑可以做出哪些让步。

另外，该步骤还可以帮助：回顾双方就某些事宜达成的协议；给双方提供机会重新考虑自己在谈判中的形势，提出新的建议或做出新的让步，以期谈判有新的进展。

如果这样仍然不能解决问题，双方应该决定采取下面的措施：将谈判事宜交给更高管理层来处理；重新指定谈判参与者；放弃谈判，这样可以使双方原有的合作关系被破坏的可能性减小到最低程度等。

阶段5：达成协议，谈判结束。

起草一份声明，尽可能清楚地宣布双方达成一致的内容，并将其呈送给谈判各方领导以便提出意见和签名。

（三）采购谈判后的工作

谈判后应该进行如下工作：

（1）起草一份声明，尽可能清楚地描述双方已经达成一致的内容，并将其呈送给各自的领导以便提出意见并签名。

（2）将达成的协议提交到双方各自的委托人那里，以便获得批准。

（3）执行协议，例如归置整理合同、设立联合协议执行小组等。

（4）设定专门程序监察协议履行情况，并处理可能会出现的任何问题。

（5）在谈判结束后和对方举行一场宴会是必不可少的。在激烈交锋后，这种方式可以消除谈判过程中的紧张气氛，有利于维持双方的关系。

三、采购谈判的策略和技巧

在采购谈判中，为了使谈判能够顺利进行和取得成功，谈判者应灵活运用一些谈判策略和技巧。在采购谈判中常用到的谈判策略是：

1. 投石问路策略

所谓投石问路策略，就是在采购谈判中，当买方对卖方的商业习惯或诸如产品成本、价格等方面不太了解时，买方主动地摆出各种问题，引导对方去做较为全面的回答，然后从中得到有用的信息资料的一种策略。这种策略一方面可以达到尊重对方的目的，使对方感觉到自己是谈判的主角和中心；另一方面，自己也可以借机摸清对方底细，争得主动。

运用该策略的关键在于买方应给予卖方足够的时间并设法引导卖方对所提出的问题做尽可能详细的正面回答，因此，买方在提问时应注意问题简明扼要、有针对性，尽量避免暴露提问的真实目的或意图。在一般情况下，买方可以向卖方提出以下问题：如果我们订货的数量增加或者减少怎么办，如果让你方作为我们的固定供应商情况会如何，如果我们有临时采购需求时怎么办，如果我们欲分期付款行不行，等等。

当然，这种策略也有不适用的情况。比如，在谈判双方出现意见分歧时，买方使用此策略则会让对方感到你是故意给他出难题，这样，对方就会觉得你没有谈判诚意，谈判也许就不能成功。

2. 避免争论策略

谈判人员在开始之前，要明确自己的谈判意图，在思想上进行必要的准备，以创造融洽、活跃的谈判气氛。然而，谈判双方为了谋求各自的利益，必然会在一些问题上发生分歧，此时，双方都要保持冷静，防止感情冲动，尽可能地避免争论，因为争论不仅于事无补，而且能使事情变得更糟。最好的方法是采取倾听对方意见，委婉提出自己的意见或者暂时休会的方法来解决问题。谈判实践表明，休会策略不仅可以避免僵持局面和争论发生，而且可以使双方保持冷静，调整思绪，平心静气地考虑对方的意见，达到顺利解决问题的目的。"休会"是国内外谈判人员经常采用的基本策略。

3. 情感沟通策略

如果与对方直接谈判的希望不大，就应该采取迂回的策略。所谓迂回策略，就是要先通过其他途径接近对方，彼此了解，联络感情。在沟通了情感后，再进行谈判。人都是有感情的，因此，在谈判中利用感情的因素去影响对手是一种可取的策略。

灵活运用此策略的方法很多，比如有意识地利用空闲时间主动与谈判对手聊天、娱乐、谈论对方感兴趣的问题，也可以馈赠小礼品、请客吃饭、提供交通食宿的方便等。

4. 声东击西策略

该策略是指买方为达到某种目的和需要，有意识地将洽谈的议题引导到无关紧要的问题上故作声势，转移对方的注意力，以求实现自己的谈判目标。

比如，对方最关心的是价格问题，我方关心的是交货时间。这时，谈判的焦点不要直接放到价格和交货时间上，而是放到价格和运输方式上。在讨价还价时，我方可以在运输方式上做出让步，而作为双方让步的交换条件，要求对方要在交货时间上做出较大让步。这样，对方感到了满意，我方的目的也达到了。

5. 最后通牒策略

处于被动地位的谈判者，总有希望谈判成功达成协议的心理。当谈判双方各持己见，争执不下时，处于主动地位的一方可以利用这一心理，提出解决问题的最后期限和解决条件。期限是一种时间性通牒，它可以使对方感到如果不迅速做出决定，就会失去机会。因为从心理学角度讲，人们对已经得到的东西并不十分珍惜，而对要失去的甚至并不重要的东西十分看重。在谈判中采用最后期限的策略就是借助了人的这种心理定式。

6. 其他谈判策略

除了以上介绍的谈判策略和方法外，在实际谈判活动中，还有许多策略可以采用，如多听少讲策略、先苦后甜策略、欲擒故纵策略、以退为进策略等。限于篇幅，在此就不做详细的论述了。

总之，只要谈判人员善于总结，善于观察，并能理论结合实践，就能创造更多更好的适合自身的谈判策略，并灵活使用它们，用于指导实际谈判。

在谈判中通常用到的技巧是：

（1）在制定谈判议程时，比较困难的议题应该安排到后面去谈，这样就可以在谈判前期就一些争论较小的议题达成一致意见。

（2）提出问题是探听问题和收集信息以及给对方施加压力的有效途径，同时也可以通过提问来调控谈判的方式和进度。

（3）谈判陷于僵局时，双方做出的让步可以对谈判起到推动作用。调查研究的结果表明，谈判中失利的一方通常最先做出让步，而每次让步都会激起对方进一步谈判的热情。通常来说，让步是相互的。让步的基本原则应该是灵活的、不带任何强制性的；让步的目标应该是通过让出一小步为己方获得更多的利益。无原则的让步则是不可取的。

（4）谈判是人与人之间的交流，因此很有必要权衡谈判对方的个性以及驱动对方谈判的动力，比如成就感、忧虑等。

第3节 采购合同

一、采购合同的概念

采购合同是具有法律效应的文书，是采购中不可缺少的文档，它将约束和督促供求双方按约定完成采购。

（一）采购合同的定义

采购合同是经济合同的一种，是供需双方为执行供销任务，明确双方权利和义务而签订的具有法律效力的书面协议。随着商品流通的发展，采购合同正成为维护商品流通秩序和促进商品市场发展完善的有效手段。

（二）采购合同的特征

采购合同作为经济合同的一种，具有经济合同的一般特征，但它还有自己的独特特征：

（1）采购合同是当事人之间的经济法律行为，而不是一般的行为。因此合同一经签订，就具有法律约束力，当事人之间就具有了法律上的权利和义务关系。

（2）采购合同是当事人之间的合法行为。当事人双方达成的协议，只有在符合国家的法律、法令和有关政策的前提下，才具有法律效力，受到国家法律保护。

（3）采购合同具有明确的目的性。这一点体现在对标的的严格规定上，包括标的本身、标的数量、标的质量及标的验收等方面。

（4）采购合同的当事人必须是具有法人资格的社会组织。这里所指的法人，包括各种所有制的企业、组织或个人。不具备法人条件的单位、组织或个人所签订的采购合同，在法律上是无效的。

（5）采购合同必须是等价有偿的，签订采购合同应当遵守等价交换的原则，实行有偿转让，不允许通过采购合同进行无偿调拨或无偿占有。也就是说采购合同必须实现商品所有权的转移。

(三) 采购合同的作用

采购合同是企业之间发生经济联系的主要形式。采购合同的根本作用在于用经济方法正确处理供需之间的经济关系，把生产和需要直接、具体地连接起来。具体来说它的作用有如下几点：

(1) 采购合同有利于加强和发展企业之间的联系和协作。社会化大生产的发展，客观地要求各个经济单位采取各种形式的采购合同发展企业之间的协作关系，这有利于国民经济向专业化和协作化方向发展。

(2) 采购合同有利于加强企业经济核算和改进企业经营管理水平，有利于提高企业的经济效益。由于采购合同明确了供需双方的经济责任和应履行的义务，从而强化了企业根据合同组织生产和加强经营管理，克服企业生产中的盲目性的意识。

(3) 采购合同有利于采用法律手段管理经济。采购合同通常是基层企业之间直接签订的，它是在一方充分考虑到自身经济利益的同时，向对方提出合乎情理的要求，并且在双方自愿的基础上协商签订采购合同，一般不存在行政命令，也不用经过多层次审批，从而有利于克服官僚主义。

(四) 采购合同的签订原则

1. 合法的原则

首先，当事人的资格必须合法，即签订合同的当事人必须具有签订经济合同的权利能力和行为能力，具有签订合同的合法资格。其次，采购合同的形式必须合法。具体来说就是：除即时结清的采购合同以外，其余形式的合同应采用书面形式。凡是国家法律有特殊规定的形式，必须加以采用；凡是国家主管部门制定的统一标准合同形式，必须加以采用。再次，签订采购合同的形式必须合法。在签订合同时，各项条款必须经过当事人双方的协商，并对各项条款达成一致意见。当然，有国家法律规定的程序，必须按法律规定来办。最后，采购合同的内容必须合法，不得有违反法律和损害他人利益的条款。

2. 平等互利、协商一致、等价有偿的原则

首先，订立采购合同的当事人双方在经济和法律地位上是平等的，并且在相互间的合作中都有利益可得。其次，双方当事人必须在协商一致的基础上达成协议，任何一方都不可以把自己的意志强加于别人。最后，当事人双方必须坚持等价有偿的原则，任何一方都没有要求对方提供无偿服务的权利。

二、采购合同的种类

按照不同的分类标准，可以把采购合同分为不同的种类。

(一) 按照有效性的合同分类

按照合同的有效性可以把采购合同分为 4 种形式，即有效的采购合同、效力待定的采购合同、无效的采购合同和可撤销的采购合同。

1. 有效的采购合同

有效的采购合同是指采购方与卖方订立的合同是符合国家法律的要求，具有法律效力，受国家法律保护的采购合同。采购合同有效的条件有三个：一是合同的当事人符合法律的要求，即签订合同的主体具有相应的民事行为能力；二是意思表示真实，即合同表达的是当事人内心的真实想法；三是合同的内容不能违反法律和社会公共利益，否则不会受到法律保护。有效的采购合同，其成立时间与生效时间是一致的。

2. 效力待定的采购合同

效力待定的采购合同是指合同已经成立，但因其不完全符合合同生效的条件，其效力能否发生尚未确定的合同。《合同法》主要规定以下三种效力待定的采购合同：

（1）限制行为能力人订立的合同。限制行为能力人是指年满10周岁但未成年的人，以及不能完全辨认自己行为的精神病人。限制行为能力人订立的合同，经法定代理人追认后有效。有效追认期限为1个月，1个月内未有表示或拒绝追认的均视为无效合同。

（2）无代理权人以他人的名义订立的合同。这是一种无权代理行为。这种行为包括行为人没有代理权、行为人超出代理权和代理权被终止后以被代理人名义签订合同的三种情况。《合同法》规定：无代理权人以他人名义订立的合同，未经被代理人追认的，对被代理人不发生效力，一切责任由行为人承担。同时规定：与无代理权人签订合同的人可以催告法定代理人在1个月内予以追认，催告的法律与限制行为能力人订立的合同相同。

（3）无处分权人处分他人财产的采购合同。财产处分包括财产的赠予、转让、设定抵押等，财产只能由享有处分权的人处分。

3. 无效的采购合同

无效的采购合同是指当事人虽然协商订立，但因为违反法律，国家不承认其法律效力，不受法律保护的合同。无效采购合同包括5种情况：

（1）一方以欺诈、胁迫手段订立合同，损害国家利益的合同。

（2）恶意串通，损害国家、集体或者第三人利益的合同。

（3）以合法形式掩盖非法目的的合同。

（4）损害社会公共利益的合同。

（5）违反法律、行政法规强制性规定的合同。

4. 可撤销的采购合同

可撤销的采购合同是指在订立合同时，当事人的意思不真实，或一方当事人使对方在违背真实意思表示的情况下签订的合同，这是一种相对无效的合同，主要有3种情况：

（1）重大误解的采购合同。

（2）显然不公平的采购合同。

（3）欺诈、胁迫的采购合同。

（二）几种特殊的合同

合同法还规定了以下几种特殊的采购合同：

1. 分期付款的采购合同

即在合同订立后，出卖人把标的物转移给买受人占有、使用，买受人按照合同的约定，分期向出卖人支付价款的合同。分期付款采购合同的特殊性在于，买受人不是一次性付清全部货款，而是按照约定的期限分期付款，这就增加了出卖人的风险。因此，这类合同往往约定：如果买受人不及时支付到期货款，出卖人享有保留标的物所有权并要求支付全部货款等权利。

2. 凭样品采购的采购合同

样品是从一批商品中抽取出来的或者生产、加工、设计出来的，用以反映和代表整批商品品质的少量实物。凭样品采购，即以样品表示标的物质量，并以样品作为交货依据的采购关系。在样品采购中，采购方应当封存样品以备日后对照，必要时应在公证处封存样品。同时，当事人可以用语言、文字对样品的质量等状况加以说明，卖方交付的标的物应与样品及其说明的质量相一致，否则即构成违约。

3. 试用的采购合同

这种合同是卖方将标的物交给采购方，由采购方在一定时期内试用，买方在试用期内有权选择购买或退回的一种采购合同。试用的采购合同是一种附加停止条件的合同。《合同法》第一百七十条和第一百七十一条规定，卖方有权确定试用期限，在试用期限内，试用人享有购买或拒绝购买的选择权。如果买方在试用期满后，对是否购买试用物没有做明确表示，则推定其同意购买，卖方有权请求支付货款。

4. 招、投标的采购合同

招标是订立合同的一方当事人采取招标通知或招标广告的形式，向不特定主体发出的要约，邀请其参与投标。投标是投标人按照招标人提出的要求，在规定时间内向招标人发出的以订立合同为目的的意思表示。招、投标的采购合同，具有公开、公平、公正的特点，能够提高采购的透明度。

三、采购合同的内容和形式

一份完整的采购合同通常有以下内容和形式。

（一）采购合同的组成部分

一份完整的采购合同通常由开头、正文、结尾、附件 4 部分组成。开头和结尾包括购销双方当事人的名称、地址、合同的名称、法人的法定代表人或合法代理人的姓名、主合同文本的份数、有效期限、签订合同的时间、签约地点及合同双方当事人的签名盖章等。附件是指与合同有关的文书、电报、图表和其他资料。正文则是双方拟定的合同内容，即采购合同的必备条款。

采购合同的必备条款是购销双方履行合同的基本依据，如果缺少必备条款中的某一项或几项，购销双方的权利和义务就可能因此而变得不明确，容易引起经济纠纷。

采购合同的必备条款包括下列各项内容：

1. 商品的名称等

包括商品的名称（注册牌号或商标）、品种、型号、规格、等级、技术标准等。

2. 质量条款

质量条款（产品的技术标准），指商品的内在素质和外观形态的综合。质量条款的注意事项如下：第一，产品的技术标准，应执行国内统一使用的国际标准。第二，明确规定供方对产品质量负责的条件、期限及检验的期限，成套产品还要规定对附件的质量要求；安装运转后才能发现内在质量缺陷的产品，应规定提出质量异议的条件和时间，以备使用过程中发生问题时与供方交涉。第三，约定违反质量条款时的处理规定，常见的有退货、返工、降价、免费维修等。

3. 数量和计量单位

采购合同的数量条款由以下因素构成：供方提供商品的数量，计量单位，计量方法，以及允许范围内的正负尾差、合理磅差、超欠幅度、自然损耗。

4. 商品的价格

确定价格条款时，须严格遵守国家的有关价格政策。在国家和地方没有规定统一价格的情况下，供销双方可以协商决定合理的价格。并且要注意，凡属国内贸易，合同中的货款不得以人民币以外的外币或金银作为计量单位和支付手段。

5. 交货的期限地点和方式

交货期限条款应写明具体的月份和日期。季节性商品应规定更加具体的交货期限，如旬、日等，按季度交货的商品，要写明日期，否则由于交货期限规定不清，供销双方解释不一致，容易发生经济纠纷。

采购合同要明确规定交货地点和交货方式，即在供方所在地交货还是在需方所在地交货；是合同中约定的所有商品一次交齐还是分批交货及每次的交货数量；当供需双方同城时，是供方将商品送交给需方，还是需方自己提货，在合同中要逐项注明。

6. 产品的包装标准和包装物的供应与回收

为了保证货物运输的安全，产品包装按国家标准或专业标准规定执行。没有国家标准或专业标准的，可按承运、托运双方商定并在合同中写明的标准进行包装。有特殊要求或采用包装代用品的，应征得运输部门的同意，并在合同中明确规定。

7. 商品的验收方法

商品的验收分为数量验收和质量验收。数量验收的计量方法和计量单位必须按照国家统一规定的计量方法执行，特殊情况下，可按合同规定的计量方法执行。质量验收所采用的质量标准以及检验方法，都必须在合同中明确具体地规定出来。合同中还应同时写明进行数量检验和质量检验的地点和期限及提出异议的期限。

8. 违约责任

在采购过程中，买卖双方往往会因为彼此之间的责任和权利问题引起争议，并由此引发索赔、理赔、仲裁以及诉讼等。为了防止争议的产生，并在争议发生后能获得妥善的处理和解决，买卖双方通常都在签订合同时，对违约后的索赔、免责事项等内容事先做出明确的规定。这就是违约责任条款。

9. 结算方式

由于结算方式多种多样，因此，对所要采用的结算方式要有明确的规定，是用汇票、本票、支票、信用卡还是其他的方式都要写明，否则也会引起纠纷。

（二）采购合同示例

我们在学习采购合同的过程中，应该收集各种类型的采购合同，反复比较、思考，看各合同的优缺点，才能使我们在签订合同时少犯错误，避免不必要的纠纷和损失。下面是一个采购合同的示例。

采 购 合 同 （参考范本）

甲方（采购单位）：_____，电话：_____
乙方（供货单位）：_____，电话：_____
甲乙双方根据　　年　　月　　日××县政府采购中心第_____号采购项目招标结果及相关招投标文件，经协商一致，订立本合同，供双方共同遵守：

第一条　甲方采购的物品内容和成交价格：（金额单位：人民币）

物品名称	规格型号	质量标准	数量	成交价格（元）
合计（大写）				¥

免费配送物品：_____
甲方不再另付任何费用。

第二条　物品的质量技术标准、乙方售后服务及损害赔偿

1. 物品的质量技术标准按国家法律法规规定的标准、招标文件和乙方投标文件所要求的技术标准执行。

2. 乙方应按生产厂家的保修规定和投标文件说明的服务承诺做好保修等免费服务。但属于正常合理的损耗应由甲方承担。

3. 乙方售后服务响应时间：_____。否则，甲方可自行组织维修，费用由乙方承担，甲方可在货款和其他应付乙方的款项中扣除。

4. 如因乙方物品质量原因，导致甲方损失，乙方应予以赔偿。

第三条　交付和验收

1. 交付时间：_____；交付地点：_____。

2. 乙方负责物品的运送、安装、调试，负责基本操作培训等工作，直至该物品可以正常使用为止；负责提供物品的使用说明等相关资料；并承担由此产生的全部费用。

3. 验收时间：甲方必须于乙方提出验收申请后____个工作日内组织验收。甲方验

收合格后应当出具验收报告。

4. 验收标准：

（1）单证齐全：应有产品合格证（或质量证明）、使用说明、保修证明、发票和其他应具有的单证。

（2）质量符合国家法律法规规定的标准、招标文件和投标文件的要求。

第四条 货款的结算

1. 结算依据：<u>采购合同、乙方销售发票、甲方出具的验收报告。</u>

2. 结算方式：_____

第五条 乙方的违约责任

1. 乙方不能交货的，甲方不向乙方付款。乙方应向甲方偿付相当于不能交货部分货款的10%的违约金。

2. 乙方所交物品品种、数量、规格、质量不符合国家法律法规和合同规定的，由乙方负责包修、包换或退货，并承担由此而支付的实际费用。

3. 乙方逾期交货的，按逾期交货部分货款计算，向甲方偿付每日千分之五的违约金，并承担甲方因此所受的损失费用。

第六条 甲方的违约责任

1. 甲方逾期付款的，应按照每日千分之五的比例向乙方偿付逾期付款的违约金。

2. 甲方违反合同规定拒绝接货的，应当承担由此对乙方造成的损失。

第七条 不可抗力

甲乙双方任何一方由于不可抗力原因不能履行合同时，应及时向对方通报不能履行或不能完全履行的理由，以减轻可能给对方造成的损失，在取得有关机构证明后，允许延期履行、部分履行或不履行合同，并根据情况可部分或全部免予承担违约责任。

第八条 争议的解决

1. 因货物的质量问题发生争议，由法律及有关规章规定的技术单位进行质量鉴定，双方无条件服从该鉴定的结论。

2. 执行本合同发生纠纷，当事人双方应当及时协商解决，协商不成时，任何一方均可向合同签订地人民法院提起诉讼。

第九条 监督和管理

1. 合同订立后，双方经协商一致需变更合同实质性条款或订立补充合同的，应先征得政府采购监督管理部门同意，并送其备案。

2. 甲乙双方均应自觉配合有关监督管理部门对合同履行情况的监督检查，如实反映情况，提供有关资料；否则，将对有关单位、当事人按照有关规定予以处罚。

第十条 无效合同

甲乙双方如因违反政府采购法及相关法律法规的规定，被宣告合同无效的，一切责任概由过错方自行承担。

第十一条 附则

1. ××县政府采购中心第_____号采购项目的招标文件、中标通知、乙方投标文件及澄清说明文件都是本合同的组成部分,甲、乙双方必须全面遵守,如有违反,应承担违约责任。

2. 本合同一式三份,甲方、乙方、××县政府采购中心各执一份。

3. 本合同自签订之日起生效。

4. 附件:(略)

采购单位(甲方):　　　　　　　供货单位(乙方):
法定代表人:　　　　　　　　　　法定代表人:
委托代理人:　　　　　　　　　　委托代理人:
开户银行:　　　　　　　　　　　开户银行:
账号:　　　　　　　　　　　　　账号:
电话:　　　　　　　　　　　　　电话:

签约地址:
签约时间:　　　年　月　日

注:本合同样本仅供参考,具体条款内容由采购单位和中标单位协商确定。

四、采购合同的履行与监控

一份完整合法的采购合同的实施需遵循以下的原则,并受法律的保障。

(一)采购合同履行的基本原则

所谓采购合同履行的基本原则,是指采购合同当事人在履行采购合同过程中应当遵循的基本准则。这些基本准则是统帅采购合同各种履行行为的灵魂,贯彻于合同履行的全过程,也是法官裁量合同履行的基本准则。根据《合同法》的规定,采购合同履行的基本原则有二:一是全面履行原则,二是协作履行原则。

1. 全面履行原则

《合同法》第六十条第一款规定,当事人应当按照约定全面履行自己的义务。这一规定体现的就是全面履行原则。也有的专家将其归结为"按约定履行原则"。所谓全面履行原则,又称适当履行原则、正确履行原则,是指采购合同当事人按照合同约定的主体、标的、数量、质量、价款、履行期限、履行地点、履行方式全面完成合同义务的原则。全面履行原则在《民法通则》和原《经济合同法》中均有体现。

2. 协作履行原则

所谓协作履行原则,是指采购合同当事人在全面履行合同义务的同时,应当履行依据诚实信用原则所产生的附属义务。这些附属义务包括:通知、协助、保密等。所谓通知,是指采购合同当事人在具体履行合同过程时应当及时将其与采购合同履行活动密切相关的重大事项相互告知对方,以便于合同双方能够做好履行准备,及时完成合同履行义务。所谓协助，是指他方为了对方更好地履行义务，应当提供必要的条件和方便。所谓保密，是指买卖合同双方当事人对知悉的对方的商业等秘密不得泄露给第三人，各方当事人均应当严格遵守保密义务，以免给一方当事人或者双方当事人的利益造成损失。

(二) 纠纷的解决与索赔

所谓买卖合同纠纷，是指采购合同当事人之间由于违反采购合同的责任，即违约责任引起的争执。违约责任是指当事人一方不履行合同义务或者履行合同义务不符合约定，应当承担继续履行、采取补救措施，或者赔偿损失等责任。违约责任必须是由于当事人的过错，致使合同规定的义务不能得到履行或者不能完全履行，违约方应承担以民事责任为主的违约责任。违约责任主要包括当事人有不履行合同义务的行为、当事人有过错、当事人违约行为给对方造成损失和守约方损失与违约方的行为有因果关系 4 种情况。

1. 纠纷的解决途径

根据《合同法》的规定，采购合同纠纷的解决途径有三种：一是和解或者调解，二是仲裁，三是诉讼。

（1）和解或者调解

所谓和解，简单地说，就是买卖合同双方当事人之间的协商解决。它是发生买卖合同争议以后，合同各方当事人直接进行磋商，在互相谅解的基础上解决争议的一种方式。协商解决争议是不能随心所欲的，必须遵循自愿、依法和平等的原则。

所谓调解，是指买卖合同当事人之间发生争议后，由第三方对争议各方依理依法进行劝说，并使争议双方在互相谅解的基础上自愿达成和解协议的一种解决争议的方式。同协商解决一样，调解解决也需要按照自愿、依法和平等三条原则来进行。

（2）仲裁

所谓仲裁，又称公断，是指买卖合同的当事人通过协议将其争议提交给仲裁机构，由仲裁机构依照仲裁程序对其争议做出裁决从而解决争议的一种具体方式。仲裁结果具有法律效力。

（3）诉讼

所谓诉讼，是指买卖合同当事人之间产生纠纷以后在没有有效仲裁协议的情形下，其中的一方向人民法院提起民事诉讼，请求人民法院解决争议的一种具体方式。采用这种方式需要遵循《中华人民共和国民事诉讼法》的有关规定。

2. 采购损失的索赔

当事人一方违约，在履行合同或者采取补救措施后，仍给对方造成其他损失的，应当赔偿损失。这种损失一般是指给对方当事人造成的财产损失，包括实际损失和可得利益损失。实际损失是指现有财产的减少、损害和费用支出，是一种现存的财产损失。而可得利益损失是致使对方当事人丧失了合同履行后可以获得的利益，这种利益是当事人签订合同时预期获得的。《合同法》规定：受害方要求的损失赔偿额，不得超过违反合同一方订立合同时预见或应当预见的因违反合同可能造成的损失。也就是说赔偿的损失是合理预见到的损失,而不是没有限度的。

《合同法》规定,当事人可以在合同中约定,如果一方违约应当向另一方支付一定数额的违约金。如果当事人对违约金做出了约定,那么这种违约金为约定违约金。这种约定违约金具有补偿性质,这一点与旧合同法有很大的区别。《合同法》规定:约定违约金低于实际造成的损失,当事人可以请求人民法院或者仲裁机构予以适当增加。同时支付违约金并不当然免除继续履行的义务,守约方要求继续履行合同的,只要违约方有继续履约的能力,必须继续履行。

另外,如果当事人在合同中既约定违约金,又约定定金的,一方违约时,对方可以选择使用违约金或者定金条款。也就是说当事人只能使用违约金和定金条款中的一种作为违约责任的承担方式,而不能将两者同时并用。

五、采购合同的终止

《合同法》上所称采购合同的权利义务终止,又称采购合同的终止或采购合同的权利义务消灭,是指由于某种法律事实的出现而使得采购合同当事人之间已经存在的权利、义务关系不复存在。

(一)采购合同终止的原因

采购合同权利义务终止的原因,也就是前面所讲的采购合同权利义务终止的法律事实。对此,《合同法》第九十一条做了规定:有下列情形之一的,合同的权利义务终止:

(1)义务已经按照约定履行。
(2)合同解除。
(3)债务相互抵销。
(4)债务人依法将标的物提存。
(5)债权人免除债务。
(6)债权债务同归于一人。
(7)法律规定或者当事人约定终止的其他情形。

(二)采购合同终止的方法

1. 采购合同清偿

清偿,是指供采双方都已经按合同约定履行完了自己的义务。在采购合同中,供采双方订立合同的目的,就采购方来讲,是获得标的物及标的物的所有权;就供应商来讲,是获得相应的价款。要实现双方所订合同的目的,就需要双方按照合同的要求履行自己的义务。如果承担义务的各方均按照采购合同的约定履行了自己的义务,则采购方得到了标的物及其所有权,供应商得到了价款,采购合同做到了"货款两清",采购合同的目的已经实现,从而使双方的权利义务关系消灭,合同终止。

2. 合同解除

所谓采购合同的解除，是指采购合同有效成立以后没有履行完毕之前，在一定条件下，因当事人一方的意思或者双方的协议，而使基于合同存在的权利义务关系予以终止的行为。采购合同的解除有两种形式：其一是协议解除，另一种是法定解除。

所谓采购合同的协议解除，是指供采双方当事人经过协商一致而解除合同关系的双方法律行为。协议解除分为事先协议解除和事后协议解除两种情况。事先协议解除是指双方在签订采购合同时，在合同中约定了解除合同的条件，当条件满足时，就可以把合同解除了。事先协议解除也称为约定解除。事后协议解除是指在合同履行前或履行过程中，供采双方协商一致的基础上，可以把合同解除，从而终止了双方的权利义务关系。

采购合同的法定解除，是指采购合同有效成立后，在没有履行或者履行过程中，当事人一方行使法定解除权而终止采购合同的一种单方的法律行为。法定解除，是法律赋予当事人的一种选择权。在采购合同中，守约的一方当事人认为解除合同对自己有利时，就可以通过解除买卖合同的这种手段来维护自己的合法权益。法定解除应符合下面的条件之一：

（1）因不可抗力不能实现订立合同的目的。《合同法》规定，不可抗力是指不能预见、不能避免并不能克服的客观情况。

（2）在履行期限届满之前，当事人一方明确表示或者以自己的行为表明不履行主要债务，另一方当事人就可以解除合同。但是，需要说明的是，是否存在这一条件还需要有证据证明。

（3）当事人一方迟延履行主要债务，经催告后在合理期限内仍未履行。

（4）当事人一方迟延履行债务或者有其他违约行为致使不能实现合同目的，这时应当允许当事人解除合同。

（5）法律规定的其他情形。

3. 合同的抵销

所谓采购合同的抵销，即采购合同债务的相互抵销，是指在采购合同中双方当事人互相有债务时，各自用自己的债权在对等的数额内同对方抵销债务的行为。债务抵销后，抵销部分的权利义务关系终止。双方所负债务的标的物种类一致、品质相同的，任何一方皆可以将自己的债务与对方的债务抵销，但应通知对方，在通知到达后生效，这一过程叫法定抵销。标的物不一致、性质不相同，经双方协商一致也可以抵销，称为协议抵销。

4. 采购合同的提存

所谓采购合同的提存，是指在采购合同中因享受权利的一方当事人的原因而无法向其交付合同的标的物时，履行义务的一方当事人将标的物交给提存机关而使采购合同的权利义务关系终止的单方法律行为。我国目前的提存机关主要是公证机关。

采购合同提存的法定条件是：

(1) 债权人无正当理由拒绝受领。
(2) 债权人下落不明。
(3) 债权人死亡未确定继承人或者丧失民事行为能力未确定监护人。
(4) 法律规定的其他情形。

5. 采购合同的债务免除

所谓采购合同的债务免除,是指采购合同中的债权人免除债务人债务的单方法律行为。当债权人免除债务人的全部债务时,采购合同终止。

6. 采购合同的债权债务混同

所谓采购合同的债权债务混同,是指在采购合同中债权人和债务人成为一个人,致使债权人与债务人之间的权利义务关系终止。采购合同的债权人与债务人同归于一人时,自己既是债权人又是债务人,自己向自己履行债务是毫无必要的,合同的权利义务就应当终止。

个案分析

案例材料

最近,美国一个主要的汽车制造商正准备和一个重要的电子器件供应商谈一项长期合同。供应商开发了一项新技术,使得客户可以通过车辆上的声音激活功能,接入到互联网上。这种技术被看作"尖利的刀刃",并将成为汽车公司竞争优势的主要来源。两个公司的谈判已经进行了几个月,但并未达成一致意见,陷入了僵局。电子器件供应商拥有这项技术的唯一专利权,从而增加了谈判的难度。当电子器件供应商派来律师谈判组而不是销售人员或工程技术人员时,谈判达到了崩溃的边缘。

律师们使用一种汽车公司技术谈判组完全不明白的语言,提出了有关排他性条款、保密协议和技术所有权方面详细而明确的要求。当时汽车公司的谈判组不仅没有继续谈判,而且立刻起身离开了会场。当听到这一消息,采购主管马上打电话给电子器件供应商的技术副总经理,要求他们派一组由技术和销售主管人员组成的谈判组代表供应商进行谈判。派遣律师组谈判不仅带来了对抗,而且如果真的继续进行的话,很可能使整个谈判终结。电子器件公司的技术副总经理首先对出现这一局面表示歉意,并且声明并不知晓让律师代表公司进行谈判的情况。

接下来的谈判由电子器件供应商的一组工程技术人员出席,他们主要讨论的是这一技术在未来新型车辆平台上应用的问题。谈判因此取得了成功,并且最终达成了一项非常有益的合同。合同通过排他性条款,规定汽车制造商将是这一技术的唯一使用者。而且,合同包含对这一含有新技术的智能型财产,双方共同拥有所有权的文字性说明。合同的最后还有一点说明,电子器件供应商必须在未来继续供应这一技术,如果供应商做不到这一点说明,而汽车制造商的另一竞争对手开发了一项性能更为优越的类似技术,供应商必须从竞争对手那里得到这一技术的授权许可,并将它以原先谈判的价格卖给汽车公司。

分析

本案例材料涵盖了以下知识点：

（1）采购谈判一定要选择好谈判的参与者。案例中，由于刚开始的参与者选择不当，双方的谈判几乎破裂。因此，双方的谈判是一个双方沟通和交流的平台，只有双方能进行深入的沟通，才能取得满意的结果。

（2）在签订合同尤其是长期合同时，要做好风险的防范工作，即要运用条款来保护自己的权益。案例中，双方签订的是一个高科技的长期采购合同，风险比较大，因此，采购方事先规定了售后服务条款，既可以推动供应商进行产品的更新换代，又有效地防范了风险。

对于采购人员来说，购买商品和服务是他们的职责，所以经常要和合同打交道，当然，这时也免不了要和对方进行谈判。因此，采购经理要对采购经营交易中的一些基本的法律知识有一定的了解，并用其来落实采购条款，解决矛盾争端。同时，采购经理也要具备良好的谈判技能，只有这样，才能提高采购工作的绩效。

自学指导

学习重点

本章学习重点：采购定价方法；采购谈判计划的制定和谈判过程中的相应策略；采购合同的组成要素、作用和签订原则；采购合同的制定和有效性的判断；纠纷的解决和索赔的解决方法。

（1）采购定价方法。运用合适的采购定价方法可以帮助我们制定合理的采购价格，提高采购绩效。在本书中，要求掌握生命周期成本法和目标成本法两种定价方法。

① 生命周期成本就是那些涉及购置、使用、保养和报废物理资产的成本，包括可行性研究、调查、开发、设计、生产、维护、更新和报废等成本，以及在资产拥有期间相关的支持、培训和运作等成本。这种方法可以帮助我们分析何种产品可以在整个运作周期中给我们带来最大的净收益。

② 目标成本法是企业通过预测最终产品的市场价格倒推出所用原材料的目标采购价格的定价方法。通过与供应商的协作，可以推动目标价格的实现乃至实现持续的成本改善。

（2）采购谈判计划的制定和谈判过程中的相应策略。在采购谈判前，一定要制定一份详尽的采购计划，同时，在谈判中要学会熟练运用各种谈判策略和技巧，这两点对谈判目标的实现至关重要。

（3）采购合同的组成要素、作用和签订原则。采购合同是采购目标实现的重要保障手段，对采购合同的组成、作用和签订原则要熟练掌握。

① 一份完整的采购合同通常由开头、正文、结尾、附件4部分组成。各个部分都由一定的要素组成，只有对各要素都做了完整的表述，才能制定出能充分保障自己权

益的合同。

② 对采购合同的作用要熟练掌握，因为只有明白了采购合同的作用才能提高对其的重视程度。

③ 采购合同必须遵循一定的签订原则，这一点一定要掌握，因为不符合签订原则的合同是没有法律效力，不受国家法律保护的。

（4）采购合同的制定和有效性的判断。我们对采购合同进行论述的最终目的是要让大家学会制定采购合同。在采购合同制定时，要学会对合同有效性进行判断，不但要会制定合同，还要制定出受国家法律保护的合同。

（5）纠纷的解决和索赔的解决方法。在采购合同执行过程中，可能会出现一些事先没有预料到的情况和纠纷，甚至会涉及赔偿，所以了解纠纷解决和索赔方法也是十分重要的。

学习难点

本章学习难点：谈判计划的制定；采购合同的制定。

（1）谈判计划制定的好坏，直接影响到最后的谈判结果。虽然我们在文字上对谈判计划的步骤做了清晰的表述，但在具体制定时，要做大量的资料收集工作，而且要充分考虑到谈判中可能发生的问题。这些对谈判经验比较缺乏的人员来说比较困难。比较好的做法是向有经验的同事请教，并多找一些有关这方面的案例来进行分析。

（2）采购合同的制定。采购合同的具体制定工作是一个实践性很强的工作，单靠理论的学习，并不容易制定出令人满意的采购合同。一个比较容易的办法是多收集一些各个种类的采购合同，加以分析比较，才能逐步具备制定出优秀采购合同的能力。

复习题

一、单项选择题（在备选答案中选择 1 个最佳答案，并把它的标号写在题后的括号内）

1. 采购价格是指企业进行采购作业时，通过某种方式与供应商之间确定的所需采购的（　　）的价格。

A. 物品和服务　　　　　　　B. 原材料和服务
C. 机器设备和原材料　　　　D. 物品和技术

2. 采购合同的终止，是指由于某种法律事实的出现而使得采购合同当事人之间已经存在的（　　）关系不复存在。

A. 买卖　　　B. 权利、义务　　　C. 合同　　　D. 合作

二、多项选择题（在备选答案中有 2～5 个是正确的，将其全部选出并将它们的标号写在题后的括号内。错选或漏选均不给分）

1. 采购谈判的主要影响因素是（　　）。

A. 谈判者　　B. 信息　　C. 谈判形势　　D. 谈判地点　　E. 时间

2. 按照不同的分类标准，可以把采购合同分为不同的种类。按照有效性分类可以将采购合同分为下面哪几种类型？（　　）

A. 有效的采购合同　　B. 无效的采购合同　　C. 可撤销的采购合同
D. 效力待定的采购合同　　E. 分期付款的采购合同

三、简答题

1. 简要说明在采购谈判过程中应遵循哪些原则。
2. 采购谈判的作用是什么？
3. 采购合同的签订原则是什么？

四、论述题

1. 试述目标成本法定价的含义及计算过程。
2. 试述采购合同的终止方法。

五、案例分析题

约翰是一家以美国为基地的电子公司的采购经理，他被派到日本去参加一个重要的采购合同谈判。虽然约翰有过处理各种交易的经历，但还没有过海外谈判的经历。约翰对做好这次谈判很有信心。

当约翰刚到日本之后，主人已在候机楼大厅迎接他。对方礼貌地要求看他的机票，说想根据他的返程日期看看是否已经做了令人满意的安排。经过20多个小时的旅行，约翰已经很累，但主人还坚持要求他参加他们的大型餐饮会。当他提出想进行谈判时，主人礼貌地建议说多花一些时间互相了解一下会比较好。

谈判正式开始于第二天的下午。约翰惊讶地发现他是和来自这个公司的一个小组进行谈判，并且对方还来了好几个公司高层官员。毫无疑问，约翰感觉在谈判桌前受到了胁迫。当日本人用他们自己的语言相互交谈时，他也感觉到自己处于劣势。他们好像对他的公司相当了解。谈判还因主人坚持要他参观当地的一些文化景观而被迫中断，这其中包括半夜去卡拉OK、酒吧。

约翰很快意识到自己低估了进行谈判所需要的时间。每一个短语和单词都要经过翻译，虽然不能证明，但他怀疑日本人中至少有一个人的英语说得相当好。在第二天快要结束的时候，双方还没有对几个重要的问题达成协议，但是他的飞机要在当天起飞。由于重新安排返程航班非常困难，他不能错过那班飞机，为了加快进程，他自己做了越来越多的让步，最后达成的协议价格比他的目标价格高了10%。他意识到日本人早已经知道了他的最后期限，因为他们已经优雅地证实了他的离程安排。

问题：

1. 结合书中的知识说明做好谈判前准备的必要性。
2. 如果让你来进行这次谈判工作，你认为怎样可以做得更好？

第8章 采购质量管理

学习目标

1. 应了解、知道的内容
- 质量的概念
- 采购质量、采购质量管理的概念

2. 应理解、清楚的内容
- 全面质量管理的概念及内涵
- 采购部门质量管理的任务
- 采购质量管理保证体系的概念

3. 应掌握、会用的内容
- 采购质量管理的原则、作用
- 产品检验的作用
- 采购部门质量管理的重点

4. 应熟练掌握的内容
- 加强供应商管理的重点
- 产品检验方法的应用(调查表法、因果图、抽样检验、直方图、质量展开功能)
- 建立采购质量保证体系的做法

自学时数

4学时。

老师导学

质量、成本、交货期、服务及响应速度,是决定市场竞争成败的几个关键要素,而质量更是居首位的要素,是企业参与市场竞争的必备条件。质量低劣的产品,成本再低也无人问津。日本企业为什么能够占据世界汽车市场和家用电器市场?靠的是优异的产品质量。如果企业的产品和服务的质量不能满足顾客要求,就不能在市场上实现其价值,就是一种无效或低效率的劳动。国内企业要想跻身国际市场,后来居上,首先要有优质的产品和完美的服务。因此,质量管理已经成为企业工作的重中之重,而采购质量管理在整个质量管理体系中是非常重要的一个环节。

换句话说,质量是采购管理的一个重要问题,一个企业生产的最终产品的质量在很大程度上取决于采购的原材料和生产设备的质量。采购质量管理的目的就是保证从供应商处获得的物料和生产设备的质量可靠,符合生产部门的需要,因此,采购管理的重点就体现在对供应商质量的管理过程中。采购质量管理的含义已经扩展到企业内部和外部与供应商有关的所有活动上,采购质量管理的成败在很大程度上决定了企业今后生存和发展的能力。

通过本章的学习,读者可以对质量、质量管理、全面质量管理等概念有一个比较清晰的认识,而对我们着重讲解的采购质量管理的认识就会更加深刻、系统,并掌握采购质量管理的一些基本方法。

第1节 采购质量与采购质量管理

质量是一切活动都希望追求的东西,也是影响活动成功与否的最关键的因素。这一节我们将学习关于采购质量方面的内容。

一、采购质量

(一)质量的概念与属性

质量的含义因其对象而异,这取决于每个环节在企业的供应链中所处的位置。对顾客来说,高质量的产品意味着在性能、外观和价格等方面能满足其需要的产品;对产品设计人员来说,质量是产品满足功能要求的性质;对制造人员来说,质量意味着以最小成本生产出符合订单要求的产品。

其他有关质量的定义包括:

(1)产品或服务所具有的能够满足特定需求的所有特征和属性。

(2)适合使用。

(3)符合要求。

(4)产品特性符合其应达到的要求,包括可靠性、可维护性及安全性。

综上所述,质量是反映实体(产品、过程或活动等)满足明确或暗含的需要的能力的特征总和,是一个非常广义的概念。一般说来,质量是通过均衡适用性、技术性能、安全性及可靠性等技术因素以及包括价格和可用性等在内的经济因素来决定的。因此,在具体应用中应当寻求的是最适度的质量而非最高的质量,为的是不增加不必要的成本开支,不约束生产制造过程,以及不限制可能的替代品的使用。

(二)采购质量的概念

采购质量属于质量这个大范畴的一部分,是指与采购活动相关的质量问题。采购质量的好坏从源头上影响着企业最终产品的质量。采购质量对采购活动提出了三个必须面对和解决的问题：第一，怎么把质量管理的思想运用到采购部门自身的各项活动中去；第二，怎样与供应商合作，不断改进和提高产品质量；第三，怎样建立采购质量保证体系。

因此，我们给采购质量一个更明确的定义：采购质量就是指一个组织通过建立采购质量管理保证体系，对供应商提供的产品进行选择、评价、验证，从而确保采购的产品符合规定的质量要求的一种过程。

二、全面质量管理

全面质量管理就是指通过组织内所有层次和所有职能部门的积极参与，使组织所提供的产品和服务的质量得到持续不断的改进和提高的综合管理理念。

全面质量管理的核心体现在"全面"两个字上：第一，全面的质量，包括产品质量、服务质量、成本质量。第二，全过程的质量，指质量贯穿于生产的全过程，意味着全面质量管理要"始于识别顾客的需求，终于满足顾客的需要"。顾客就是接受产品的组织或个人。这里的顾客是广义的顾客，分为内部顾客和外部顾客，在企业内部，下道工序就是顾客。第三，全员参与的质量，如对员工进行质量教育，强调全员把关，组成质量管理小组。第四，全企业的质量，目的是建立企业质量保证体系。第五，全社会推动的质量管理。

全面质量管理强调动态质量，始终不断地寻求改进，但是它没有规范化、没有统一的标准。因此，企业实施全面质量管理能否成功，关键是要深刻领悟全面质量管理的内涵，根据本企业的具体情况，制定出切实可行的质量管理计划。

著名质量管理大师戴明的全面质量管理思想集中体现在 PDCA（P—plan，计划；D—do，执行；C—check，检查；A—act，处理）循环上，强调的是自主管理、主动管理。

（1）计划阶段：看哪些问题需要改进，逐项列出，找出最需要改进的问题。

（2）执行阶段：实施改进，并收集相应的数据。

（3）检查阶段：对改进的效果进行评价，用数据说话，看实际结果与原定目标是否吻合。

（4）处理阶段：如果改进效果好，则加以推广；如果改进效果不好，则进行下一个循环。

PDCA 循环的特点是：

（1）大环套小环。企业总部、车间、班组、员工都可进行 PDCA 循环，找出问题以寻求改进。

（2）阶梯式上升。第一循环结束后，则进入下一个更高级的循环。

（3）循环往复，永不停止。戴明强调连续改进质量，把产品和过程的改进看作一个永不停止的、不断获得小进步的过程。

戴明的质量管理思想对日本企业影响很大，日本企业纷纷使用 PDCA 循环自己找问题，然后改进产品质量。经过几十年的努力，到20世纪80年代中期日本经济达到最辉煌的时期，其产品如汽车、家电等充斥世界各国市场。著名质量管理专家朱兰对日本经济奇迹的评价是："日本的经济振兴是一次成功的质量革命"。目前，国内的很多企业也开始将全面质量管理的思想灌输到企业的运作中来，PDCA循环的质量管理方式也开始逐渐被国内企业接受。

三、采购质量管理

质量管理的实质是通过企业一系列的管理工作来保证和提高产品质量，从而让客户满意和放心。采购质量管理是质量管理工作的一个重要环节，它的基本思路和质量管理的思路一样。采购质量管理的主要内容是对采购部门本身的质量进行管理，其次是对供应商的质量评估以及建立质量保证体系、采购认证体系等，最终是建立采购质量管理保证体系。因此，采购质量管理就是对采购质量的计划、组织、协调和控制，通过对供应商质量的评估和认证，从而建立起采购管理质量保证体系，保证企业的物资供应活动。

（一）采购质量管理对于企业的作用

商品采购是企业取得物质资料的源头。抓住源头，对采购商品质量进行严格的控制，是确保最终产品质量、不间断生产和安全生产的重要条件，也是杜绝假冒伪劣产品和防止欺诈行为的必要措施。采购质量管理对于企业的作用主要表现为：

（1）有利于提高企业产品质量。

（2）有利于保证企业生产有节奏、持续地进行。

（3）有利于保证企业产品生产和使用环节的安全。

由于采购质量管理对于企业发展的重大作用，它已成为企业质量管理中不可忽视的一个环节。

（二）采购质量管理的内容

采购质量管理的目标就是保证采购的物料和生产设备符合规定的要求，即能够达到企业生产所需要的质量要求。要实现这一目标，采购部门的工作内容主要包括三个大的方面：一是采购部门本身的质量管理；二是对供应商的评估、认证、监督以及产品的验收；三是采购质量管理体系验证体系的建立和运转。

1. 采购部门的质量管理

采购部门本身的质量管理是企业质量管理的一项基本活动，它的任务主要是根据生产的需要，保证采购部门在合适的时间、把合适数量的产品按照合适的质量向生产部门提供各种所需的材料，做到方便生产、服务生产、提高经济利益。

（1）物料采购的质量管理。采购部门要进行需求分析。在面对较复杂的采购情况时，如多品种多批次采购的情况下，往往需要对企业各个部门以及工序、材料、设备、工具、办公用品等，进行大量的、彻底的统计分析，这是一项比较繁琐的工作。然而只有建立在科学的统计分析的基础上，才能编制出科学的采购计划，使后续采购工作有章可循。

（2）物料采购的组织工作。依照物料采购计划，按照规定的品种、规格、质量、价格、时间等标准，与供应商签订合同或直接购置。物料组织工作主要涉及运输和组织、验收、存储、供应生产等。

（3）物料采购供应的协调工作。采购部门和生产部门有时会由于各种各样的情况发生矛盾和冲突。这时候，各个部门都要本着一切从企业的目标和利益出发的原则，进行良好的沟通和协调。只有这样，才能及时发现问题，解决问题，优化沟通机制，减少发生冲突的可能性，从而达到提高产品质量和企业经济效益的目的。

（4）物料采购供应的控制工作。采购活动涉及资金的流动和各方的利益，在客观上要求必须减少采购活动中的舞弊行为，维护企业利益。因此，必须加强采购控制工作，建立采购预计划制度、采购请示汇报制度、采购绩效评价制度、资金使用制度、到货付款制度、保险制度等。

采购部门是企业中实施各项采购活动的平台，采购部门的质量管理也就成了采购质量管理能否顺利实施的基础，因此在采购质量管理工作中，采购部门的质量管理是不容忽视的一部分。

2. 供应商认证与评估

商品采购是采购方与供货厂商之间进行的交易活动，所采购的商品是由供货厂商提供的，所以采购商品的质量与供货厂商的管理水平和质量保证能力有很大关系。为了保证采购品的质量，对供货商进行认证和评估是必须认真完成的工作，只有这样才能更好地控制供应商提供的产品质量。

3. 产品检验

尽管我们已经对采购质量的管理做了各种各样的工作，但是产品检验这个环节还是必不可少的，这主要是出于以下几个方面的考虑：

- 产品在储运过程中可能发生某些变化。
- 产品通过流通环节，质量发生变化（采购商品并不是全部从生产厂进货，有时是通过中间商或商品流通企业进货，会增加流通环节）。
- 供货厂商的成品检验和发货检验难免出现失误。
- 防止不法供货厂商恶意的质量欺诈。

产品检验这个环节要遵循正确、及时、公正的原则，只有这样才能确保入库的物料都是合乎生产要求的。产品检验这一环节的作用主要体现在以下四个方面：

（1）严把进货质量关，确保最终产品质量。购入各种商品的质量，对最终产品的质量会产生直接影响，因此应严把进货验收关，对于不合格品不接收、不入库，更不能投入使用或加工。这样就能保证投入使用的生产设备、原材料、外购件、协作件等都是合格品，以确保最终产品的质量。

（2）进行质量验证，对供应商实施事后质量监督。进货检验也是对供应商提供产品的质量进行验证，通过检验取得第一手资料。与对供应商提出的质量要求相对照，看其是否全面达到合同提出的质量要求,从而判断供应商的质量管理水平、质量保证能力和质量信誉,并作为以后选择供货厂商的依据之一。

(3)发现问题,分清责任。通过进货检验可及时发现采购商品的质量、数量及其他问题。如发现商品规格品种不符、商品本身或包装出现破损、数量缺少等,应及时查明原因,分清责任,妥善处理。因为出现这些问题,责任不一定在供应商,也可能是承运部门的责任甚至是采购方的责任。但无论是谁的责任,一定要划分清楚。这样做,一方面及时分清了责任,另一方面也有利于企业及时改善自己的采购活动。

(4)摸清进货质量状况,有利于保管保养。通过对购入商品开展入库前的验收,能掌握该批进货的质量和数量状况,使库管人员心中有数。如验收中未发现问题,可及时办理入库手续,入库保管;若发现商品受潮可进行晾晒,在不影响使用的情况下亦可入库保管;对验收中发现问题的商品,应单独保管,不能办理入库手续。

产品质量检验工作的成效关系着企业后续环节的工作能否正常高效地进行,因此,必须做好对这一环节的控制工作。

对产品检验这一环节的工作程序和方式的选择,企业会根据具体情况做出不同的工作安排。在第2章,我们曾经讲到过 ABC 分析法,实际上这种分析法也适用于产品检验这一环节。

(三)采购质量管理的基本原则

采购质量管理的原则就是在适当的时候从适当的供应商处购买符合规格的适当数量的材料,采购管理必须围绕"质量"、"供应商"、"时间"、"数量"、"地点"5个方面来展开工作。简单地说,采购质量管理必须遵循"5R"的原则。

1. 适当的质量(Right Quality)

这里的质量是狭义的质量,它是采购质量的一部分。

一个企业如果不重视采购物品的质量,注定无法在激烈的市场竞争中长久生存。质量低劣的物料会导致检验费用、管理费用的增加;导致返工,使生产效率降低;也可能会导致生产计划的延误,使企业违反供货合同,造成经济上和信誉上的损失;甚至会造成生产过程和最终产品使用过程的安全问题,对雇员或是顾客造成人身伤害。因此,采购质量管理的首要原则就是确保采购物料的质量。

当然,质量不是越高越好,但必须符合生产要求,要适当地处理好质量与成本之间的关系。质量与成本之间的关系用"性价比"来平衡,质量过高会导致质量过剩,使成本大大上升。采购人员必须严格把握质量标准,慎重选择每一项物料。

2. 适当的供应商(Right Supplier)

供应商的选择和评估、认证是采购人员面临的首要任务。当然,对供应商的监督也是必不可少的。采购管理的另一个重要原则就是选择合适的供应商,通过双方的合作,实现供应商与企业的共同发展。

从采购发展的趋势看,企业选择供应商有集中化的趋势,对供应商提出的要求也越来越高,与供应商的合作关系也越来越密切,从而建立起一种长期的合作关系。因此,供应商的选择就显得尤为重要。企业若拥有好的供应商,就有助于从源头上形成企业的竞争力。

3. 适当的时间(Right Time)

准时制生产的流行对交货时间提出了严格的要求,即使企业并没有实施准时制生产,交货时间也是很重要的。科学的交货时间一方面保证了企业的生产能够按计划持续进行;另一方面也保证了合理的库存,减少了不必要的库存成本。因此,采购人员要根据企业生产要求监督供应商按照订单约定的时间准时交货。

4. 适当的数量(Right Quantity)

大批量的采购会有一定的数量折扣,但处理不当会造成资金的积压,而且会增大库存的成本。因此,企业要根据具体情况,确定科学的经济采购批量。采购人员要监督供应商按照订单数量准时交货。

5. 适当的地点(Right Place)

一个地区往往会因为产业链形成产业集聚效应。企业在选择供应商时,应尽量选择在一定地域范围内的供应商,这样便于双方的沟通,也可以降低物流成本,一旦出现特殊情况也可以及时解决。

四、建立采购质量管理体系

采购环节的质量是影响最终产品质量的重要因素之一,甚至影响着企业的兴衰成败。因此,在采购全过程中实行强而有力的质量管理与控制,构建全新的采购质量管理体系,是企业发展和振兴的永恒主题。

(一)培植现代质量管理理念,强化采购质量意识

随着经济一体化进程的加快以及 ISO 9000 族标准的普遍采用,质量管理领域发生了观念上的变革,一些新的质量管理理念不断涌现。为此,企业应培植现代质量管理理念,强化采购质量意识。而要做到这一点,就要求企业领导在组织商品生产经营活动时,企业采购人员、质量管理人员、质量检验人员在从事采购商品质量管理与控制活动中,都必须树立和强化"质量第一"、"预防为主"、"持续改进"、"协作精神"、"注重质量效益"、"顾客至上"等理念,增强关心采购质量和保护质量的自觉性。质量意识的形成与提高是一个长期的过程。

(二)加强采购全过程的质量管理

采购过程涉及供应商的选择、与供应商谈判及成交、对供应商进行质量管理与控制、对供应商的商品质量进行验证、进货检验与验收等活动。必须对每一个环节进行控制,实行全过程质量管理,严格把好每一个环节的质量关口。这也是对全面质量管理思想的具体应用。

- 明确各部门的质量职责,建立相应的质量控制程序。
- 建立健全采购质量管理制度。
- 加强对供应商的动态管理。

- 严格把好质量检验关。
- 加强对不合格品的控制。

(三) 努力做好采购质量管理的基础工作

1. 做好采购信息的管理工作

采购商品质量信息的搜集、加工、存储和传递是一系列复杂而繁琐的工作，企业必须对其给予足够重视。因为采购商品的质量信息是进行采购质量决策的依据，是改进采购商品质量、改善采购各环节工作的最直接的原始数据，也是进行质量控制的基本依据。

2. 重视提高采购人员的素质

采购工作是一项技术和业务性都比较强的工作，要求采购人员不但要有高度的事业心和责任感、遵纪守法、坚持原则、秉公办事，而且要熟悉采购业务，掌握一定的商品学、材料学方面的知识，具有一定的"识货"技能。一个好的采购团队会在很大程度上保障企业的采购质量。

3. 做好采购的标准化工作

全面质量管理的基础工作之一就是标准化工作。那么究竟什么是标准化？标准化是指在经济、技术、科学及管理等社会实践中，对重要事物和概念通过制定、颁布和实施统一标准，以获得最佳秩序和社会效益的活动。在采购环节实施标准化，是健全和完善采购质量管理体系的需要；是提高采购质量，增加经济效益的需要；也是实施全面质量管理的需要。企业实施标准化之后，可选择的供应商就会更多，还可以提高企业的采购效率，降低采购成本，有助于提高最终产品的竞争能力。

采购环节的标准化工作必须坚持两个原则：必须坚持"顾客第一"的原则——顾客的要求就是"标准"，这里的顾客也指采购所要服务的部门；必须坚持"系统性"原则——标准协调统一，完整配套。

(四) 建立采购质量管理保证体系

采购质量管理保证体系通常记录在企业的质量手册中。质量手册主要包括采购质量标准的制定、评估、控制和保证，采购质量控制方法，供应商的选择、评估及考核等内容。

采购质量管理保证体系包括下列内容：

(1) 明确的采购质量目标、采购质量计划和采购质量标准。
(2) 严格的采购质量责任制。
(3) 专职的采购质量管理机构。
(4) 采购管理业务标准化和管理流程程序化。
(5) 高效、灵敏的采购信息及采购系统。
(6) 供应商的质量保证活动。

其中，供应商的质量保证活动是采购质量管理保证体系的重点，也是开展全面质量管理的重要组成部分。供应商的质量保证活动我们已经学习过,请读者参照前面章节的相关内容。

采购质量管理要想获得成功,离不开相关部门和人员的通力合作,要将采购质量管理融入到企业全面质量管理中来,要以顾客满意作为采购质量管理的最终目标。

第2节 采购质量管理的基本技术

建立并保持记录,从而提供符合要求和使采购质量管理体系有效运行的证据,是采购质量管理非常重要的一个问题。

在采购质量管理工作中,需要了解采购工作过程中物料的质量情况。要找出影响物料质量波动的原因,就要收集物料质量的数据记录,然后采用相应的方法进行采购质量问题的分析,从而解决采购质量问题,最终达到提高采购质量的目的。

对几种在采购质量管理活动中应用十分广泛的技术,现做以下介绍。

一、调查表法

调查表法是利用统计图表收集数据并对数据进行粗略整理和分析的一种方法。调查表又叫检查表、核对表、统计分析表,其格式多种多样。常用的调查表有采购质量分析调查表、不合格品项目调查表、操作检查表、缺陷位置调查表、不良原因调查表和矩阵调查表等。下面介绍几种有代表性的调查表。

(一)缺陷位置调查表

对于供应商提供的物料,外观也是主要的考核标准之一。外观的缺陷可能发生在不同部位,出现多种类型。缺陷位置调查表(表8-1)就是先画出物料示意图,把图面划分为若干个小区域。调查时,按照物料的缺陷位置在平面图的相应小区域内打记号。最后,将上述工作归纳成统计符号,可以得出缺陷比较集中在哪些位置的规律。这就为进一步调查或与供应商协商找到了可靠的依据。

表8-1 缺陷位置调查表

	×	×	×	×	×	×	×	×		
				○					○	
	×		×		×			×		×
									○	
		○								

注:上表是用来调查铁片表面涂漆缺陷位置分布的调查表,×表示伤痕,○表示气泡。共调查了200张铁片,有16张存在缺陷。缺陷位置调查表就是将缺陷位置标出后的平面图。从图上可以明显看出伤痕主要集中在两条直线上,经查证是涂漆机所致,经与供应商协商修理后基本消除了伤痕。对气泡产生的原因则需要进一步调查。

缺陷位置调查表常用于产品的外伤、脏污等和位置有关的质量问题分析中。

(二) 不合格品调查表

对于供应商提供的不合格品,需要调查其项目和这些项目占的比率大小。在具体实施过程中,一般是把预先设计好的表格放在验收现场,让检验人员随时在相应的栏里画上记号,最后填写表格,再进行统计。这样就可以及时掌握所采购产品的质量状况。

表8-2是一张不合格品调查表。这张表中的日期、供应商、供应量、不合格品量可以直接填写,不合格品率要通过计算才能得出。之后就可以根据表格情况对不合格品原因进行粗略分析。

表8-2 不合格品调查表

日期	供应商	供应量	不合格品量	不合格品率	不合格品项目					
					(1)	(2)	(3)	(4)	(5)	其他
合计										

(三) 矩阵调查表

矩阵调查表是把造成采购质量问题的成对因素,分别排成行和列,在其中的交叉点标出调查的问题。这是针对多元问题的调查法。

通常情况下,应用调查表法解决问题的程序如下:
(1) 明确收集数据的目的,即需要解决什么问题。
(2) 确定为达到目的所需收集的数据。
(3) 确定对数据的分析方法和负责人。
(4) 根据目的设计调查表格式,包括调查人、时间、地点和方式等。
(5) 对收集的数据进行检查。
(6) 评审和修改调查表格式。

二、因果图

因果图是表示质量特性波动与其潜在原因关系的一种图表,又称特性要因图、树枝图、鱼刺图。在采购过程中,影响采购质量的原因是多种多样、错综复杂的,因果图可以帮助我们分析和寻找产生质量问题的各种原因及这些原因之间的关系。

(一) 因果图应用介绍

因果图的基本格式由特性、原因、枝干三部分构成,一般的应用程序及注意事项如下:

(1) 确定需要解决的一个主要质量问题（特性）。

① 主要质量问题不能笼统、不具体。

② 不能确定多个主要质量问题。

(2) 画出主干线，并在右端方框内填入质量问题（特性）。

(3) 确定潜在原因的主要类别并作为大枝分别画于主干线两侧。通常从五个大方面去分析，即人、机器、原材料、加工方法和工作环境。

① 组织相关人员进行原因分析，并将大家的意见从大到小，从粗到细地画在图上。

② 因果关系的层次要分明，展开分析能够找出真正原因，直到可以直接采取具体措施为止。

(4) 将对结果有最大影响的原因（要因）进行标记（如框起来）。

(5) 记入必要的有关事项，如标题、绘制人、日期、参加人员以及其他可供参考的注意事项等。

因果图的基本格式如图8-1所示。从图上可以看出，因果分析图的"果"，指的是大黑箭头所指的质量特性，即质量问题，"因"是与大黑箭头成60°夹角的中箭头及与中箭头成60°夹角的小黑箭头。

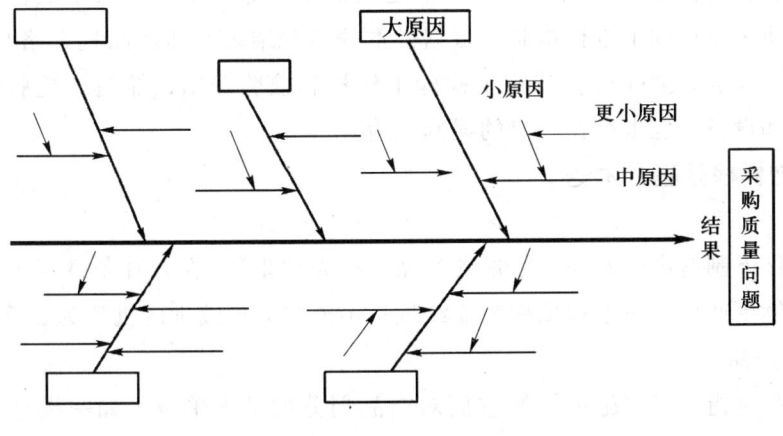

图8-1 因果图简图

画因果图要求召开与质量特性有关的技术民主会，由相关人员共同讨论，边谈边画出草图。分析原因时要从大到小、从粗到细、寻根究底，直到可以采取措施为止。主要原因要采取投票或举手表决的办法确定。一般每人只准提两三个主要问题，票数最多的为主要问题，用方框框起来作为标志。画好草图还要到现场进行核对，漏项的要补上，已经采取措施改进了的要取消。因果图形象地表示了探讨问题的思维过程，利用它分析问题能取得顺藤摸瓜、步步深入的效果。在因果图中可以清楚地看出"原因—结果""手段—目标"的关系，能使问题的脉络完全显示出来。

（二）采购质量的因果图举例

图8-2是某厂对采购质量不合格画出的因果图，它清晰地描述了相关人员的思维过程。

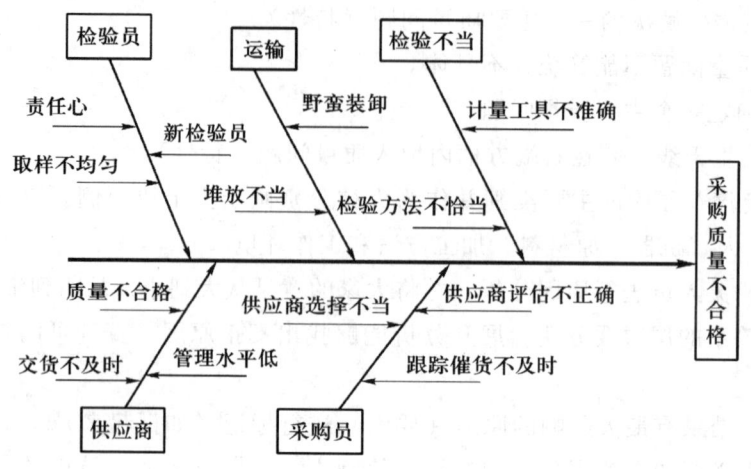

图 8-2　某厂采购质量不合格的因果图

三、抽样检验

抽样检验指从批量为 N 的一批产品中随机抽取一部分单位产品组成样本，然后对样本按产品质量特性逐个进行检验，根据样本的检验结果判断产品批合格与否的过程。相对全数检验而言，抽样检验节约了检验工作量和检验费用，缩短了检验周期，减少了检验人员和设备，但也存在一定的误判风险。

（一）抽样检验基本术语

1. 批

相同条件下制造出来的一定数量的产品，称为"批"。在各种条件基本相同的生产过程中，连续生产出的一系列批称为连续批；不能定为连续批的批称为孤立批。

2. 单位产品

单位产品是指为了实施抽样检查而对产品划分的基本单位。如一批灯泡中的每个灯泡称为一个单位产品。

3. 批量和样本大小

批量是指批中包含的单位产品个数，以 N 表示。样本大小是指随机抽取的样本中单位产品个数，以 n 表示。

4. 抽样检验方案

抽样检验方案是规定样本大小和一系列接受准则的一个具体方案。

5. 两类风险

由于抽样检验的随机性，将本来合格的批，误判为拒收的概率，这对供应方是不利的，因此称为第 I 类风险或生产方风险，以 α 表示；而本来不合格的批，也有可能误判为可接受，将对采购方产生不利，该概率称为第 II 类风险或采购方风险，以 β 表示。

（二）抽样方案分类

1. 按产品质量特性分类

（1）计数抽样方案：以单位产品质量特征值为计点值（缺陷数）或计件值（不合格品数）的抽样方案。

（2）计量抽样方案：以单位产品质量特性值为计量值（强度、尺寸等）的抽样方案。

2. 按抽样方案的制定原理来分类

（1）标准型抽样方案：该方案是为保护生产方利益，同时保护使用方利益，预先限制生产方风险 α 的大小而制定的抽样方案。

（2）挑选型抽样方案：是指对经检验判为合格的批，只需替换样本中的不合格品；而对于经检验判为拒收的批，必须全检，并将所有不合格品替换成合格品。

（3）调整型抽样方案：该类方案由一组方案（正常方案、加严方案和放宽方案）和一套转移规则组成，根据过去的检验资料及时调整方案的宽严。该类方案适用于连续批产品。

3. 按抽样的程序分类

（1）一次抽样方案：仅需从批中抽取一个大小为 n 的样本，便可判断对该批接受与否。

（2）二次抽样方案：抽样可能要进行两次。对第一个样本检验后，可能有三种结果：接受，拒收，继续抽样。若得出"继续抽样"的结论，则抽取第二个样本进行检验，最终做出接受还是拒收的判断。

（3）多次抽样：多次抽样可能需要抽取两个以上具有同等大小的样本，最终才能对批做出接受与否的判定。是否需要第 i 次抽样要根据前次（第 $i-1$ 次）抽样结果而定。

下面介绍一个常用抽样方案：计数标准型一次抽样方案。

（三）计数标准型一次抽样方案

1. 接受上界 p_0 和拒收下界 p_1

接受上界 p_0：设交验批的不合格率为 p，当 $p \leq p_0$ 时，交验批为合格批，可接受。

拒收下界 p_1：设交验批的不合格率为 p，当 $p \geq p_1$ 时，交验批为不合格批，应拒受。

2. 一次抽样方案（n；A）

一次抽样方案（n；A）是指从批中抽取一个大小为 n 的样本，如果样本的不合格品个数 d 不超过预先指定的数 A，判定此批为合格，否则判为不合格。A 称为"合格判定数"或"接受数"。一次抽样实施程序如图 8-3 所示。

3. 抽样方案制订

一次抽样方案是根据确定好的 p_0，p_1，α，β 值来制定的。对于 α 和 β 的值，经过长期实践和理论证明，一般取 $\alpha=5\%$，$\beta=10\%$ 比较合适，这样能同时保障生产方和使用方利益。各种一次抽样方案目前已经形成了国标 GB/T13262-91（表 8-3 列出了该标

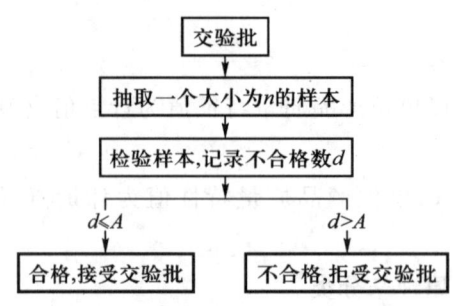

图 8-3 一次抽样方案（n：A）

准的部分方案）。

表 8-3 部分计数标准型一次抽样方案（GB/T13262-91）$\alpha=5\%$，$\beta=10\%$

p_0,%＼p_1,%	7.11～8.00	8.01～9.00	9.01～10.00	10.1～11.2	11.3～12.5	12.6～14.0	14.1～16.0
0.711～0.800	49，1	46，1	42，1	38，1	34，1	31，1	27，1
0.801～0.900	47，1	44，1	40，1	38，1	34，1	31，1	27，1
0.901～1.00	74，2	42，1	39，1	36，1	34，1	30，1	27，1
1.01～1.12	72，2	64，2	37，1	35，1	32，1	30，1	27，1

4. 标准型一次抽样方案的制订和实行步骤

(1) 规定单位产品需要检验的质量特性值。
(2) 生产方和使用方共同协商 p_0，p_1，α，β 的大小。
(3) 组成交验批。
(4) 按照国标 GB/T13262-91 检索出对应的抽样方案。
(5) 随机抽取大小为 n 的样本。
(6) 检查样本，记录不合格数 d。
(7) 交验批判断：若 $d \leq A$，接受交验批；若 $d > A$，拒收交验批。
(8) 交验批的处置。

例：某批产品交验，供需双方规定 $p_0=1\%$，$p_1=10\%$，$\alpha=5\%$，$\beta=10\%$，求检验该批产品的标准型一次抽样方案。

查国家标准 GB/T13262-91，$p_0=1\%$ 在 0.901%～1.00% 范围内，$p_1=10\%$ 在 9.01%～10.00% 范围内，由表 8-3 可得，标准型一次抽样方案（n；A）=（39；1）。

四、直方图

（一）直方图的用途

直方图是把数据的离散状态分布用竖条在图表上标出，以帮助人们根据显示出的图样变化，在缩小的范围内寻找出现问题的区域，从中得知数据平均水平偏差并判断总体质量分布情况的一种统计方法。

（二）直方图的画法

下面通过例子介绍直方图如何绘制。

例：某厂家采购到一批滚珠，滚珠规格要求直径 x 为 15.0 mm±1.0 mm，试用直方图对该批滚珠进行统计分析。

1. 收集数据

从采购到的滚珠中随机抽取 n 个。n 应不小于 50，最好在 100 以上。本例抽取了 50 个样品，其直径测量结果如表 8-4。其中 L_i 为第 i 行数据最大值，S_i 为第 i 行数据最小值。

表 8-4　50 个滚珠样本直径（单位：mm）

I\J	1	2	3	4	5	6	7	8	9	10	L_i	S_i
1	15.0	15.8	15.2	15.1	15.9	14.7	14.8	15.5	15.6	15.3	15.9	14.7
2	15.1	15.3	15.0	15.6	15.7	14.8	14.5	14.2	14.9	14.9	15.7	14.2
3	15.2	15.0	15.3	15.6	15.1	14.9	14.2	14.6	15.8	15.2	15.8	14.2
4	15.9	15.2	15.0	14.9	15.6	15.1	14.9	15.5	15.5	14.5	15.9	14.5
5	15.1	15.0	15.3	14.7	14.5	15.5	15.0	14.7	14.6	14.2	15.5	14.2

2. 找出数据中最大值 L、最小值 S 和极差 R

$$L = \mathrm{Max} L_i = 15.9, \quad S = \mathrm{Min} S_i = 14.2, \quad R = L - S = 1.7 \tag{8.1}$$

区间 $[S, L]$ 称为数据的散布范围。

3. 确定数据的大致分组数 k

分组数可以按照经验公式 $k = 1 + 3.322 \lg n$ 确定。本例取 $k = 6$。

4. 确定分组组距 h

$$h = \frac{R}{k} = \frac{1.7}{6} \approx 0.3 \tag{8.2}$$

5. 计算各组上、下限

首先确定第一组下限值，应注意使最小值 S 包含在第一组中，且使数据观测值不落在上、下限上，故第一组下限值取为：

$$S - \frac{h}{2} = 14.2 - 0.15 = 14.05$$

然后依次加入组距 h，便可得各组上、下限值。第一组的上限值为第二组的下限值，第二组的下限值加上 h 为第二组的上限值，其余类推。各组上、下限值见表 8-5。

表 8-5 频数分布表

组序	组界值	组中值 b_i	频数 f_i	频率 p_i
1	14.05～14.35	14.2	3	0.06
2	14.35～14.65	14.5	5	0.10
3	14.65～14.95	14.8	10	0.20
4	14.95～15.25	15.1	15	0.32
5	15.25～14.55	15.4	9	0.16
6	15.55～15.85	15.7	6	0.12
7	15.85～16.15	16.0	2	0.04
合计			50	100%

6. 计算各组中心值 b_i、频数 f_i 和频率 p_i

b_i =（第 i 组下限值+第 i 组上限值）/2，频数 f_i 就是 n 个数据中落入第 i 组的数据个数，而频数 $p_i = f_i/n$（见表 8-5）。

7. 绘制直方图

以频数（或频率）为纵坐标，数据观测值为横坐标，以组距为底边，数据观测值落入各组的频数 f_i（或频率 p_i）为高，画出一系列矩形，这样就得到图形为频数（或频率）直方图，简称为直方图，见图 8-4。

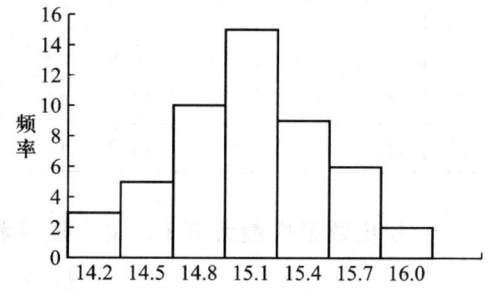

图 8-4 频数（频率）直方图

（三）直方图的观察与分析

从直方图可以直观地看出产品质量特性的分布形态，便于判断过程是否处于控制状态，以决定是否采取相应对策措施。直方图从分布类型上来说，可以分为正常型和异常型。正常型是指整体形状左右对称的图形，此时过程处于稳定（统计控制）状态，如图 8-5（a）。如果是异常型，就要分析原因，加以处理。常见的异常型主要有六种：

（1）双峰型（图 8-5（b））：直方图出现两个峰，主要原因是观测值来自两个总体，两个分布的数据混合在一起造成的。此时对数据应加以分层。

（2）锯齿型（图 8-5（c））：直方图呈现凹凸不平现象。这是由于作直方图时数据分组太多，测量仪器误差过大或观测数据不准确等造成的。此时应重新收集和整理数据。

（3）陡壁型（图 8-5（d））：直方图像峭壁一样向一边倾斜，主要原因是通过全数检查，采用剔除了不合格品的产品数据来作直方图。

（4）偏态型：（图 8-5（e））：直方图的顶峰偏向左侧或右侧。当公差下限受到限制（如单侧形位公差）或某种加工习惯（如孔加工往往偏小）容易造成偏左；当公差上限受到限制或进行轴外圆加工时，直方图呈现偏右形态。

(5) 平台型（图8-5（f））：直方图顶峰不明显，呈平顶型。主要原因是多个总体和分布混合在一起，或者生产过程中某种缓慢的倾向在起作用（如工具磨损、操作者疲劳等）。

(6) 孤岛型（图8-5（g））：在直方图旁边有一个独立的"小岛"出现。主要原因是生产过程中出现异常情况，如原材料发生变化或突然变换为不熟练的工人。

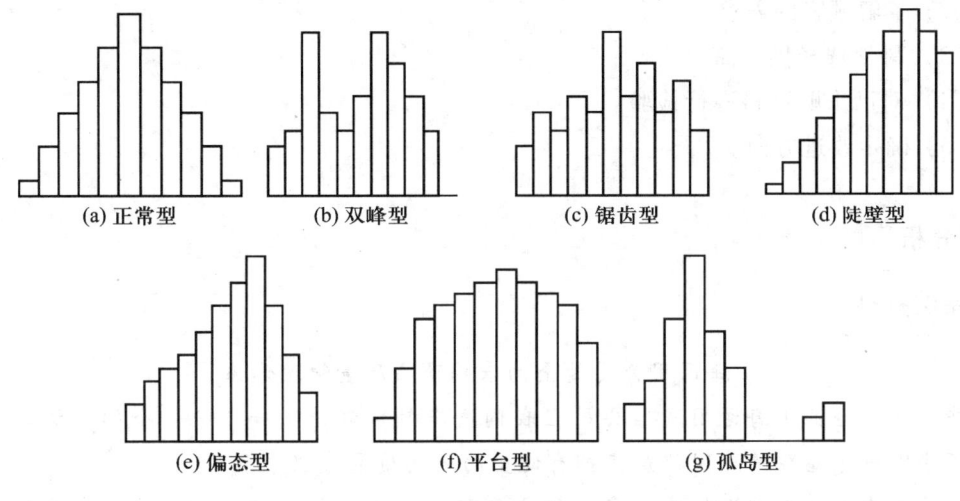

图8-5　直方图形状

出现上述异常情况，企业应该采取相应的对策改进自己的生产过程。如果这是在采购检验过程中发现的问题，采购方应该给供应商提出相应的建议，要求其尽快改善产品质量。

综上分析，直方图在采购质量管理中有如下主要用途：

(1) 显示所采购产品质量波动分布的状态，直观地传递采购过程质量状况的信息。

(2) 通过直方图了解所采购产品质量数据波动状况，确定质量改进的方向，便于与供应商更好地沟通，及时改进产品质量。

五、质量功能展开

质量功能展开（Quality Function Deployment，缩写为QFD）是把顾客或市场的要求转化为设计要求、零部件特性、工艺要求、生产要求的多层次演绎分析方法，它体现了以市场为导向，以顾客要求为产品开发唯一依据的指导思想。科学运用QFD方法，可缩短产品开发周期，降低成本，提高质量。质量功能展开是一种以顾客的完全满意为目的的交流和策划模式，可以将顾客的要求转变为动力。这种思维模式可以应用到企业管理的各个环节，每个员工都对如何改进质量提出自己的看法，以期在下一个生产阶段获得无缺陷产品。

那么，质量功能展开是怎样的一个过程呢？原则上，它是一系列的问与答，其中包括两个最基本的问题：——什么？（即顾客需要什么？）——如何？（即如何满足顾客的期望?)

现在,质量功能展开的思想已经开始渗透到采购质量管理环节,针对采购环节来说,上述问题就是:我们的内部客户需要什么物料?我们该如何更好地满足他们的需要?为此可有以下基本步骤:

(1) 明确要服务的内部顾客(一般说来是生产部门)。
(2) 了解顾客的需求。
(3) 科学选择供应商。
(4) 对已采购物料进行检验。
(5) 确定改进方向。

个案分析

案例材料

上海通用公司健全的采购商品质量管理体系

中美合资企业上海通用汽车公司在我国汽车领域创造了一个又一个的奇迹。奇迹从何而来?一个重要的原因就是其拥有健全的采购质量管理体系。

在汽车企业的日常运转中,采购的主要任务是生产物料的采购,作为我国整车厂的一个主力企业,上海通用希望通过自身的发展带动中国汽车零部件工业的发展,因此,在生产物料的采购方面,一直坚持以国产化为主和国外零部件采购为辅的策略,目前每个车型全部达到了60%以上的国产化率。在国产化过程中,上海通用运用了美国通用公司在供应商开发与发展方面所采用的系统,严格运用通用公司的质量标准和规范来认可这些零部件。有些再加上中国的特殊要求,坚持了比原来美国还要高的质量标准。另外,他们选择的供应商都是按照质量、服务、价格和技术等几个方面来考核。对这些方面的评估也坚持了美国通用的标准,并着重建立长期的合作伙伴关系。上海通用所选择的供应商大都是有发展潜力、同著名大公司合作的企业。

基于上述原因,上海通用零部件供应商在零部件质量水平、价格水平、服务水平等方面保持领先,并具有很强的竞争力。据有关专家分析,上海通用目前国内供应商零部件的质量水平平均已经超过了原来配套的水平,即这些车所使用的零部件质量已经超过在美国本土生产的质量;而国产化零部件价格水平比CKD(全散装件)原厂家的价格水平还要低得多,从而也为上海通用节省了大量的物料成本。

为了避免出现有些供应商在获得了供应的资格并形成一种稳定关系后,出于经济利益考虑而提高零部件价格的现象,上海通用非常注重供应商的合作伙伴理念。在通用看来,如一个车型的生命周期是5~6年,在这个产品上双方可能就有5~6年的合作关系。在这样的关系下,绝大部分供应商绝对不会垄断和提高价格,而是积极配合主机厂做好降低成本和提高质量的工作。上海通用和供应商一起研究如何在小批量、多品种、快节奏的生存环境里一起成长发展,获得双赢的局面,双方建立了联合发展委员会。上海通用用企业的一部分利润为供应商提供培训和服务，帮助供应商改善和实施他们的供应系统，并帮助其争取出口项目、扩大出口规模。

上海通用有一套严格的程序来保证将人为的错误降到最低限度。整个程序是和美国通用一起开发出来的，叫联合采购决定程序。潜在供应商的选择要由质量部门、工程部门进行评估，评估完后确定潜在供应商的名单，接着发标书，回标后再进行评估，并分头进行谈判，谈判后由联合采购委员会集体做出决定。该委员会首先要审核这个过程是否符合要求，然后根据许多具体指标和实际可测量的数据对采购结果进行评判后才做出采购决定。采购决定做出以后，还要进行各方面的修正，所有的过程都是透明的，而且都有可测量的数据作为依据。比如，在对供应商的核查中有一项内容：仓库里物料的布置有一条基本的原则，就是必须做到先进先出，即先进来的货必须先交给生产线用。这一点看起来非常简单，实际操作起来相当难，这不仅是一个产品新鲜程度的概念，而且是个质量管理的概念。因为先到的货如果发现问题，后到的货的质量则可以加以改进。如果先到的货不用，用后到的货，发现有质量问题，通过追溯的方法就可以判断出前面所出现的质量管理漏洞。在检查中，根据这一标准去判断一个供应商的管理非常有效。对供应商的评估有一本清单，共有50多个问题，这些问题提供给供应商，供应商如能做到实际表现和答案相符的话，那就说明供应商符合要求。另外，还有技术上包括设备工艺开发能力等方面的评审。这一程序更为复杂，最后需要经过采购委员会的批准。

高质量的供应商固然能给企业带来成本的下降，但更重要的是能保证零部件采购的质量。目前，上海通用零部件采购质量已经超过美国本土生产的同类型车。上海通用对零部件有质量一直采用PPM即100万分之多少来衡量，绝大多数零部件的PPM是零，也就是说，100万件没有出现一个有问题的，从而基本上保证了零缺陷。上海通用绝不允许有缺陷的零部件放到整车上去，一旦发现零部件有质量问题，作为采购系统就会采取一些非常措施：一方面要求供应商彻底改进生产工艺；另外运用一种叫控制发运的措施，在零部件厂、整车厂都要进行全数检验，还可以请第三方进行全数检验，从而保证装车的零件没有质量问题，同时尽快把这些造成质量问题的因素加以解决。对于任何一个系统来说，没有一点点的质量问题既不现实也不可能，重要的是如果出现问题，运用这种管理方法就可以马上解决。

有着健全的采购质量管理体系、明确的市场目标、科学的管理方法、现代化的生产条件，再加上拥有强烈信念的良好的员工队伍，这样的企业是充满活力并且战无不胜的。这也正是上海通用给予人们的启示。

分析

本案例材料涵盖了以下知识点：

（1）采购质量管理体系的建立。上海通用的成功在很大程度上取决于健全的采购质量管理体系。从案例中我们可以看出，上海通用健全的采购质量管理体系中有两个闪光点：一个是对供应商的管理，上海通用与供应商的关系不再是传统意义上的竞争关系，而是一种合作伙伴的关系，这种关系产生了双赢的局面；另一个是采购质量保证体系的建立，在上海通用有一套严格的联合采购决定的程序来保证将人为的错误降到最低限度。不管工作做得有多么细致入微，质量保证体系都是十分必要的。

（2）坚持适合企业的采购原则。遵循坚持以国产化为主和国外零部件采购为辅的策略，致力于国产化，这在很大程度上可以使降低采购成本的目标得以实现。

自学指导

学习重点

本章学习重点：采购质量；全面质量管理的概念、内涵；采购质量管理的概念、原则、作用；采购部门质量管理的要点；加强供应商质量管理；采购质量管理体系；产品检验的作用；采购质量管理的基本技术。

（1）采购质量。采购质量就是指一个组织通过建立采购质量管理保证体系，对供应商提供的产品进行选择、评价、验证，从而确保采购的产品符合规定的质量要求。

（2）全面质量管理的概念、内涵。

① 全面质量管理就是指通过组织内所有层次和所有职能部门的积极参与，使组织所提供的产品和服务的质量能得到持续不断的改进和提高的综合管理理念。

② 全面质量管理的核心内涵体现在"全面"两个字上：全面的质量，包括产品质量、服务质量、成本质量；全过程的质量管理；全员参与的质量管理；全企业的质量管理；全社会推动的质量管理。

（3）采购质量管理的概念、原则、作用。

① 采购质量管理就是指对采购质量的计划、组织、协调和控制，通过对供应商质量的评估和认证，从而建立采购管理质量保证体系，保证企业的物资供应活动的总称。

② 采购质量管理必须遵循"5R"的原则：适当的质量，适当的供应商，适当的时间，适当的数量，适当的地点。

③ 采购质量管理对于企业有着很重要的作用，主要体现在有利于提高企业产品质量；有利于保证企业生产有节奏、持续地进行；有利于保证企业产品生产和使用环节的安全。

（4）采购部门质量管理的要点。采购部门本身的质量管理是企业质量管理的一项基本活动，它的任务主要是根据生产的需要，保证采购部门在合适的时间、把合适数量的产品按照合适的质量向生产部门提供各种所需的材料，做到方便生产、服务生产、提高经济利益。具体说来主要包括采购物料的质量管理；采购物料的组织、协调与控制工作。

（5）加强供应商质量管理。采购质量管理的重点是对供应商的管理，对供应商的管理主要包括评估、认证供应商和对供应商的产品质量进行控制。

（6）采购质量管理体系。采购质量管理体系的建立是一个系统化的工程，在本章中我们从四个方面简单介绍了采购质量管理体系的建立，包括：培植现代质量管理理念，强化采购质量意识；加强采购全过程质量管理；努力做好采购质量管理的基础工作；建立采购质量管理保证体系。

（7）产品检验的作用。产品检验这一环节是必不可少的，它主要起到了严把进货质量关，确保最终产品质量；进行质量验证，对供应商实施事后质量监督；发现问题，分清责任；摸清进货质量状况，有利于保管保养四个方面的作用。

（8）采购质量管理的基本技术。建立并保持记录，从而提供符合要求和使采购质量管理体系有效运行的证据，是采购质量管理非常重要的一个问题。在本章中我们着重介绍了五种常用的基本技术：调查表、因果图、抽样检验、直方图、质量功能展开。对于每一种技术的基本原理正文中有相关介绍，我们在此不作赘述。

学习难点

本章学习难点：全面质量管理的内涵；采购质量管理的原则；加强供应商管理；采购质量管理体系；采购质量管理的基本技术。

（1）全面质量管理的内涵。全面质量管理的提出符合生产发展和质量管理发展的客观要求，它的内涵主要体现在"全面"两个字上，读者要从多个方面理解其含义。全面质量管理涉及全企业、全过程、全体员工以及产品和产品服务本身。

（2）采购质量管理的原则。采购质量管理的原则就是在适当的时候从适当的供应商处购买符合规格的适当数量的材料，采购管理必须围绕"质量"、"供应商"、"时间"、"数量"、"地点"5个方面来展开。

（3）加强供应商管理。传统上认为企业与供应商是竞争的关系。而从供应链管理的角度来看，采供双方应积极形成一种质量合作关系，这种关系会激发供应商关注质量的积极性，通过双方的信息沟通和共享，不断改进产品，提高产品质量，有利于企业成功应用全面质量管理，也有利于供应商的发展，真正实现双赢。因此，企业必须重视对供应商的管理。

（4）采购质量管理体系。采购环节的质量在很大程度上影响着企业的兴衰成败，建立并完善企业的采购质量管理体系是十分必要的。而这一工作又不是一朝一夕能完成的，它需要企业做很多方面的工作。首先就是要强化全企业在质量管理方面的意识，之后要做好基础工作和全过程的管理，最后采购质量管理保障体系的建立和完善也是不可忽视的。采购质量管理要想获得成功，离不开相关部门和人员的通力合作，要将采购质量管理融入到企业全面质量管理中来，要以顾客满意作为采购质量管理的最终目标。

（5）采购质量管理的基本技术。在采购质量管理工作中，需要了解采购工作过程中物料的质量情况，找出影响物料质量波动的原因，就要收集物料质量的数据记录，然后采用相应的方法进行采购质量问题的分析，从而解决采购质量问题，最终达到提高采购质量的目的。企业应该从实际需要出发，选择使用适合企业自身的基本技术。

复习题

一、单项选择题（在备选答案中选择1个最佳答案，并把它的标号写在题后的括号内）

下列哪种直方图是由于生产过程中存在着某种缓慢变化的因素造成的？（   ）

A. 双峰型　　　　B. 孤岛型　　　　C. 锯齿型　　　　D. 平顶型

二、多项选择题（在备选答案中有2~5个是正确的，将其全部选出并将它们的标号写在题后的括号内。错选或漏选均不给分）

1. 全面质量管理的基本要求和主要特点是（   ）。

A. 全员参加的质量管理　　　B. 全过程的质量管理　　　C. 全社会的质量管理

D. 全企业的质量管理　　　　E. 全社会推动的质量管理

2. 出现锯齿型直方图，可能是由于（   ）。

A. 测量方法不当　　　　B. 刀具磨损　　　　C. 分组不当

D. 量具精度较差　　　　E. 生产过程发生了变化

3. 出现双峰型直方图，往往是由于将（   ）生产的产品混在一起了。

A. 两批不同的原材料　　　B. 两个不同的班组　　　C. 两台不同的设备

D. 两个不同工作日　　　　E. 两个不同操作水平的工人

三、简答题

1. 全面质量管理的思想集中体现在PDCA循环上，请简述什么是PDCA循环。
2. 采购质量管理对于企业的作用主要体现在哪几个方面？
3. 采购质量管理的原则是什么？
4. 计数调整型抽样检验方案的应用条件是什么？应用这种方案有哪些优点？

四、论述题

1. 为什么说产品检验这个环节是必不可少的？产品检验这个环节主要起到了什么作用？
2. 企业应该从哪几个方面努力建立并完善自身的采购质量管理体系？简单论述一下你的分析思路。
3. 因果图主要用来解决哪些问题？举例说明因果图如何应用。

五、计算题

某车床加工零件外径尺寸测定的50个数据如下表所示，其技术要求为 10 mm ± 0.20 mm。要求：① 做出频数分布表；② 绘出直方图；③ 计算均值与 S 值。

10.08	10.07	10.13	10.13	10.24
10.12	9.91	10.08	10.05	9.99
10.01	10.05	10.22	10.28	10.01
10.13	10.00	10.20	10.07	9.85
10.06	10.13	10.18	10.00	10.03
10.15	10.08	10.19	10.17	9.98

续表

10.03	9.93	10.05	10.10	10.02
10.16	9.98	10.04	10.14	10.09
10.12	9.96	10.13	10.04	10.14
10.15	10.10	9.97	10.05	10.08

六、案例分析题

Acme 是一家大型家用电器制造公司和组装公司。公司遵循大幅度减少基本供应商的方针政策，现在负责供应家用吸尘器的序号为 149 的部件的供应商只有一个了。吸尘器的销售量在国内和出口的总和超过 100 000 台。149 号部件是非常便宜的，但它却是一个含有高安全风险的部件，其中一个要求就是部件的电气绝缘必须足够可靠，以防止用户使用时遭到电击。

149 号部件是由 Elston 电气工业公司供货的。Elston 公司是在 6 年前被 Acme 公司从 5 个潜在的供应商候选名单中挑选出来的。当时的选择原则是 Elston 产品的价格比起最相近的竞争对手的价格来说是相当便宜的。另外，Elston 已具备了相关的 BS EN ISO 质量资格证书，Acme 公司的设计人员和采购人员对它的质量管理系统也做了全面彻底的独立调查。Elston 公司以每两天的间隔向 Acme 公司供应 149 号部件 750 件，估计每月要用 15 000 件。Elston 的车间位于 Acme 公司 60 英里远的地方，所以，Acme 公司只要有两天用量的缓冲存货即可，合同中的条款已确认 Acme 公司无需对 149 号部件再进行任何独立的进货检验。

直到现在，Elston 公司供应的 149 号部件没有出现过任何质量问题的记录。因此，Acme 公司按照惯例续签了新的一年的合同。由于对所供应部件的质量的信任，从下达最初的订单起，Acme 公司就没有再对 Elston 公司的质量管理系统作审计。

然而，Acme 公司近来开始接到零售商的抱怨了，用户开始反映 Acme 公司的吸尘器有轻微的电击现象，更严重的是一个心脏衰弱的用户使用 Acme 公司吸尘器时受到电击致死，该用户的律师来信声称对 Acme 公司要采取法律行动。对 Acme 公司吸尘器的负面报道也出现在国内的宣传媒体上，因此，销售量也开始大大下滑。

经调查，已确定电击是由于 149 号部件造成的。进一步的调查又揭露出，正是 Elston 公司在不通知 Acme 公司的情况下决定在 149 号部件中使用更便宜的绝缘材料，通过这样的降低成本的方法才使 Elston 公司保持了相当便宜的价格。

对此，Acme 公司已经决定召回它在过去 4 个月中销售出去的 35 000 台吸尘器。该公司也已经发出指示，绝缘材料必须恢复到原来的标准。但是该公司知道，它的新供应商要达到这个要求至少需要 14 天，而且必然要提高价格。在此期间，Acme 公司的生产组装线必须停顿下来。

问题：

1. Acme 公司在过去工作中有哪些失误？应该怎样来改进它的质量保证系统？
2. 罗列由于这样的质量问题会引起 Acme 公司发生什么样的费用。
3. （1）为了恢复 Acme 公司的声誉，Acme 公司应采取什么样的建设性的行动？
（2）为了将来避免这样的问题再度发生，Acme 公司应采取什么样的建设性行动？
4. 这个案例对我们的采购质量管理工作有什么启示？

第9章 采购绩效评估 *

学习目标

1. 应了解、知道的内容
- 采购绩效的概念
- 采购绩效评估的概念
- 历史绩效标准、预算标准、行业平均标准、目标绩效标准
- 价格与成本指标、质量指标、数量指标、效率指标、物流绩效指标、供应商绩效指标、战略绩效指标的概念
- 标杆管理的概念

2. 应理解、清楚的内容
- 实行采购绩效评估的原因、目的和原则
- 采购绩效的分类
- 参与采购绩效评估的人员类型及其在评估中的作用
- 各采购绩效评估标准的区别
- 改进采购管理绩效的有关方法

3. 应掌握、会用的内容
- 各采购绩效评估标准的应用场合
- 各个绩效指标的衡量方法
- 标杆管理的作用、类型、实施条件

4. 应熟练掌握的内容
- 应用标杆管理进行采购绩效评估的步骤
- 如何建立各个绩效指标

自学时数

5学时。

老师导学

在高度竞争的环境中，只有讲究效率的企业才能生存，因此成功的企业意识到了

改善经营方式的重要性。评估体系的进步首先就体现在绩效衡量方面，针对采购环节来说，采购绩效评估就是评价采购部门工作的很有效的办法。从管理角度讲，任何工作都应遵循 PDCA（计划—执行—检查—处理）的过程，采购也不例外。作为企业，制定了采购方针、战略、目标及实现相应目标的行动计划后，在计划实施时还需有相应的绩效指标，用于对采购过程进行检查控制，并在一定的阶段对工作进行总结，在此基础上再提出下一阶段的行动目标与计划，如此循环往复、不断改进。总之，建立科学的采购绩效评估体系有利于管理人员将更多的注意力和资源集中到关键的环节上，并为信息传递和管理控制打下良好的基础。

在这里，需要明确的一点是，我们不能把采购绩效的评估看作一个独立的过程，而应该视其是采购管理活动的一部分。

本章将就采购绩效评估的分类、标准及具体指标进行阐述，还要介绍绩效评估的步骤及一种基于标杆管理的采购评估方法，最后介绍改进采购绩效的途径。在本章的学习过程中标杆管理是一大难点，读者可以自行查阅相关案例辅助学习。

第1节 采购绩效评估概述

一、采购绩效的概念

简单地说，采购绩效就是采购工作质量的好坏，具体说来就是指从数量和质量上来评估采购的职能部门和工作人员达到规定目标和具体目标的程度。数量上的评估主要集中在采购的效率上，即"为了实现事先一致同意的目标，计划的开支和实际的开支之间的关系"，是客观的和可以衡量的，具体表现就是采购职能部门以企业资源最小的耗费来实现预定目标的程度。质量上的评估是依据采购方对供应商关系改善的贡献、合作伙伴组织资源的能力、内部客户满意程度等进行印象评估，这种将采购方法应用于采购工作作为策略性业务功能的场合，问题的核心就是采购的效果（有效性），即"通过选择确定的行动路线，达到实现建立的目标和标准的程度"。质量上的评估主观和直觉的成分比较多。

二、采购绩效评估概述

（一）采购绩效评估的原因及作用

采购绩效评估是对采购工作进行全面系统的评价、对比从而判定采购整体水平的做法，可通过自我评估、内审、管理评审等方式进行。评估审核一般依据事先制定的审核评估标准或表格，对照本公司的实际采购情况逐项检查、打分，依据实际得分对照同行或世界最好水平找出薄弱环节进行相应改进。

西方有位管理学家曾经说过，"你永远控制不了不能衡量的事情"。因此要控制采购过程，必须制定采购绩效或表现的衡量指标，这就首先要对采购过程有深入的了解。

对采购过程进行绩效考核，主要具有以下作用。

1. 确保采购目标的实现

采购绩效考核可以有效控制采购过程，它是使采购工作依计划、有目标地进行的基础。各个企业采购目标各有不同，例如国外国有企业的采购偏重于"防弊"，采购作业以如期、如质、如量为目标；而民营企业的采购单位则注重"兴利"，采购工作除了维持正常的产销活动外，非常注重产销成本的降低。因此，各个企业需要针对采购单位所追求的主要目标加以评估，并督促目标的实现。

2. 提供改进绩效的依据

企业实行的绩效评估制度，可以提供客观的标准来衡量采购目标是否达成，也可以确定采购部门目前的工作绩效如何。正确的绩效评估，有助于指出采购作业的缺陷所在，从而据以拟订改善措施，起到惩前毖后的作用。只有持续不断地做好改进工作，才能从根本上提高企业的采购能力。

3. 作为个人或部门奖惩的参考，提高个人和部门的积极性

有效而且公平的绩效评估制度，可以使采购人员的努力成果获得适当的回馈和认定。采购人员通过绩效评估可以与业务人员或财务人员一样，对公司的利润贡献有客观的衡量尺度，成为优秀的工作伙伴，对采购人员士气的提升大有帮助。同时根据绩效评估的结果，可以针对现有采购人员的工作能力缺陷，拟订改进计划，例如安排参加专业性的教育训练。

良好的绩效评估方法也能将采购部门的绩效独立于其他部门而凸显出来，依据客观的绩效评估，达成公正的奖惩，可以激励采购人员不断前进，发挥团队合作精神，使整个部门发挥整体效能。

4. 促进部门关系

采购部门的绩效受其他部门配合程度的影响非常大，因此，采购部门的职责是否明确，表单、流程是否简单、合理，付款条件及交货方式是否符合公司管理的规章制度，各部门的目标是否一致等，都可以通过绩效评估予以判定，以便发现问题，及时改善部门之间的合作关系，提高企业整体运作效率。

总之，采购绩效的评估有利于采购部门及时发现问题，改进工作，降低采购过程中产生的成本费用，提高采购的质量，从而提升采购部门的绩效，提高采购部门在企业价值链中的地位。

（二）采购绩效评估的原则

1. 要选择适当的衡量指标，绩效指标的目标值要科学合理

一套完整的采购绩效评估体系是做好采购绩效评估工作的必要保证。采购绩效评估指标的设定要同企业的总体采购水平相适应，绩效指标的选择要明确、尽量量化，要能得到自己、顾客及相关人员的认同，要现实可行。

确定采购绩效指标目标值时首先要考虑满足内外顾客的需求，尤其是要满足"下游"顾客如生产部门、工程部门的需求。首先，原则上供应商的平均质量、交货等综合表现应该高于本公司内部的质量与生产计划要求,只有这样供应商才不至于影响本公司的内部生产与质量,这也是"上游控制"原则的体现;其次,所选择的目标以及绩效指标要同本公司的大目标保持一致;最后,审定目标时要实事求是,客观可行,又要有一定的挑战性。

2. 评估工作的持续与长期化

评估必须持续不断而且长期进行,它是整个采购工作的一部分,是与采购流程中的个性工作同步进行的。当采购人员知道绩效评估是一项长期的工作时,自然能够致力于绩效的提升,而不搞投机行为。

3. 评估工作要有全局意识

采购绩效的评估工作不仅仅涉及采购工作,还要结合整个企业的目标进行,主管负责人必须具备全局意识。

(三) 参与采购绩效评估的人员

采购绩效的评估工作是一项系统的工作,需要各个方面的人员来参与,主要包括:

1. 采购部门主管

采购主管对所管辖的采购人员最为熟悉,而且所有工作任务的指派和工作绩效的优劣,都在其直接监督之下。因此,由采购主管负责评估,可以注意到采购人员的个别和惯常表现,体现公平、客观的原则。但是采购主管进行评估时也会包含很多个人情感因素,有时会因为"人情"而使评估结果出现偏颇。因此,在采购部门主管负责的前提下,一定要有其他人员的协同参与。

2. 会计部门或财务部门

当采购金额占公司总支出的比例较高时,采购成本的节约对公司利润的贡献非常大。加之现今很多行业都已经进入了微利时代,从源头上控制成本已经成了许多企业关注的事情。会计部门或财务部门不但掌握公司产销成本数据,对资金的获得与付出也进行全盘管制,因此,会计和财务部门也可以对采购部门的工作绩效进行评估。

3. 生产与工程部门

采购工作最终是为生产服务的,采购的成效在很大程度上影响着生产与工程部门的工作,因此,生产与工程部门也应该参与到评估工作中来。

4. 供应商

有些企业通过正式或非正式渠道,向供应商探询其对本企业采购部门或人员的意见,以间接了解采购作业绩效和采购人员素质。

5. 外部专家或管理顾问

为避免公司各部门之间的本位主义或门户之见,可以特别聘请外部采购专家或管理顾问,针对企业全盘的采购制度、组织、人员及工作绩效,做客观的分析与建议。

三、采购绩效评估分类

(一) 定性评估和定量评估

在采购绩效的评估过程中会结合使用定性与定量指标。尽管说定量指标更利于采购与供应的管理,但是现实中并不是所有的指标都可以量化。一般说来在评价采购效率的时候会更多地采用定量评估,而在评估采购效果的时候则会更多地使用定性评估。例如供应商所提供商品的退货率这一指标可以很容易地定量表达,但是与供应商关系就很难定量表达了,所以用定性描述更为实际。

(二) 总体评估和具体评估

总体评估是指从整体上把握采购与供应工作,并进行评估;具体评估则是针对某一项具体的采购活动或是针对某一具体物料的采购等所进行的评估。一般说来,具体评估更注重采购效率,而总体评估则比较关注采购效果。

(三) 外部评估和内部评估

这种分类方式就如字面上所传递的信息一样,内部评估是指企业内部对采购与供应工作所做的评价;外部评估则是企业外部专家、机构等对企业采购与供应工作所做的绩效评估。在实践中,为避免公司各部门之间的本位主义或门户之见,往往结合使用内部评估与外部评估,以此达到对采购绩效客观评价的目的。

(四) 个人评估和职能部门评估

对采购绩效的评估可以分为对整个采购部门(采购团队)的评估及对采购人员个人的评估。对采购部门绩效的评估可以由企业高层管理者来进行,也可由内部客户来进行;而对采购人员的评估常由采购部门的负责人来操作。日益增加的跨职能团队使许多公司努力发展鼓励团队合作的绩效评价报酬体系。在评价个人绩效和团队绩效间寻找平衡是一项困难的工作,因为仅评价个人贡献将破坏团队合作,而仅评价整个团队的绩效会使个人丧失信心。因此,有效的评价系统必须将个人和团队的评价及奖励结合在一起,目标应该是以团队为基础的评价或个人和团队评价的结合。如果制定了具体目标并且激励系统鼓励团队合作和团队绩效,那么高效的团队绩效比有效的个人绩效更有可能产生。

(五) 定期评估和不定期评估

采购绩效的评估可分为定期和不定期式。定期评估配合公司年度计划进行,因此比较正式。由于使用这种方法时,企业会特意追求考核目标的提高而忽略其他方面,因此,对目标选择的要求比较高,要求目标选择全面。

至于不定期的绩效评估,则是以特定项目方式进行,一般由项目执行人自己进行评估。例如公司要求某项特定产品的采购成本降低5%,当设定的期限一到,根据实际成果高于或低于5%,可就此给予采购人员适当的奖惩。这种评估方式对提高采购人员的士气有很大的帮助。不定期的绩效评估方式特别适用于新产品开发计划、资本支出预算、成本降低专项方案等。

一般说来，企业会根据自身情况，结合使用定期评估与不定期评估。

四、采购绩效评估的标准

（一）历史绩效标准

选择公司历史绩效作为评估目前绩效的基础，是相当正确、有效的做法。但是只有在公司的采购部门，无论是组织、职责或人员等，均没有重大变动的情况下，才适合使用此项标准。由于现在公司的发展变化都比较快，历史绩效标准往往要经过适当调整后才可以更好地应用。

（二）预算标准

如果历史绩效难以取得或采购业务变化比较大，我们可以使用预算标准作为采购绩效评估的基础。预算标准的设定要符合下列三种原则：

1. 固定标准

预算标准要建立在科学合理的原则上，它一旦建立，就不能任意变动。

2. 挑战标准

挑战标准是指标准的实现具有一定的难度，采购部门和人员必须经过努力才能完成。

3. 可实现标准

可实现标准是指在现有内外环境和条件下经过努力，确实可以达到的水平。它通常依据当前的绩效加以衡量和设定。

（三）行业平均标准

如果其他同行业公司在采购组织、职责以及人员等方面与本企业相似，则可与其绩效进行比较，以辨别彼此在采购工作成就上的优劣。数据资料既可以使用个别公司的相关采购结果，也可以应用整个行业绩效的平均标准。

（四）目标绩效标准

预算或标准绩效是代表在现况下，"应该"可以达成的工作绩效；而目标绩效则是在现况下，非经过一番特别的努力，否则无法完成的较高境界。目标绩效代表公司管理人员对工作人员追求最佳绩效的"期望值"。一般说来，目标绩效的制定有助于鼓舞相关人员的士气。目标绩效的确定要有一定的挑战性，但千万不能高不可攀。

第 2 节 采购绩效评估指标

对采购绩效的评估是围绕采购的基本功能来进行的。采购的基本功能可以从两方面来描述：第一，把所需物料及时买回来，保证生产持续进行，就像给一辆汽车加油以使其可连续奔驰一样；第二，开发更优秀的供应源，降低采购成本，实现最佳采购。现在越来越多的领导认为"省钱最多的采购员"就是最优秀的采购员。

为了科学、客观地反映采购与供应活动的运作情况，应该建立与之相适应的绩效考核指标体系。绩效指标的选择要科学适当,要符合明确性、可测量性(即尽量量化)、可接受性(即能让自己、顾客及相关的人员认同)、现实可行性以及时效性等要求。在制定考核指标体系时,不同企业对采购的关注点不同,可根据企业的具体情况确定评估指标。一般说来以下的采购指标是比较常见的。

一、价格和成本绩效指标

价格和成本绩效是企业最重视及最常见的衡量标准,通过这些指标,可以衡量采购人员的议价能力以及供需双方势力的消长情形。价格和成本绩效衡量表现了采购的有效程度,最普遍的衡量指标包括实际价格与标准成本的差额、实际价格与过去移动平均价格的差额、使用时价格与采购时价格的差额、当期采购价格与基期采购价格之比。

(一)实际价格与标准成本的差额

这个指标用来监控企业采购的实际价格与企业事先确定的物品采购的标准成本之间的差额,反映了实际采购成本相对于采购标准成本的超出或节约额,方便企业及时采取有效的措施防止价格失控。

(二)实际价格与过去移动平均价格的差额

这个指标是指企业采购物品的实际价格与已经发生的物品采购移动平均价格的差额,它反映了采购实际成本相对于过去采购成本的超出或节约额。

(三)使用时价格与采购时价格的差额

这个指标的含义是企业在使用物品时物品的价格与采购时价格的差额。它反映了企业采购物品时是否考虑了市场的价格走势。如果企业预测到未来市场的价格走势是上涨的,企业应该在前期多储存物品;如果企业预测到未来市场的价格是下跌的,企业就不宜多储存物品。预测的准确性在很大程度上取决于采购部门对市场的把握与理解。

(四)当期采购价格与基期采购价格之比

许多企业在年初的工作计划中就设定了当年的采购成本下降若干百分点的目标(一般为 5%~15%),采购部在月度总结(月报)及年度总结(年报)中就需将此工作实绩放在首位,百忙中的领导对采购部的报告可能只关注这一点,其他方面只是匆匆一瞥。

某些企业的具体做法是这样的,把上一年度 12 月 31 日的采购价格作为基准价,将每月或全年的采购价(或采购金额)与基准价(或基准金额)比较:

$$采购成本比率 = \frac{实际采购金额}{基准采购金额} \times 100\%$$

在实际作业中,这些计算所需的数据往往是从 MRP 系统运行报告中获得的。如果一个企业没有推行 MRP 系统,依靠手工去计算的话,那对采购人员来说将是一件非常痛苦的事情,因为采购部一个月下的订单可能有好几百份,其整理、计算工作量之大可想而知。

二、质量绩效指标

质量绩效指标主要是指供应商的质量水平以及供应商所提供的产品或服务的质量表现。它包括供应商质量体系、物料质量水平等方面,可通过验收记录及生产记录来判断。

(一)质量体系

这是站在公司的角度,从全局上把握企业在采购环节的质量体系。如通过 ISO 9000 的供应商比例、实行物料质量免检的物料比例、物料免检的供应商比例、物料免检的价值比例、实施 SPC(统计过程控制,是一种借助数理统计方法开展过程控制的工具)的供应商比例、SPC 控制的物料数比例、开展专项质量改进(围绕本公司的产品或服务)的供应商数目及比例、参与本公司质量改进小组的供应商人数及供应商比例等。

(二)物料质量

在许多企业中,原材料的品质是由采购部与主管部共同推进供应商去改善的,故物料质量合格率指标也是采购绩效的一个重要指标。

$$物料质量合格率 = \frac{合格批的数量}{来料总数量} \times 100\%$$

此外还有一些常用的物料质量考核指标:

$$物料抽检缺陷率 = \frac{抽检缺陷总数}{抽检样品总数} \times 100\%$$

$$物料在线报废率 = \frac{物料总报废数(含在线生产时发现的)}{来料总数} \times 100\%$$

$$物料免检率 = \frac{物料免检的种类数}{该供应商供应的产品总种类数} \times 100\%$$

若某供应商的物料品质较差,除了敦促该供应商限期整改外,也可给予该供应商一些实际上的帮助,如帮助其改良生产工艺、培训品检人员、完善品质管理体系等。

三、时间绩效指标

时间绩效指标主要是用以衡量采购人员处理订单的效率和实施供应商交货时间的控制。延迟交货固然可能形成缺货现象,但是提早交货也可能导致买方负担不必要的存货成本或提前付款产生的利息费用。

(一)紧急采购费用指标

这是指紧急运输方式(如空运)的费用与正常运输方式的差额。紧急采购会使得购入的价格偏高。对于品质欠佳等因素也应该有所考虑。

(二)缺料停工损失指标

缺料停工损失指停工期间作业人员薪资损失,生产线再运行费用(恢复正常作业机器必须做的各项调整,包括温度、压力等)。事实上,除了前述指标所显示的直接费用或损失外,还有许多间接的损失,例如经常停工断料,造成顾客订单流失,作业人员离职,也会产生因赶时间必须支付加班费用等。

四、效率绩效指标

品质、数量、时间及价格绩效指标,主要是衡量采购人员的工作效果,而要衡量采购人员的能力,则应采用采购效率指标。

(一) 采购金额

采购金额包括生产性原材料与零部件采购总额、非生产性采购总额(设备、备件、生产辅料、软件、服务等)、原材料采购总额占产品总成本的比例等。原材料采购总额,还可以按不同的材料进一步细分为包装材料、电子元器件、塑胶件、五金件等;也可以按采购成本结构划分为基本价值额、运输费用及保险额、税额等。

(二) 采购金额占销售收入的百分比

年采购额占销售收入的百分比是指企业在一个年度里商品或物资采购总额占年销售收入的百分比,它可以在一定程度上表明企业采购资金的合理性。

(三) 订单数量

订单数量是指企业在一定时期内采购物品的数量,主要按 ABC 管理法的原则,对 A 类物品的数量进行反映。

(四) 采购部门的费用

这个指标是指在一定时期内采购部门的经费支出,它是反映采购部门经济效益的指标。如果该指标发生了急剧的上升,企业就应该检查原因,尽量缩减不必要的费用支出。

(五) 采购计划完成率

采购计划完成率指标用来衡量采购人员努力工作的绩效。指标完成率=本月累计完成件数/本月累计请购件数。对于完成件数有两种计算标准:第一种标准是采购人员签发订购单即算,另一种标准则必须等供应商交货验收完成才算。不过,采购人员若为提高采购的完成率,使议价流于形式或草率,则将得不偿失。因此,若无停工断料的风险,完成率稍低也是可以接受的。

(六) 错误采购次数

错误采购次数指未按照有关的请购或采购作业程序处理的案件。例如错误的请购单位、没有预算的资本支出请购项目、未经请购单位主管核准的项目、未经采购单位主管核准的订购单等。此种错误次数,应要求降为零。

(七) 订单处理的时间

订单处理时间是指企业在处理采购订单的过程中所需要的时间,它反映了企业采购部门的工作效率。

五、物流绩效指标

物流绩效指标越来越受企业的关注,这些指标在很大程度上与供应链的运营状况有关。

(一)库存

库存的存在一方面降低了企业在生产中停工待料的风险,另一方面也加大了企业的成本。库存的成本主要是资金占用和保管费用,企业应该将现有库存占用资金的利息及保管费用进行比较考核。

(二)运输

运输标准包括实际运输成本与预定目标的比较、逾期与滞留费用、运输承运商质量和交货绩效水平以及运输前置期指标等。

(三)客户订单履行

这个标准用于衡量一个公司如何满足下游客户,包括及时交货的比例、从客户订单到交货的总时间、被退还的订单,以及商品质量保证声明。当我们主要关注采购和上游供应链活动时,采购与物料计划人员正日益从全面供应链方面对采购进行管理,如对库存的管理就涉及下游的活动。

六、供应商绩效指标

传统上,虽然我们一直也在进行供应商的考核,但是一般都只是对重要供应商的来货质量进行定期检查,没有一整套的规范可遵循。供应商绩效考核是对已经通过认证的、正在为企业提供服务的供应商进行的定期监控和考核,其目标是了解供应商的表现,促进供应商提升供应水平,并为供应商奖惩提供依据,确保供应商供货的质量。同时在供应商之间比较,继续同优秀的供应商进行合作,而淘汰绩效差的供应商。供应商考核是一件十分繁琐且必须公正、完整的事情,企业应根据自身需要增加或减少指标。目前,关于供应商的绩效指标主要有以下几种:

(一)供应商数量

在供应商数量上主要关注开发新供应商的个数。为使供应来源充裕,对唯一来源的物料,企业通常要求采购人员必须在规定期限内增加供应商个数。供应商的数量多少在一定程度上反映了企业采购风险的大小。

(二)供应商质量

供应商质量指标是供应商考评的最基本指标,包括来料批次合格率、来料抽检缺陷率、来料在线报废率、供应商来料免检率等。这在上面提到的质量指标中已经体现。此外,有的公司会将供应商是否通过了 ISO 9000 认证或供应商的质量体系审核是否达到一定的水平纳入考核的内容。还有些公司要求供应商在提供产品的同时要提供相应的质量文件,如过程质量检验报告、出货质量检验报告、产品成分性能测试报告等。

(三) 供应商关系

一般说来，与企业建立了长期合作伙伴关系的供应商能有较好的表现，这种供应商能较好地配合企业的降价或是提升产品质量的计划。但是仅限于单次采购的供应商就极易出现投机行为。所以企业有必要对与供应商的关系进行考核，为此可进行等级评估。

(四) 准时交货比例

供应商不能按计划交货，往往会给企业的生产计划带来极大的麻烦。计划部或生管部对经常不能如期交货的供应商十分恼火头疼，计划人员与采购人员的矛盾也往往由此而生。要想提高准时交货率，除了企业应尽量提供较为可靠的需求预测给供应商外，亦需对那些不能如期交货的供应商给以经济上的惩罚，甚至取消供货资格。

$$准时交货率 = \frac{准时交货的数量}{总采购数量} \times 100\%$$

(五) 进货残缺和退货次数

这是对供应商评价时很重要的指标。对进货残缺出现的次数、残缺程度、原因，退货的次数、原因都应该有详细的记录，企业可根据这些记录进行考核。

除了上述指标以外，现在很多企业开始关注考核供应商的支持、配合与服务指标，以此来评价供应商在支持、配合与服务方面的表现。这些通常也是定性的考核，相关的指标有反应与沟通、合作态度、参与本公司的改进与开发项目、售后服务等。

七、战略绩效指标

该指标是指那些反映采购部门支持全企业和企业内所有部门目标的能力的标准。这意味着减少对纯粹的效率标准（例如当前这批采购的成本）方面的重视，而更关注效果标准（反映采购的战略贡献）。后者的例子包括企业实施电子采购的情况、供应商在产品设计过程中的工作、关注供应商成长的费用及其收益等。

表9-1中列出了一些常见的战略绩效指标的例子，它们从一个侧面反映了采购部门的绩效指标是怎样从严格的效率绩效转变为对采购效果的关注的。换句话说，这些指标表现了随着采购部门从运营层向战略层的转变，采购绩效的评价系统也要随之调整。

表 9-1 常见的采购战略绩效指标

- 用于考察供应商的采购预算的百分比
- 通过质量认证的供应商的比例
- 供应商参与早期产品设计或其他价值增值活动
- 供应商提供技术，使公司可以提供给客户特别的最终产品从而带来收益
- 供应商的开发与培训比例
- 供应商的选择与评价的总成本
- 供应商前置期指标
- 公司衡量采购活动对资产回报、投资回报及价值增值的贡献
- 用于长期合同的采购费用比例

续表

- 运用公司范围的协议获得的节约
- 供应商的质量水平、成本绩效以及与世界水平的绩效目标相比较的交货表现
- 电子采购比例
- 采购对于产品开发生命周期的贡献
- 采购提前期
- 供应商参与前期产品设计比例
- 供应商成长费用与收益
- 内部客户对采购工作的服务满意度
- 由战略资源外包实现的投资和资产回报
- 零部件标准化带来的节约
- ……………

当今，越来越多的经理看到了采购与供应对于组织成功的巨大价值，因此，在**制定考核**系统的时候会主动运用一些能够增加价值和提供信息的指标，以奠定企业持续**发展**的基础。每个组织都必须开发一个适合自身需要和发展的考核计划。

考核本身并不会改变绩效。但是，通过将测评和针对改进的行动计划结合起来，**加上**一个好的奖惩体系来激励员工，将能保持组织的竞争力。

第3节 采购绩效的评估

一、采购绩效评估的步骤

采购绩效评估系统的开发需要领导的支持和高层管理者的承诺，他们需要提供系统必需的财务资源。管理层也会要求所有的采购点尽量运用相同的系统结构，这能减少重复的工作以及节约开发与实施成本。开发并实施采购绩效评估包括如下一系列活动：确定需要评估的绩效类型、具体评估指标设定、建立绩效评估标准、选定评估人员、确定评估时间和评估频率、实施评估并将结果反馈。

（一）确定需要评估的绩效类型

上一节我们讨论了不同的绩效衡量标准，在采购绩效评估活动中，第一步就要确定公司所需评估的绩效类型。一个企业要根据自身的实际情况选择不同的绩效类型进行组合，所选择的绩效类型必须与公司及采购部门的目标和任务相结合。选择绩效类型是开发采购绩效评估系统中的关键一步。

（二）具体评估指标设定

一旦确定了绩效评估类型，接下来的工作就是确定具体的绩效评估指标，成功的采购绩效评估指标必须清晰、可衡量。所谓清晰就是指员工必须正确理解该指标的含义，并认同该指标，这样才能引导绩效按期望的结果发展。所谓可衡量是指建立的估

计指标必须是能够准确测量、估计和计算的。

(三) 建立绩效评估标准

为每一项指标建立相应的绩效标准也是十分重要的,这些标准能够量化要求的绩效目标和目的。管理部门不能规定高得不可能完成的标准,太容易达到的标准又没有挑战性。因此,好的绩效评估标准一定要适度。

绩效评估标准必须是现实的,能反映企业内外部的实际情况。这意味着标准是具有挑战性但是经过刻苦努力也是可以实现的。

在前面我们已经详细讲解过如何建立绩效评估标准。企业通常会考虑三种标准:(1) 历史标准;(2) 预算标准;(3) 行业平均标准。在此不再赘述。

(四) 选定评估人员

采购绩效的评估需要多方面的人员参与,这在前面已经详细讲述过。在这里需要强调的是,选定评估人员的时候一定要避免选择本位主义严重的员工,而且所选专家要了解企业的实际情况。

(五) 确定评估时间和评估频率

好的采购绩效评估系统要对不同的绩效类型设定不同的评估时间和频率,这样才能保证评估的结果及时有效。因此,管理者必须确定什么样的频率对不同的绩效类型更有效。比如对入库运输状况的评价就必须是频繁的(每天或是实时的),而对于供应商绩效的总评价则可以按每周一次或每月一次的频率进行,时间可定在每周一或是月初。

(六) 实施评估并将结果反馈

实施评估是一个系统性的工作,需要很多部门的良好沟通与配合,实施的结果也要及时反馈。这时候管理者要思考的问题是如何才能更好地利用反馈的结果。反馈结果一方面表明了采购部门所取得的成绩,另一方面也揭示了采购中存在的诸多问题。在肯定成绩的同时也要着力解决发现的问题,只有这样,才能达到实施采购绩效评估的目的。

图 9-1 中,虚线框中是采购绩效评估的实施阶段,一般包括:

(1) 进行沟通。评估参与各方进行有效的、持续的、正式的和非正式的评估沟通。这在评估的实施阶段是非常重要的,良好的沟通是做好后续工作的基础。

(2) 保持记录。观察绩效表现,搜集绩效数据,将表现采购绩效的痕迹、印象、影响、证据、事实都记录下来,并做成文档。

(3) 评估。通过检查、测评、绩效考核、绩效会议等进行对比、分析、诊断、评估。

(4) 识别。识别采购工作在各个领域中的缺点和优点,并加以确认。

(5) 激励。包括正激励、负激励、报酬、教导、训诫、惩罚等手段。

在完成绩效评估之后,对评估中发现的问题要及时改进,这往往是最容易忽视的环节,却又是最重要的环节。最后要将改进后的结果反馈给相关部门,这样在下一轮

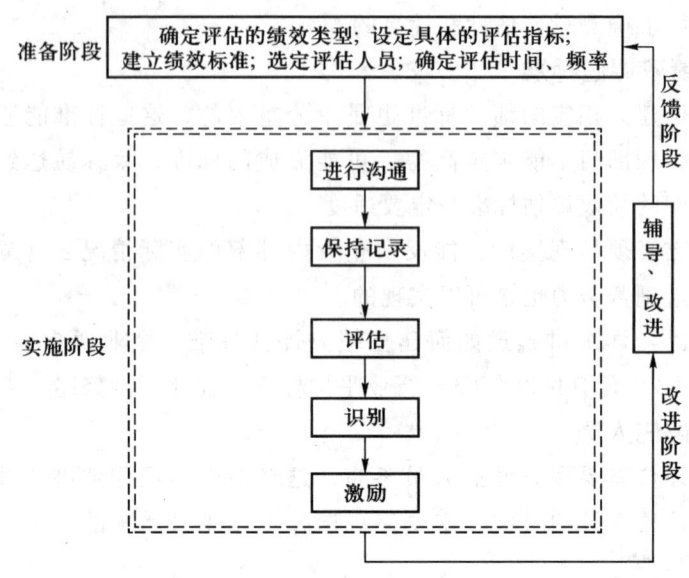

图 9-1 采购绩效评估流程图

的绩效评估中，采购绩效的标准就会有所提高。也只有这样，企业才能从真正意义上提高采购绩效。

二、基于标杆管理的采购绩效评估

（一）标杆管理的定义

一种越来越流行的建立绩效标准、过程、测量方法和目标的方法就是标杆管理（Benchmarking Management）。标杆管理本身并不是一种专用于采购管理环节的方法，而是企业和部门层次的管理者常用的一种方法。标杆管理是一种通过和该企业最大的竞争者或者行业的领导者进行比较，对产品、服务、流程、行动和方法进行持续评价的方法。一般说来，标杆管理过程要求和最好的公司比较获得测量绩效，发现最好的公司是如何实现他们的绩效水平，并且把这些信息作为建立公司绩效目标、行动策略和战略计划的基础。

标杆管理不是总和竞争者相比较，企业经常依靠和非竞争者进行比较来获得信息资源。特别是在建立标杆流程或者是部门互动要跨越不同的行业时，从合作的非竞争者那里更容易获得标杆管理的数据和信息。

对于行业中的非领导性企业来说，标杆管理也是必要的。但是，很多企业还没有意识到标杆管理的重要性。当然，领导者也应该重视实施标杆管理，只有这样才能保持行业领先地位。

（二）标杆管理的作用

积极使用标杆管理的企业希望从一系列过程中获益。标杆管理的过程能帮助企业识别最好的企业或是部门所采用的办法，并且应用于自身商业活动中来，这可以直接导致绩效的提升；标杆管理也能打破因循守旧的状况；管理者开始关注企业外部的情况，考虑到底是什么能让自己的绩效水平处于同行业领先地位，这有助于帮助企业获得有价值的市场信息。

（三）标杆管理实施的条件

有一些因素是标杆管理实施的必备条件。标杆管理应该从真正意义上被企业和各个部门接受，而不能只是一种时尚。与企业相关的实施条件可以分为以下3类：

1. 结构条件

- 足够的财务能力
- 充足的时间
- 拥有足够的标杆管理知识并能够灵活运用
- 具备竞争能力和发展潜力
- 拥有核心过程的资料

2. 文化条件

- 有抱负
- 有变革的欲望
- 愿意共享信息
- 管理承诺
- 雇员参与

3. 技能条件

- 有关的过程资料，如企业流程图
- 理解不同的运作过程如何影响企业的竞争优势和关键成功因素
- 过程的绩效标准

如果上述条件都能满足或者至少大部分能满足，标杆管理或许是一种适用的工具。

图 9-2 很简单地描述了变革程度和消耗时间资源的关系图，由此可以看出标杆管理对企业的要求是很高的。当然，一旦企业能成功地实施标杆管理，所取得的收益也是很大的。

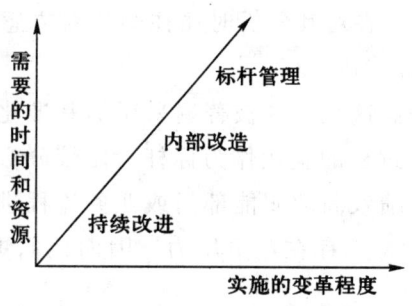

图 9-2　不同变革方法的比较

（四）标杆管理的类型

从不同的角度可以将标杆管理划分为不同的类型。

1. 根据实施标杆管理活动的主体不同划分

第一种是战略标杆管理。它要求将企业的市场战略和其他企业的市场战略相比较。战略标杆管理通常包括和领先的竞争者进行比较，并且要求企业对领先的竞争者的战略有一个深刻的理解。利用获得的这些知识，企业可以建立战略和计划以便对抗和预测竞争者的状况，取得竞争优势。这种标杆管理是企业层面的活动，需要全企业各个部门的共同参与，大力协作。

第二种是运营标杆管理。它是指进行标杆管理比较后所采取的行动。运营标杆管理注重职能活动的不同方面，并且需要发现取得最佳绩效的方法。选择建立标杆的部门和活动是运营标杆管理成功的关键。企业应该综合考虑自己的供应链，选择那些获得最高收益率的职能活动作为标杆管理的对象。现在越来越多的企业开始重视自己的采购环节，在采购环节实施标杆管理，通过提高采购部门的绩效来提升企业的综合竞争力。从某种意义上说，采购管理的标杆活动属于运营标杆管理的范畴，但也不完全是，因为在战略标杆管理的活动中也涉及了采购部门的活动。

第三种是支持性活动的标杆管理。在这个过程中，公司内部的支持性部门可以通过与外部供应商提供同样的支持性活动或者服务的比较，表明自己活动的成本效用。现今，企业越来越重视使用支持性活动的标杆管理，这可以成为控制管理费用，降低成本的方法。

2. 根据作为标杆的对象的不同划分

第一种是内部标杆管理。这是在企业内部进行的一种较为简单的管理方式，一般是将绩效比较高的部门作为标杆，分析其流程、工作方式的优越性，进而推动其他部门工作绩效的提高。由于企业内部容易实现信息共享，且会计记账原则一致，因而这种方法比较容易实施。

第二种是竞争者标杆管理。这是以同行业的竞争者作为标杆的管理方式。同行业的竞争者和本企业提供类似的产品或服务，面对类似的市场环境和消费者，承受着相同的市场竞争，一些衡量指标和行业标准也是一致的，因而便于拿过来作为标准相比较。但是，由于竞争的压力，在对其分析时往往会让对方感受到威胁，因而想获得竞争对手的信息是比较困难的。

第三种是广泛标杆管理。这是一种被普遍采用的基准化管理方式，是以某个行业的领先者或者有着类似成长过程的企业作为标杆，比较分析与其管理方式、决策制定等方面的差距，或者选择其绩效高的职能部门或业务流程进行比较分析。由于这样选定的企业不一定是同行业的，不存在竞争压力，因而他们更愿意提供和分享其理念、技巧、方法等。

要注意的是，前两种方法在同一企业或同一行业内，由于使用的标准、统计方法、会计原则都一致，且涉及的衡量指标等都是相对应的，因而分析的时候只需将相应的方面加以比较，而运用第三种标杆管理方法就没有那么简单了，这需要我们的管理者有很高的洞察力，能够从不同行业的企业中找到自己学习的样板。

第四种是流程的标杆管理。这是以最佳的工作流程为标杆的标杆管理方式。比如选择某企业科学的采购流程作为标杆，通过比较分析，找出本企业的不足并进行改进。

（五）标杆管理的过程

一般说来标杆管理的过程大致可以分为5个阶段，经历了这些阶段之后，企业才能从标杆管理中获得收益（表9-2）。

表9-2 标杆管理实施过程

阶段	特点
计划	① 决定哪种产品、流程或部门要实施标杆管理 ② 识别标杆管理目标 ③ 识别需要的数据和信息资源
分析	① 确定为何标杆目标企业会成功 ② 确定引入标杆企业的最好方法 ③ 识别未来的趋势和绩效水平
整合	① 和公司重要成员沟通对标杆企业的发现 ② 根据对标杆管理的分析结果制定运营目标和部门目标
实施	① 在实施计划形成的过程中，确定负责实施计划的人员 ② 建立时间计划，观察并且及时更正目标和计划 ③ 建立标杆管理沟通系统
成熟	① 在企业所有层次中继续使用标杆管理 ② 在标杆管理过程中不断提高绩效水平

资料来源：摘自 Robert C. Camp, "Benchmarking: the Search for Best Practices that Lead to Superior Performance", Quality Progress（February 1989）。

下面，我们结合采购部门的实际情况进行一下简单的分析。

1. 计划

在标杆管理过程的初始阶段，采购部门应该首先确定问题，诸如哪些采购绩效类型要设立标杆，选择哪个企业的相应部门作为标杆目标（竞争者、合作者，还是两者皆有），以及如何才能取得它们的数据和信息。应该说标杆管理计划专注于流程和方法，而不是量化的绩效结果，是流程和方法带来了量化的结果。

2. 分析

数据和信息的收集与分析发生在第二阶段。这时候必须明确为什么标杆企业的绩效会更好，需要提出一系列问题：

- 为什么标杆企业会做得更好？
- 本部门与所确定的标杆企业差别有多大？
- 本部门可以直接运用标杆企业的最优策略吗？
- 我们能否在此基础上设计出更好的提升绩效水平的方法？

这个过程是不容忽视的，因为这个过程需要采购部门的管理人员和公司相关的管理者解释和切实理解标杆企业的流程、方法和活动。这个过程需要我们做一系列的工作，首先是通过实地调查，搜集数据、处理数据、加工数据、分析比较，更好地了解目标企业的信息；其次是与本企业现有的经营模式进行比较，寻找差距，为本企业找到改进的方向和方法。

3. 整合

这一过程紧接着分析环节。整合是为了更好地实施。在这一环节采购部门要和公司重要成员沟通对标杆企业的发现，并根据对标杆管理的分析结果制定运营目标和部门目标。

4. 实施

实施阶段就是把标杆管理的发现落实为具体的实施计划，这是实现标杆管理目的的关键一环。这个阶段中的重要问题包括确定直接负责实施计划的人员。而实施计划包括计划格式、建立一个时间表及时更正计划和目标，以及建立一个报告系统及时进行沟通，以便实现标杆管理的目标。需要指出的是，针对采购部门的标杆管理不能只靠采购部门本身完成，它需要企业各个层面、各个相关部门的大力配合。

5. 成熟

当所建立的标杆管理在绩效计划和目标的过程中达到广泛接受的程度时，标杆管理过程就到了成熟阶段。标杆管理达到成熟阶段的另外一个显著特征就是企业相关部门意识到绩效的不断提升是标杆管理的直接结果。

标杆管理过程的本质是建立绩效目标和行动。没有外部的比较，大多数企业很难了解最好的方法是什么，也不知道竞争对手在做什么。采购部门在建立计划、绩效衡量标准时必须认可这种做法。

三、改进采购绩效的途径

随着大部分产品进入微利时代及中国加入世界贸易组织，国内企业将与国外企业在同样的游戏规则下展开竞争，优胜劣汰将不可避免。在这种大背景下，采购部所承担的责任越来越重，这就迫使采购人员要想办法提高绩效。采购绩效的提升可以从营造绩效改进的工作氛围、强化内部管理、使用新技术及与供应商开展更优秀的合作等方面来实现。

（一）营造绩效改进的工作氛围

融洽、和谐、流畅的工作气氛是搞好各项工作的基础。如果采购组织内部存在强烈的矛盾，采购人员与供应商之间互相不信任，缺乏合作诚意，工作人员的第一感觉是"如履薄冰，处处小心行事"，本来全部精力应投在刀刃上，但是事实上却严重分散了注意力。

采购工作人员要经常把自己的业绩与高水平同行相比，不要对已经取得的成绩沾沾自喜。采购行业能人很多，特别是有过多年跨国采购经验的高级职员，他们的经验值得借鉴学习。

采购组织的管理职能部门应定期对采购人员的业绩、供应商的业绩进行测量，并进行排名，再配以相应的奖惩制度。如此一来，采购业务会不断改善，有时会有想象不到的意外收效。

总之，要形成一个好的绩效改进的工作氛围，使每一个员工、每一个合作的供应商不沉迷于现有的成绩，而是彼此之间相互沟通，共同努力，以便持续改进绩效。

（二）通过强化内部管理来提升采购绩效

不同企业的管理方式及水平有很大的不同或差距。一般来说跨国公司由于有较长的在市场经济下经营的历史及较健全的企业制度，故在管理方面有很多值得国内企业（特别是国有企业）借鉴的地方。当然，少部分在国内土生土长的企业（如青岛海尔等）也有一套行之有效的先进管理方案。

管理的根本是管人，一个企业最宝贵的资产是它的雇员而不是价值上亿元的先进设备或雄伟气派的厂房，再先进的设备若没有合格的人去操作也不过是一堆废铜烂铁。我们时常看到这样一句话：科技以人为本。这句话的根本在于在企业实际运作中如何操作，而不是喊喊口号这么简单。与其他部门相比较，采购部对人的依赖性更大，采购工作的大部分内容是人与人的交往。

从管理角度去提升采购绩效主要应关注以下几个方面：

（1）在企业内建立合适的采购队伍（团队），提供必要的资源。
（2）选聘合格人员担当采购人员，给予必要的培训。
（3）给采购部及采购人员设立有挑战性但又可行的工作目标。
（4）对表现突出的采购人员给予物质及精神上的奖励。

（三）采用新技术提升采购绩效

令人惊讶的是，在信息化程度相当高的今天，仍有相当一部分企业（以中小型企业为主）还在采用着很原始的采购作业方式，其工作效率、反应速度、成本控制已不能适应白热化的市场竞争。20世纪80年代以后，越来越多的新技术被采购行业所采纳，并取得了良好的经济效益，最典型的就是MRP系统的推广使用及被视为新经济时代作业方式的电子商务在采购业的应用。

传统通信技术，如电话、传真、信函等虽已被使用了几十甚至上百年，但在今天仍发挥着重要作用，而且科学技术的发展为这些古老的通信手段增添了新的生命力。

现在，比较流行的新技术包括：

（1）建立企业内部网（Intranet）及使用国际互联网（Internet）。
（2）推行MRP系统。
（3）使用条形码及与供应商进行电子数据交换（EDI）。

（四）通过与供应商开展更好的合作来实现采购绩效的提升

前面讲的都是如何从企业内部去提升采购绩效，其实采购部的合作对象——供应商的表现在很大程度上制约着采购绩效的提升，而供应商的表现与采供双方之间是一种什么关系又有很大的联系。一般来说，与企业建立了长期合作伙伴关系的供应商能有较好的表现，这种供应商能较好地配合企业的合理的降价计划。

（五）通过开发优秀的新供应商来降低采购总成本

为了降低采购总成本，许多采购人员把相当部分精力放到了开发新的供应商上，许多大企业的采购部成立了"供应商开发小组"，有的企业甚至把它作为一个独立的部门来运作。一般要求新供应商的地理位置在采购方所在地附近，这样有助于解决开发过程中的问题。如果一个企业因历史原因致使大部分或主要供应商在海外，那么它的供应商开发工作其实就是"本地化"——在当地寻找合适的供应商。本地化不仅可大大缩短交货期，而且采购单价一般可降低 20%～40%。对大部分物料（商品）而言，国内廉价的制造成本已使得海外制造企业在价格上无法和国内企业进行竞争。

采购绩效的改进途径中涉及供应商的内容在第 5 章有详细的论述。

个案分析

案例材料

某公司采购管理绩效考核实施办法

为适应本公司重组改制后的新体制、新机制的要求，进一步深化采购管理绩效改革，转换运行机制，加强采购管理，大力推进物资采购电子商务工作，实现采购与供应效益最佳化，特制订本考核实施办法。

1. 考核内容

1.1 保证生产建设物资供应

采购部门是为生产与工程部门服务的，因此要千方百计地从质量、进度、服务等方面保证生产建设需要，杜绝发生物资采购重大质量事故，不能因供货不及时而影响生产建设进度。

1.1.1 采购的物资质量要满足设计、技术、工艺要求，符合产品质量标准。建立事先、事中、事后质量监督办法和实施程序，严格把好选样、选择供应商、合同签订、设备监测、质量检验等环节，实施质量责任跟踪制度，健全质量管理档案。质量监督职责落实到部门、岗位，并配备必要的质量检测设施。

1.1.2 采购要满足生产建设进度要求。加强与计划、设计、技术、工程等部门和使用单位的联系，主动深入生产、检修、施工现场，掌握物资需求动态和进度控制点，准确编制物资采购计划，保证进度，责任落实到部门、人员，加强资源组织全过程的调度、协调度，抓好催交催运，确保按期供货。

1.2 物资采购电子商务

改变传统采购订货方式，积极开展物资采购电子商务。集团公司、股份公司规定的上网采购物资品种做到全部上网采购，未经批准不得擅自在网下采购。完善物资采购电子商务运行程序和实施办法，职责落实到部门、岗位，严格按物资采购电子商务有关规定实施网上正确操作；信息管理部门要及时维护，确保网络运行畅通；物资采购电子商务要做到公开、规范、提高效率。

1.3 主要物资集中采购

从体制、管理、资金上形成主要物资集中采购的运行机制。集团采购、统一组织采购要认真执行有关文件的规定。各单位内部要由一个供应部门负责主要物资集中采购，集中采购物资占本单位全部采购物资的 80% 以上。公司所需物资要委托股份公司分（子）公司物资采购部门采购，按关联交易有关规定规范运作，做到横向归总，纵向集中。按照资金流和物资流相一致的原则，财务部门要按采购权限划拨采购资金，集中采购所需资金划拨到负责集中采购部门使用，不符合采购权限的不能支付采购资金，建立与采购计划、采购权限相配套的资金申报、审批、结算运行程序。

1.4 节约采购资金、降低采购费用

1.4.1 强化物资采购管理，完善物资采购全过程完整的管理制度和运行程序。

（1）要制订实施完整的物资计划编制、平衡、审批和执行程序，并认真付诸实施。设计、机动、工程、计划等部门和物资需用单位要增强物资计划管理意识，计划下达要及时、准确、严肃，尽可能地减少临时、零星追加计划，努力提高计划准确率；物资供应各环节计划管理职责明确，做到计划有依据、使用有方向、用料有核销，既保证生产建设需要，又不造成积压浪费。

（2）物资采购要坚持公开、规范和竞争的原则，建立并严格执行询比价、招议标采购规定和实施办法，加强价格、合同的管理，建立、完善价格合同的监控体系。

（3）加强资源市场建设和供应商的管理，认真执行集团公司、股份公司关于资源市场建设的各项规定。按照"控制总量、提高质量、优胜劣汰、公正廉明"十六字方针，规范完善一级资源市场和各单位二级资源市场；明确资源市场管理部门，严格按资源市场的各项规定实施运作；加强对供应商的考核，既要引入竞争，又要与供应商建立良好的合作伙伴关系。

（4）统一节约采购资金计算办法，建立节约采购资金审核确认程序，做到全面、真实。节约采购资金分解落实到部门、岗位，严格考核，奖罚分明。

1.4.2 严格采购费用管理

建立控制采购费用管理制度及实施办法，努力减少管理费、二次运杂费支出，严格预付款审批。费用控制指标要分解落实到部门、岗位，严格采购全过程费用监督考核，努力降低物资采购费用支出。

1.5 储备资金管理

做到控制物资储备数量、优化库存结构、加速资金周转。要建立健全物资储备资金管理制度，核定合理的储备资金定额，职责落实到部门、岗位，严格考核控制；主要物资实施集中统一储备，避免分散重复储备；要充分利用买方市场的有利条件，逐步扩大利用社会库存的范围，要采取零库存和代储代销等方式，减少储备资金占用；在现有的基础上，扩大集资储备范围；要积极推动区域或联合储备；定期开展清仓查库和库存结构分析，对长期积压物资要制订专门的处理办法，采取改代利用、调剂、降价、报废等措施，落实责任积极处理；要建立防止积压物资责任制，并从计划、采

购等环节最大限度地减少新积压的产生。

2. 考核标准

绩效评估指标及评估标准如表9-3所示。

表9-3 绩效评估指标及评估标准

序号	评估内容	评估指标	评估标准
1	保证生产建设物资供应	物资供应满意程度	≥80%
2	物资采购电子商务	上网采购率	100%
3	物资集中采购	集中采购率	≥80%
4	节约采购资金	采购资金节约率	≥2%
5	降低采购费用	采购费用率	执行一年后再定标准
6	储备资金管理	储备资金周转天数	本企业近三年最好水平

3. 考核办法

3.1 股份公司物资装备部负责对集团公司、股份公司各单位物资采购管理工作绩效进行考核。各单位自行考核后由物资采购归总管理部门按时填报《企业物资采购管理考核指标报表（月报）》和《企业物资采购管理考核指标报表（半年报）》，并做文字说明，主管物资供应领导审批后加盖单位公章，报股份公司物资装备部；物资装备部对各单位不定期进行抽查，对各单位物资采购管理绩效考核达标情况进行通报。

3.2 各单位进行自查考核。要成立物资采购管理绩效考核领导小组，由企业主管物资供应领导负责，企管、供应、财务等有关部门参加，负责考核的领导组织工作。由物资采购归口管理部门负责考核的具体实施。物资供应保证程度指标由各单位企管部门负责考核；采购费用要由财务部门提供并确认。

4. 考核工作要求（略）

5. 考核奖惩（略）

6. 本考核实施办法于2004年1月1日起试行

7. 本考核实施办法由股份公司物资装备部负责解释

（附表略）

分析

本案例材料涵盖了以下知识点：

（1）确定采购绩效的指标。案例表明，在目前阶段评价企业采购行为确实是一件很繁琐的事情，采购绩效的指标涉及方方面面，很多时候主要是靠积累的经验和对企业内外环境的了解，建立一套程序和系统来监控企业采购部门的采购绩效。

（2）确定采购绩效的评估标准。案例中并没有标明采购绩效的评估标准是如何确定的，一般说来，采购绩效的评估标准有历史绩效标准、预算标准和行业平均标准。标准的确定要科学合理，不能高不可攀，也不能没有任何挑战性。

（3）采购绩效评估的实施办法。案例中比较详细地介绍了考核的办法和工作要求，对企业内部相关的部门提出了相应的要求。这使我们能更好地理解采购绩效的评估是一个系统的工作，需要企业内部各个层次、各个相关部门以及供应商的通力合作。

（4）采购绩效的改进途径。案例中，在叙述采购绩效的考核内容时涉及了很多提升采购绩效的方法，例如实施电子采购、加强内部管理等。读者可以细心体会。

自学指导

学习重点

本章学习重点：采购绩效评估的原因、目的；采购绩效评估的原则；采购绩效评估的标准；采购绩效评估的分类；采购绩效评估的指标；采购绩效评估的过程；标杆管理的概念、作用、实施条件、类型及评价步骤；改进采购绩效的途径。

（1）采购绩效评估的原因、目的。只有对采购活动进行衡量才能更好地对采购活动进行管理。采购绩效的评估有如下作用。

① 确保采购目标的实现。

② 提供改进绩效的依据。

③ 作为个人或部门奖惩的参考，提高个人和部门的积极性。

④ 促进部门关系。

（2）采购绩效评估的原则。采购绩效的评估工作首先要遵循的是要选择适当的衡量指标，绩效指标的目标值要科学合理；其次是评估工作的持续与长期化；最后是对评估工作要有全局意识。

（3）采购绩效评估的标准。只有经过比较才可以更好地把握企业采购工作的成效。一般说来，比较常见的采购绩效的评估标准包括历史绩效标准、预算标准、行业平均标准。

（4）采购绩效评估的分类。根据不同的分类标准可将采购绩效评估分成不同的类型，分类是为了帮助我们更好地理解采购绩效的评估工作。在本章的学习中，我们简单介绍了几种比较常见的分类：定性评估和定量评估，总体评估和具体评估，外部评估和内部评估，个人评估和职能部门评估，定期评估和不定期评估。

（5）采购绩效评估的指标。为了科学、客观地反映采购与供应活动的运作情况，应该建立与之相适应的绩效考核指标体系。本章比较详细地介绍了几类常见的绩效评估指标，有一些是对采购效率的衡量，还有一些则关注对采购效果的衡量。在实践中，企业已经由原来单一地关注采购效率，转向对采购效果与采购效率的共同关注。

（6）采购绩效评估的过程。采购绩效评估系统的开发需要领导的支持和高层管理者的承诺，他们需要提供系统必需的财务资源。开发并实施采购绩效评估包括如下一系列活动：确定需要评估的绩效类型、设定具体评估指标、建立绩效评估标准、选定评估人员、确定评估时间和评估频率、实施评估并将结果反馈。

（7）标杆管理的概念、作用、实施条件、类型及评价步骤。

① 概念。标杆管理是一种通过和该企业最大的竞争者或者行业的领导者进行比较，对产品、服务、流程、行动和方法进行持续评价的方法。一般说来，开展标杆管理要

求和最好的公司进行比较以获得测量绩效，发现最好的公司如何实现绩效水平，并且把这些信息作为建立公司绩效目标、行动和战略计划的基础。

② 作用。标杆管理的过程能帮助企业识别最好的企业或是部门所采用的办法，并且应用于自身商业活动中来，这可以直接导致绩效的提升；标杆管理也能打破因循守旧的状况，促使管理者开始关注企业外部的情况，考虑到底是什么能让自己的绩效水平处于同行业领先地位，这有助于帮助企业获得有价值的市场信息。

③ 实施条件。尽管标杆管理可以给企业的发展带来很多好处，但并不是所有的企业都适合实施标杆管理。开展标杆管理所需的资源和时间都比较多，变革幅度也很大，它对企业的结构、文化、技能等方面都提出了很高的要求。

④ 类型。从实施标杆管理活动的主体的角度可以将标杆管理活动划分为战略标杆管理、运营标杆管理、支持性活动的标杆管理；按作为标杆的对象的不同可以将标杆管理活动划分为内部标杆管理、竞争者标杆管理、广泛标杆管理和流程标杆管理。

⑤ 评价步骤。标杆管理的过程本质是建立绩效目标和采取行动，可分为计划、分析、整合、实施、成熟5个阶段。

(8) 改进采购绩效的途径。改进采购绩效的途径有很多，本章主要介绍了5种主要的改进途径：营造绩效改进的工作氛围，强化内部管理，采用新技术，与供应商开展更好的合作，开发优秀的新供应商等。企业可以考虑结合采用上述途径。

学习难点

本章学习难点：采购绩效评估的原则，采购绩效评估的指标，标杆管理的应用，改进采购绩效的途径。

(1) 采购绩效评估的原则。采购绩效的评估是一项系统性工作。和其他绩效评估工作一样，开展采购绩效评估的工作要立足全局，要长期持续进行，还要有科学的绩效评估指标作前提。

(2) 采购绩效评估的指标。绩效指标的选择要科学适当，要符合明确性、可测量性（即尽量量化）、可接受性（即能让自己、顾客及相关的人员认同）、现实可行性以及时效性等要求。在制定考核指标体系时，不同企业对采购的关注点不同，可根据企业的具体情况确定评估指标。采购绩效评估指标的制定是采购绩效衡量活动中最为关键的一个环节。

(3) 标杆管理的应用。需要提醒读者注意的是，并不是所有的企业都适合实施标杆管理。由于标杆管理的变革程度较高，所耗费的时间和资源也比较多，它对企业在组织结构、学习能力、技能水平等方面提出了很高的要求。标杆管理的应用不仅仅局限于采购部门，它的实质就是建立适合企业本身、企业内部各个事业部或是职能部门的绩效目标和行动。无论在企业内部哪个层次实施标杆管理，都是一个系统化的过程，需要相关部门、人员的通力合作。

(4) 改进采购绩效的途径。绩效评估本身并不能改进绩效，绩效评估是为了衡量采购与供应活动的成果，肯定成绩，并找出不足。在找出不足后，企业就要选择合适的改进采购绩效的途径。采购绩效的提升可以从营造绩效改进的工作氛围、强化内部管理、使用新技术及与供应商开展更好的合作等方面来实现。

复习题

一、单项选择题(在备选答案中选择 1 个最佳答案,并把它的标号写在题后的括号内)

当一个小公司的采购部门,无论是组织、职责或人员等均没有重大变动的情况下,比较适合使用以下哪种采购绩效评估标准?(　　)

A. 历史绩效标准　　B. 预算标准　　C. 行业平均标准　　D. 国际最先进标准

二、多项选择题(在备选答案中有 2～5 个是正确的,将其全部选出并将它们的标号写在题后的括号内。错选或漏选均不给分)

1. 采购绩效评估的原则包括(　　)。

A. 评估工作要有全局意识

B. 选择适当的衡量指标,绩效指标的目标值要科学合理

C. 评估工作的持续与长期化

D. 评估工作可断可续,时间比较灵活

E. 选择适当的衡量指标,绩效指标的目标值必须达到国际先进水平

2. 参与采购绩效的评估人员包括(　　)。

A. 生产与工程部门人员　　　　B. 采购部门主管

C. 会计部门或财务部门人员　　D. 供应商

E. 外部专家或管理顾问

3. 从作为标杆的对象的不同可以将标杆管理活动划分为以下哪些类型?(　　)

A. 内部标杆管理　　　　B. 战略标杆管理

C. 竞争者标杆管理　　　D. 广泛标杆管理

E. 流程的标杆管理

三、简答题

1. 绩效标杆管理按实施主体不同可以分为哪三种类型?哪种类型最常用于采购部门?

2. 企业实施采购绩效的评估有什么作用?

3. 简单解释下面每句话的含义:

(1) 采购标准不是独立的。

(2) 不存在最好的绩效衡量方法。

(3) 很多行业需要从关注采购活动效率的运营指标转移到关注效果的战略指标上。

(4) 采购绩效评估系统不能取代扎实的管理。

4. 建立关注价格与成本的绩效指标有什么好处?

5. 工业公司的总经理使用采购部门的开支占采购总额的比例来评估采购人员的绩

效。你认为这是一个合理的程序吗？说出赞成或是反对的理由。

四、论述题

1. 现今，很多企业开始减少对纯粹的效率标准（例如当前这批采购的成本）方面的重视，而更关注效果标准（反映采购的战略贡献），为什么会出现这种情况？

2. 试述标杆管理的一般过程。要成功地实施标杆管理，你认为企业要做好哪些关键活动？

3. 提升企业采购绩效的常见途径有哪些？请举例说明。

五、案例分析题

红海公司的采购副总经理 Earl Jones，刚刚收到了上一年度 CAPS 美国食品生产行业采购绩效标准，红海公司不再是这项研究提供数据的 14 家公司之一了，现在这 14 家公司包括：Campbell Soup 公司、Land O'Lakes 有限公司、玛氏有限公司、纳贝斯克有限公司、雀巢食品公司、Pepperidge Farm 有限公司、Pillsbury 公司、Quaker Oats 公司及立顿有限公司等。

红海公司每年的销售额接近作为样本公司平均销售额的 36 亿美元，并且在食品行业的一系列罐装、冷冻、包装食品中占据一定份额。

Earl Jones 仔细读着 CAPS 报告提供的两页摘要，它包括 37 种不同标准。他知道这些标准中有些是红海公司已有的绩效标准，而有些则不是。

食品生产采购标准摘要

此标准依据美国 14 家最大食品生产公司提供的数据制定。它们的平均销售额是 36 亿美元。测算的采购标准共 37 个，以下是每一个标准的较全面的数据、摘要。

1. 采购总额（支付给供应商的资金）占销售额的 28%；食品原料采购占销售额的 15%；包装材料采购占销售额的 8%；主要设备采购占销售额的 3%；外部服务采购占销售额的 2%；MRO 物料采购占销售额的 1%；其他采购占销售额的 12%。

2. 采购部门的经营费用是销售额的 0.11%。

3. 培训费用占采购费用的 1.5%；差旅费占采购费用的 8.6%；外部咨询费占采购费用的 1.3%。

4. 采购 1 美元货物或服务的费用略少于 0.5 美分。

5. 每 62 900 000 美元的销售额需用 1 名采购人员。

6. 每名采购人员应采购 18 200 000 美元的货物。

7. 每名专职采购人员应采购 26 000 000 美元的货物；每名食品原料的专职采购人员应完成 40 000 000 美元的采购额；每名包装材料的专职采购人员应完成 26 000 000 美元的采购额；每名主要设备的专职采购人员应完成 24 000 000 美元的采购额；每名外部服务的专职采购人员应完成 36 000 000 美元的采购额；每名负责采购维护、修理及辅助用料的专职人员应完成 11 000 000 美元的采购额；每名负责其他采购的专职人员应完成 18 000 000 美元的采购额。

8. 批量采购的平均采购金额是 113 972 美元；食品原料的平均批量采购金额是 445 530 美元；包装材料的平均批量采购金额是 95 666 美元。

9. 每名采购人员负责 36 个高效供应商。

10. 每名专职采购人员负责 50 个高效供应商。

11. 每个供应商接受采购部门 481 878 美元的采购额；每个食品原料的供应商接受 2 052 861 美元的采购额；每个包装材料的供应商接受 3 715 588 美元的采购额；每个主要设备的供应商接受 701 738 美元的采购额；每个外部服务的供应商接受 411 290 美元的采购额；每个 MRO 的供应商接受 45 136 美元的采购额。

12. 从每个供应商处完成采购任务的成本是 2 180 美元。

13. 所有高效供应商中，32% 的供应商接受采购部门 90% 的采购额；31% 的食品原料供应商接受 90% 的采购额；32% 的包装材料供应商接受 90% 的采购额。

14. 在一年的报告期内，食品原料的供应商数量减少 3.75%；包装材料供应商的数量减少 1.75%；主要设备供应商的数量增加 2.13；外部服务供应商的数量增加 0.83%；MRO 的供应商的数量减少 8.75%；其他采购供应商的数量减少 2.5%；全部采购的供应商的数量减少 5.3%。

15. 控制少数股权的供应商接受全部采购额的 2.5%。

16. 女性供应商接受全部采购额的 2%。

17. 小型供应商接受全部采购额的 11%。

18. 71% 的公司在进行正式供应商的认证工作。这些公司的 27% 的供应商获得了资格认证。同前一年相比，报告期内获得认证的供应商增加了 15%。

19. 公司采购业务的 19.8% 采用电子数据交换系统处理。

20. 21.4% 的公司让其采购部门致力于开发控制少数股权的供应商，其中 35.7% 的公司帮助了这类公司的建立；14.3% 的公司有预算资金帮助这类供应商的发展。

21. 销售货物的总成本中 51% 是直接材料的采购。

22. 食品原料平均库存周转率是 12；包装材料的平均库存周转率是 21。

23. 77% 的公司为采购部门设立了节约目标，每年节约 4%。

24. 采购部门应付账款率是 73.8%。

25. 关于公司采购战略中的投资战略，14% 的公司利用金融期货市场；28% 的公司利用期权市场；41% 的公司利用商品期货市场；10% 的公司利用商品互换；另外 7% 的公司采用其他投资战略。

26. 78.6% 的公司被允许进行 12 个月以上的期货采购，而其余 21.4% 的公司或者不允许期货采购或者允许最长期限为 6 个月的期货采购。

27. 50% 的公司采取了有利于环境的物料加工方案。

28. 采购主管用于评价采购部门绩效的三个最重要的量化标准为：全部成本节约；商品成本节约；质量一致性。

29. 公司外包的主要业务包括：首先是食品加工、运输和行情分析等；其次是食品包装和检测等；最后是工程服务等。

30. 在过去的 12 个月中，45.5% 的采购部门增加了其支付条款，而 18.2% 的采购部门减少了支付条款。

31. 采购部门在其参与的以下跨职能活动中起主导作用：供应链管理、供应质量检测、采购团队、电子数据交换系统、自动补充库存、总成本建模、全球采购、正式的供应商联盟等。

32. 专职采购人员中有本科学历的占 81%，研究生学历占 17%，注册采购经理占 15%。

33. 专职采购人员参加公司奖金分配计划的平均人数为 14 人。

34. 每 3 位专职采购人员中有 1 位参加公司奖金分配计划。

35. 专职采购人员平均每年接受培训的时间为 28 小时。

36. 公司中平均 28% 的专职采购人员是女性。

37. 在采购人员和采购主管间平均有 3 个报告层次；在采购主管和 CEO/总裁之间有 2 个报告层次。

在报告的最后一页中对每种标准做了解释并说明它们是如何测算出来的。Earl Jones 注意到所有 14 家公司的报告都用到了标准 2、18、20、23、25、26、27、29、30、31、32、36 和 37。而其他标准被各公司提到的次数则各有不同，最少的是只有 4 家公司提到的标准 8，即每一批量采购总资金所占总采购资金的比例问题，最重要的问题通常有 10~12 个公司提到，较次要的问题则降至 5~7 个公司提到。

Earl Jones 怀疑使用 CAPS 数据是否有利于其公司。在邀请采购调查小组的分析人员来确定红海公司相应的标准之前，他认为这种操作是有益的。如果红海公司的指标很接近行业平均值，这将说明什么？类似地，如果存在较大的差异，是高还是低？那又说明了什么？Earl Jones 决定仔细对照 37 个标准中的每一个标准。

问题：

1. 本案例中涉及了哪些比较常见的采购绩效评估指标？哪些是采购效果指标？哪些是采购效率指标？分别列举三个。

2. 本案例中所描述的 Earl Jones 的工作涉及了标杆管理的哪些环节？如果该企业决定在采购部门实施标杆管理，接下来应该做哪些工作？

3. 仔细阅读一下《食品生产采购标准摘要》所涉及的 37 项标准，看看哪些是被国内企业所忽略的，这对我们有什么启示？

第 10 章 政府采购管理

学习目标
1. 应了解、知道的内容
- 政府采购供应商资格审查的必要性
- 我国政府采购方式
- 政府采购中介机构的含义
2. 应理解、清楚的内容
- 政府采购供应商资格审查的方式
- 社会中介机构代理的政府采购事务
- 社会中介机构的工作程序
3. 应掌握、会用的内容
- 政府采购信息收集
- 政府采购信息发布
- 政府采购信息记录与保存
4. 应熟练掌握的内容
- 供应商资格审查的程序
- 社会中介机构政府代理业务代理资格的认定及管理

自学时数

5 学时。

老师导学

政府采购是政府管理社会经济生活的一种重要手段。《中华人民共和国采购法》的实施推动和促进了政府采购工作的开展,对政府采购实施了有效的监督。本章首先对政府采购供应商管理做了介绍,旨在帮助读者理解政府采购供应商资格审查的必要性和政府采购供应商资格审查的方式及供应商资格审查的程序,然后介绍了政府采购信息管理和我国政府采购方式的类别,最后讨论了政府采购的中介机构管理。

通过本章的学习,读者会在总体上对政府采购管理有一个把握,并深刻理解政府采购供应商管理和中介管理的程序和作用。

第1节 政府采购供应商管理

政府采购是以政府为主体,为满足社会公共需要而进行的采购。在政府采购的实施过程中,政府采购机构与供应商是构成采购需求与产品供给的两个方面。政府采购人与供应商是相对独立的利益主体,是平等互利的贸易伙伴。因此,对供应商的管理首先是建立在平等基础上的法律关系,更多地表现为合作关系,而不是领导与被领导的关系。世界各国及我国政府采购实践已经证明,政府采购制度化、规范化运作,是政府和企业的共同要求。因此,对于供应商的管理,一方面,从供应商与政府采购方平等的地位来看,应该加强政府采购与供应商的交流与合作;另一方面,由于供应商的经营资格、经营实力与财务状况,供应商的信誉与履约能力等,都直接关系到政府采购的质量和效果,因此,作为政府采购管理机构管理采购过程的重要组成部分,也要对参加政府采购市场的供应商提出资格要求并建立相应的管理制度。

一、政府采购供应商资格审查与管理制度

供应商资格审查制度,是指政府采购机构对投标供应商或潜在供应商参与政府采购的资格进行审查或登记的制度。政府按照特定的程序和指标对供应商的情况进行审查,确定其是否具备参与政府采购竞争的资格。一般情况下,为了保障政府采购的顺利进行及政府的利益不受损害,政府采购机构应该具有及时、准确地了解供应商各种信息的畅通渠道,包括供应商的合法经营资格、经营能力、财务状况、资信程度等。建立供应商资格审查制度,其客观必要性主要体现在以下几个方面:

1. 资格审查是保质保量完成政府采购任务的重要保障

政府采购项目一般金额大、数量多,且事关采购的合法性,关系国家利益和社会公众利益,也关系到政府的声誉。而作为政府采购工程、货物和服务提供者的供应商,其行为和实际能力,则直接关系到政府采购的结果。我国政府采购供应商的概念十分广泛,按照《政府采购法》的规定,不仅法人和相关组织可以是供应商,自然人也可以成为政府采购的供应商。而同为供应商,其资质,提供工程、货物、服务的能力以及信誉度都会有很大的差别。因此,为确保政府采购的质量,政府采购机构有必要对供应商提出资格要求,并对供应商的资格进行审查。也就是说,不符合资格的供应商不能参加政府采购市场竞争。

2. 资格审查是了解和评估供应商,制定招标计划与招标文件的重要手段

在制定政府采购计划时,必须了解市场供应和供应商的情况。对潜在供应商进行资格审查,可以了解到达到采购要求的潜在供应商数量与其所能提供的政府采购货物、工程和服务的大体价格、实力,从而能够更有效地寻找政府采购的目标供应商,并做到知己知彼、百战不殆。

二、政府采购供应商资格审查的方式

根据不同情况，政府采购供应商的审查主要有三种不同的方式。

1. 事前预审

所谓事前预审，就是指在采购人或采购机构需要采购之前，就对潜在供应商发出政府采购供应商预审公告，在公告中明确提出对供应商的要求，希望符合标准的供应商按照政府采购机构的要求，向政府采购机构提交供应商资格审查文件。政府采购机构在进行审查以后，如果供应商符合要求，就列入合格供应商名单。在正式的政府采购过程中，只对审查合格的供应商发出采购邀请函，而没有参加供应商资格预审和预审不合格的供应商则不能参与政府采购项目的竞争。

2. 开标或询价前审查

开标或询价前审查是指政府采购机构在发布政府采购公告以后，所有有兴趣的供应商都可以参加投标，并交纳投标保证金。采购机构在开标或询价前，需要供应商按照相关要求出示资质证明，并通过采购机构的审查。在审查过程中，供应商对自身出示的证明要承担法律责任。对于审查不合格的供应商则取消其参与本次采购竞争的资格。

3. 供应商资格注册登记制度

政府采购供应商资格注册登记制度，是指对政府采购的潜在供应商进行系统的注册登记的制度。这种制度的核心内容在于，凡是有意向加入政府采购供应商行列的供应商，都可以向政府采购专门机构申请政府采购注册资格。政府采购相关管理机构公布政府采购供应商的条件，凡符合条件的供应商都可以提出申请。政府采购机构按照规定的条件，对提出申请的供应商资格进行审查，审查合格的供应商，将被纳入政府采购供应商储备库。只有进行了政府采购供应商资格注册登记的供应商，才能成为政府采购投标供应商。供应商注册登记制度有两个基本要求：一是如果供应商的情况发生变化，相应的注册登记资料必须进行调整；二是政府在政府采购过程中，如果供应商不讲信誉，有明显的违规行为，政府采购相关管理机构可以取消该供应商的注册资格。

以上三种资格审查方式，在现实操作中应该说各有利弊。事前预审可以针对每次招标的需要，首先提出对供应商资格的审查，使各种潜在的供应商首先接受资格审查，并只对资格预审合格的供应商发出采购邀请。这种方法可以减少一些不合格供应商的投标，进而减少供应商不必要的时间、精力和财力浪费，同时提高政府采购的效率和质量。但是，这种方法所需要的时间较长，所花费的精力较大，而且仅凭供应商邮寄的资料进行审查，可靠性很难把握。因此，此种方法除非是针对规模较大的或者对供应商有特殊要求的项目，否则一般不会使用。

建立政府采购供应商资格注册登记制度，其优势表现为：

第一，建立政府采购供应商资格注册登记制度，有利于政府采购机关及时、准确地了解政府采购供应商与政府采购有关的各种情况，提高政府采购的质量和效率。由于各供应商是已经接受过政府有关部门的审查和验证，政府采购机关可以以此为根据，没有必要再单独对各供应商的情况做详细调查，从而大大节省政府采购工作的时间和精力，并减少了由于供应商不正当行为带来的风险，确保政府采购的顺利进行，提高政府采购的效率。特别是在我国市场经济规则还不是十分完善、供应商经营中违规操作及非法经营的现象还比较普遍、供应商分散在全国各地的现实情况下，通过政府部门对供应商进行直接审查和注册登记更有特殊意义。

第二，建立政府采购供应商资格注册登记制度，有利于建立政府对供应商的制约机制。对于供应商而言，政府采购市场显然具有很强的吸引力，因此它们必然十分珍惜政府采购供应商的资格。对于不遵循政府采购法规，在政府采购过程中采取不正当手段、违规操作的供应商，政府采购机构可以通过取消供应商参与政府采购活动的资格、对供应商给予处罚等手段，形成对供应商的特殊制约。

第三，建立政府采购供应商资格注册登记制度，有利于促进供应商加强内部管理，增加与政府采购机构的合作与交流。由于供应商参与政府采购市场竞争需要政府部门不断进行审查和考察，如有不法或违规行为，都将记录在案，并受到政府部门处罚，从而有利于促进企业注重自身的形象，加强内部管理。同时，政府部门在审查供应商资格的时候，需要对企业参与政府采购市场的行为给予指导和咨询，如供应商怎样参与政府采购投标，需要遵循哪些规则，这个过程本身对供应商进入政府采购市场、增强政府与供应商的合作与交流具有积极意义。

第四，建立政府采购供应商资格注册登记制度，有利于供应商信息库的建立和完善。将所有具有政府采购供应商资格的企业和经济组织，纳入全国统一的供应商信息库，便于政府采购机关开展工作。

但是，建立供应商资格注册登记制度在实际操作中也存在着一定的缺陷：一是供应商由什么机构进行登记，什么机构登记的才能在全国范围内有效，登记中出了问题由谁负责，等等；二是在全国范围甚至世界范围内，企业有数十万乃至数百万家，要完成登记注册需要非常大的工作量，是否能够真正完成；三是在市场经济条件下，供应商的情况瞬息万变，也许今天是合格的供应商，明天就面临破产的结局，因此，这种登记管理方式的可靠性也是值得怀疑的。

实际上，对于政府采购供应商资格的审查和管理，更多的是使用开标或询价前的方式。按照这种方式，凡是愿意投标和参与政府采购市场竞争的供应商，统一在开标询价前对其进行审查，对不合格的供应商采取废标的做法。这种方法最具有针对性，既能够实现政府采购对供应商资格要求的目标，又能避免其他方法的弊端。特别是在我国目前政府采购刚刚起步的条件下，这种方式更适合现实情况。因此，目前我国对供应商资格的审查和管理，主要就是采取第二种方式——开标或询价前的资格审查方式。

三、供应商资格审查的程序

以上对供应商进行资格审查的三种不同的方式,其审查的程序也是不一样的。但是普遍而言,对供应商资格审查的程序包括三个基本步骤:收集信息,进行资格审查和确定供应商资格。

1. 收集信息

因为政府需要经常采购各种各样的物资,因而有必要尽可能多地收集有关供应商的信息。信息内容主要包括供应商的名称、地点、经营范围、注册资金、经营能力与现状、曾经的业绩、资信程度、财务状况,等等。收集供应商信息的方式可以多种多样,一般来说,主要有以下渠道:

(1) 采购人定期在有关刊物上发布消息,宣布对某些产品的生产厂商进行资格审查,供应商在得知消息后将有关材料送交采购人,审查合格者将有资格参加审查有效期限内的政府采购活动。这种方法能集中时间和人员对申请审查的企业开展检查,效率较高且节省财力,因此是采购人收集信息的主要途径之一。但此种方式一般用于已知将要采购的商品物资以及政府采购中经常购买的物资。

(2) 直接向供应商发出询问单。询问单内容包括供应商的财务、商务、生产、技术设施等方面的情况,以协助采购人对供应商的信誉做出判断。此种方法也常被用来收集政府采购中经常购买物资和技术的厂家的信息,因为采购人要考虑到人员、时间和成本等方面的因素。

(3) 利用公开的资料库。公开的资料库包括:商业目录、商业分类目录、供应商名单或指南,其内容包括生产各种产品及提供各种服务的供应商名单及其产品的有关情况,还有一些是企业自身的宣传材料。

(4) 采购人本身的信息来源。采购人经常进行各种采购活动,每次采购都可能接触大量的供应商。通过与供应商接触,可以获得不少关于供应商的信息。

(5) 如果事关重大,需要对供应商进行实地、详细的了解才可能确定,则可以选派专门的人员进行实地考察。

对于收集到的信息,采购人应该建立资料库。资料库包含供应商档案、产品规格合格者档案和有关产品价格档案等。供应商档案应收集有关供应商生产的产品种类、生产经营管理、技术、道德、履约等多方面的资料,以便采购人对其资信进行审查。产品规格合格者档案是指生产某一产品达到某一标准的合格生产商或供应商名单。

采购机构对供应商的信息收集,必须不断更新内容,因为市场不断变化,很多新情况、新问题不断产生,一些产品价格变动极快,一些质量更高、更适用、成本更低的产品不断问世。在这种情况下,信息收集工作必须注重信息的及时性并经常更新。

2. 进行资格审查

进行资格审查的过程实际上就是依据审查标准对一定范围内的供应商进行审核的过程。因此,在进行供应商的资格审查时,首先应制定统一的审查标准。

制定审查标准包括以下几个方面的内容：供应商是否具有完成采购项目所需要的充足资金来源，或者具有获得这种资金的能力；是否具备必要的组织经验、财会与业务控制技术，或者获得这些技能的能力；是否具有必要的生产施工和技术设备设施，或者获得它们的能力；良好的从业行为记录、良好的合同履行记录；是否具有按照采购计划按期交货的能力。对于大型的工程项目和特殊的采购项目，采购人员必须在有关专家技术人员的帮助下制定特殊的标准。

确定好审查标准后，采购人便开始对一定范围内的供应商进行资格审查。在考虑供应商的范围时，应根据采购计划和有关法律的规定来办理：第一，确定在全国范围内还是在某一地区内进行采购。某些具体的采购项目可能跟各地区的特殊利益相关，因而在资格审查时要根据采购计划对确定范围内的供应商进行审查。第二，对所需采购产品或技术仅能由国外供应商提供或国外市场提供的，应根据有关国际政府采购规则、政府间相关协议和国内法律、法规的有关规定要求，对国外相关供应商进行审查。如世界银行规定，凡利用世界银行贷款项目的采购，其机会应对所有成员国及瑞士开放，因此在进行政府采购时，就应对所有来自这些地区和国家的供应商进行审查。第三，根据有关采购法律的规定不可以参加购买项目竞争的供应商，如被禁止的合同人，被暂停营业的供应商，被提议暂停营业的公司，或被宣布为能力不合格的人员，应被排除在资格审查的供应商名单之外。

从联合国国际法贸易法律委员会第27届年会通过的《采购示范法》以及世界贸易组织《政府采购协议》有关国民待遇与非歧视性规定中可以看出，在根据审查标准对供应商进行审查时，也可以实施一些优惠政策。概括起来，可以分为以下几类：

（1）对本地或本国供应商的优惠规定。在根据有关国际协议如世界贸易组织的《政府采购协议》及其他有关国际经济组织机构的规定和政府间协定的要求而进行国际招标时，根据这些协议和机构的要求，在审查检验资格证件，确定资金担保、技术资格，确定供应者的资金、商业和技术能力等方面的标准时，不得在本国供应者与外国供应者及外国供应者之间实行差别待遇。但这些国际协议及国际经济组织同时也规定，在采购中，本国供应商可以享受某些优惠待遇。各国政府最普遍规定的优惠待遇之一是规定本国供应商在价格上可以享受一定比例的优惠。根据这些优惠条件，在审查某些标准时尤其价格标准时，对本国供应商的条件就要适当放宽。

（2）对中小企业的优惠规定。一些国家为了保护中小企业，完善市场竞争机制，制定了对中小企业的优惠规定。在政府采购活动中进行资格审查时应该考虑到这些规定。

（3）其他优惠规定。如对高失业地区及不发达地区供应商的优惠。英国于1971年规定，在价格、质量、交货条件同等的情况下，应优先考虑将合同授予不发达地区的供应商。在第一次投标未果后，应再给这些供应商一次投标机会，并可以高于要求达25%的价格进行投标。因此在资格审查时也应对这些地区的供应商实行照顾。

3. 确定供应商资格

通过审查，供应商如果符合资格审查机构所确定的供应商能力的各项指标，并且出具了所规定的有关资信证明，即可以被认为是合格的供应商。具体的合格供应商确定后，即可以公开通告，或以分别告知的方式通知供应商，邀请其参加政府采购。

供应商资格审查是一项重要的工作，它关系着政府采购的成功与否，决定着政府采购活动能否顺利完成。在供应商的选择上，既要注重选择合格的供应商，又不能形成对供应商的排挤和歧视，要严格按国家统一的法律、法规行事。

第2节 政府采购信息管理

政府采购信息是指与政府采购活动相关的信息。在现代政府采购事业的发展中，采购信息直接影响到采购活动的效率与质量。因此，加强信息管理，是搞好政府采购工作的基本环节，特别是在以计算机和互联网为主导的信息时代，充分运用灵活的信息手段，是政府采购科学化的必然选择。政府采购信息管理主要包括政府采购信息收集、信息发布、信息记录、信息储存与信息查阅等内容。

一、政府采购信息收集

（一）信息收集的内容

信息收集的内容主要包括以下几个方面：

1. 政府采购法律、法规资料收集

为规范政府采购行为，世界各国、国际性组织以及我国中央和地方政府，都制定了关于政府采购的法律、法规。最典型的如世界贸易组织的《政府采购协议》。无论是采购人还是采购机构，都应该学习和掌握政府采购方面的法律、法规。我国政府虽然没有签署世界贸易组织《政府采购协议》，但为了规范政府采购行为，近几年来，财政部先后制定、颁布了多项政府采购管理办法和相关规则，各地方也相应出台了不少的政府采购地方性法规。特别是2002年国家正式颁布了《中华人民共和国政府采购法》，并围绕该法还会出台具体的实施细则，各地方政府也会出台政府采购目录标准和采购资金限额标准。对于从事采购的单位和机构而言，掌握和贯彻这些法规与政策，是必然的选择。进一步地看，如果中国在时机成熟的情况下签署了《政府采购协议》，关于政府采购方面的法律、法规就将不仅仅限于国内，而是必须放宽到国际，政府采购管理机构的设立和政府采购工作的开展，还必须遵循相关的国际规则。目前，我国的政府采购主要是在国内市场上进行。在这种情况下，各级政府的采购人和采购机构，都要认真学习和研究政府采购方面的法律、法规，掌握相关政策，准确地按照法律和规则办事。

2. 产品信息收集

由于现代社会生产的飞速发展，产品品种、生产技术不断更新，产品的功能结构与成本也在不断地变化。因此,科学的政府采购必须建立在及时掌握各种产品不断变化了的信息的基础之上。采购人或采购机构需要建立产品跟踪系统,随时掌握产品信息的变化动态,并且按照产品的类别、功能、成本、寿命周期、发展状态等内容进行统计和记录,特别是要对新产品给予充分的关注。

3. 供应商信息收集

供应商信息是政府采购信息库中必不可少的重要内容。作为政府采购的供应商,其经营资格、提供货物和服务的履约能力、市场资信程度等,都直接关系到政府采购的成败,因此,为了保障政府采购的优良效果,政府采购不仅需要有一个对供应商的评价和管理体系,而且必须不断跟踪和了解供应商的信息,包括供应商的分类、供应商实力的调查、供应商是否转产破产、供应商的资信记录,等等。对于供应商信息进行管理所采用的普遍方法是,在收集到供应商的各种信息后,建立相关的供应商信息库。

4. 采购案例信息收集

政府采购过程同时也是一个经验积累的过程。采购人或采购机构在采购中,可能既有成功的经验,又有失败的教训。通过对政府采购案例建立档案,可以不断从案例中吸取成功的经验,避免不必要的失误。实际上,世界上许多国家都十分注重政府采购案例的资料整理工作,如美国《商业日报》政府采购网络版中,就有专门的政府采购案例的内容,以供社会和政府采购专业人士查阅和参考。

(二)信息收集的方式

政府采购信息收集工作应该配备专门的人员和队伍,充分利用采购业务活动的机会与现代化的技术手段来收集相关采购信息,其中的主要方式有以下几种:

1. 开展行业与新产品信息研究,建立新产品信息调查队伍

通过专门人士长期跟踪调查各种行业的新产品以及新供应商的发展动向,掌握各类产品最新进展,包括其功能、技术规格、适用范围、成本状况等情况。

2. 采购人定期在有关报纸和刊物上发布征集关于供应商和新产品的消息,或者直接向供应商发出询问单

在现代市场经济社会,媒体在收集信息方面具有强大的功能。通过媒体征集,凡是对政府采购有兴趣的供应商,都会积极主动地向采购人或采购机构提供其新产品的相关信息,从而有利于采购人扩大其信息收集渠道。另一种方法则是直接向供应商发出询问单。

3. 利用社会资源

政府采购的某些信息,直接来源于政府统计资料和向社会公开的各种资料。例如,通过政府对供应商情况的统计、政府相关的资格认证、政府各种检查结果、政府部门组织评选出的优秀产品或企业、良好的市场评价和社会评价等,就可以了解并掌握相关采购产品和服务的信息及其生产企业的信息。此外,政府采购部门还可以通过媒体、互联网等方式获得国际市场方面的产品和供应商信息。

4. 采购人本身的信息来源

采购人经常进行各种采购活动，在采购活动中必然会获得大量的关于产品和供应商的信息。对于这些信息也应该加以整理并充分利用。

二、政府采购信息发布

政府采购信息发布，就是将政府采购的相关信息通过公开的方式告知社会公众和有关供应商。政府采购信息发布是政府采购管理制度中的重要内容和组成部分。只有建立完善的政府采购信息发布制度，政府采购的公开、平等、透明、规范化才有可能实现。按照我国政府采购法律制度的规定，凡是按法律、法规规定进行的招标采购，都需要在政府指定的媒体上发布招标信息。

（一）信息发布的内容

根据财政部《政府采购信息公告管理办法》的规定，各种政府采购信息公告主要包括以下内容：

（1）省级及省级以上人大、政府或财政部门制定颁布的政府采购法律、法规和制度规定。

（2）资格预审的内容。资格预审信息应当公告下列事项：资格预审机关，资格预审对象、范围和标准，资格预审所需的相关资料，送审时间、地点及联系方式。

（3）政府采购目录与集中采购限额标准。省及省以上政府的采购监督管理部门有权规定政府集中采购目录及集中采购金额的限额标准。

（4）公开招标信息。按照规定，政府采购招标信息包括：招标人或其委托的招标代理机构名称，标的名称、用途、数量、基本技术要求和交货日期，开标时间和地点，获取招标文件的方法，投标截止日期，对投标人的资格要求和评标方法，投标语言，联系人、地址、邮政编码、电话及传真号码，以及其他必须载明的事项。

（5）中标信息发布。招标结束以后，招标人或其委托的招标代理机构，有义务向社会公布中标结果，内容主要包括：招标人或其委托的招标代理机构名称，标的名称，中标金额，首次公告日期、媒体名称，定标地点、日期，中标人名称、地址，招标人或其委托的招标代理机构项目联系人、联系方式。

（6）违规通报与投诉处理信息。在政府采购过程中，经常会出现各种不同的违规和投诉现象。按照政府采购相关法律、法规的规定，对于严重的违规现象，要通报批评，发布批评或处罚信息。同时，对于政府采购过程中的投诉，要及时处理，并公布投诉处理信息。

（7）信息变更公告和信息更正公告。对于采购中发生的信息改变，招标人或其委托的招标代理机构有义务及时发布变更公告，向供应商或潜在的供应商说明信息修正的内容及原因，通知新的事项。另一方面，如果采购人或采购代理机构发布消息有错误，则必须发布更正信息。

(二)信息发布的方式与媒介

信息公开发布的方式可以说是多种多样的,包括各种新闻媒体,如报刊、电视、广播、网络等。伴随着改革的进一步深入和市场经济的发展,各种新闻媒体也迅速壮大起来,同时,越来越快的生活、工作节奏也使人们无暇查看或翻阅所有的媒体和报纸杂志,这就给政府采购信息的发布带来了较大的困难。如果要求采购人在所有的媒体上发布信息,势必会提高采购成本,给采购单位增加麻烦,甚至抵消了政府采购的意义,而且在现实生活中,这也是行不通的。因此,世界各国及相关国际组织,在政府采购信息发布的方式方面,都选择了在政府指定的媒体上发布信息这样一种方式,即采购人的信息必须通过政府采购管理部门指定的媒体发布,而供应商和其他人也主要通过这些媒体来获取各种政府采购信息。在我国,根据《政府采购信息公告管理办法》和有关法律、法规的规定,发布政府采购信息的媒体(包括杂志、报纸和网络),由国家财政部按照相对集中、受众分布合理的原则指定。一般来说,省级政府采购管理机构也可以指定其他报刊和网络等媒体公告信息,但应该是在财政部指定的媒体上发布信息后,地方规定才能有效,且发布的信息内容必须一致。需要说明的是,财政部指定的媒体应当免费刊登和发布政府采购信息,省级政府采购管理机构指定的媒体原则上也应该免费刊登和发布政府采购信息。目前经财政部门指定的发布政府采购信息的媒体,已经形成了报纸(《中国财经报》)、网络("中国政府采购网")和杂志(《中国政府采购》)三位一体的发布体系。

(三)信息发布中的常见问题及管理

在政府采购的各种信息发布中,各发布单位都必须保证信息公告内容的真实可靠,没有虚假、严重误导性陈述或重大遗漏。由政府指定的媒体,在收到信息公告文本之日起,应该在3个工作日内发布信息公告,并快捷地向订户或用户传递政府采购信息。指定媒体发布的招标公告内容与招标人或其委托的招标代理机构提供的招标公告文本不一致,并造成不良影响的,应当及时纠正,重新发布。但是,在政府采购实际操作中,信息发布经常会存在这样那样的问题,需要政府采购管理部门及时监督和纠正。政府采购中的采购人或采购机构在信息发布中,经常出现的问题主要表现为以下几个方面:

(1)依法必须招标的项目,应当发布招标公告而不发布的。
(2)不在指定媒体依法发布必须招标项目的招标公告。
(3)招标公告中有关获取招标文件时间和办法的规定明显不合理。
(4)招标公告中以不合理条件限制或排斥潜在投标人。
(5)提供虚假的招标公告和证明材料,或者招标公告含有欺诈内容。
(6)在两个以上媒体发布同一招标项目的招标公告内容明显不一致。

政府采购指定媒体在信息发布方面经常存在的问题表现为:

(1)违法收取或变相收取招标公告发布费用。
(2)无正当理由拒绝发布招标公告。

（3）无正当理由延误招标公告发布时间。
（4）名称、地址发生变更后，没有及时公告并备案。
（5）其他违法行为。

以上各种现象的存在，在很大程度上影响了政府采购信息发布制度的贯彻与执行，导致政府采购工作陷入信息危机。实际上，必须充分认识到，信息披露与发布在政府采购规范操作中，是一个极为重要和关键的问题。没有严格规范的信息发布制度，实现规范的政府采购操作就没有可能。

财政部作为我国政府采购信息公告的监督管理机构，负责全国政府采购信息的发布工作。各省、自治区、直辖市和计划单列市财政部门中的政府采购管理机构负责本地区政府采购信息公告的监督管理工作。各级政府采购管理机构有责任依据《政府采购信息公告管理办法》的规定，对采购信息发布中存在的各种违规现象进行严格的监督管理并予以纠正和处罚。具体的处罚措施包括：发现违规行为立即给予警告并责令其改正；造成经济损失的，责令其承担相应的经济责任；给予行政通报批评；取消相关资格等。

三、政府采购信息记录与保存

在政府采购过程中，必然会产生大量程序、过程方面的具有法律效力的文件与资料信息，具体包括政府采购活动记录、政府采购预算、招标文件、投标文件、评标标准、评估报告、定标文件、合同文本、验收证明、质疑答复、投诉处理决定及其他有关文件、资料等。政府采购文件是整个政府采购过程的客观反映，涉及政府采购当事人的权利、义务和切身利益，反映采购活动的实质性内容，并且经过采购当事人一方或双方的认可，有的还经过监督管理部门的批准或者由其直接制定，因此一经制定就具有法律效力。按照政府采购"公开、公正、公平"的原则要求，政府采购中产生的文件与资料，应当依法保存，以备监督检查、处理纠纷、履行合同和进行评估时使用。只有将政府采购文件保存下来并依法应有关方面的要求向其公开，才能使采购当事人特别是采购人的行为置于监督之下，促使其严格依照法律、法规的规定办事，公平、公正地对待每个供应商，实现政府采购市场充分有效的竞争，进而提高政府采购的质量和效率。对此，我国《政府采购法》对政府采购信息、文件的记录和保存有明确的规定："采购人、采购代理机构对政府采购项目每项采购活动的采购文件应当妥善保存，不得伪造、变造、隐匿或者销毁。采购文件的保存期为从采购结束之日起至少保存15年。"

（一）信息记录与保存的内容

政府采购信息记录主要包括政府采购文件与政府采购过程记录两个方面。其中政府采购文件包括：政府采购计划、政府采购预算的原件与批复资料、招标文件、投标文件、评标标准、评估报告、定标文件、合同文本、验收证明、质疑答复、投诉处理决定及其他有关文件、资料等。

对于政府采购活动的过程，为了能够有效地进行监督和管理，至少应当记录、保存下列内容：

（1）政府采购项目的类别、名称，采购的功能要求、规格和数量等。

（2）政府采购项目预算、资金构成和合同价格、采购合同的签约人。

（3）采用的政府采购方式及选择这种方式的依据与原因。

（4）邀请、审查和选择供应商的条件及原因。

（5）评标标准及确定中标人的原因。

（6）如果有废标情况，记录废标的情况与原因。

（7）采用招标以外其他采购方式的，应进行专门的记录，并说明原因。

此外，为了加强政府采购工作的责任感，应该将政府采购活动的主持人、相关参与人员，特别是评委会的组成人员等，都记录在案并予以保存。

（二）信息存储与查阅

政府采购工作中之所以要记录各种相关信息，目的就是为了有效地保存，为社会各方面的监督和查阅提供便利条件。因此，建立政府采购信息的存储和方便快捷的查询系统是十分必要的。在现代科学技术高度发达的当今社会，政府采购最重要的信息存储和查阅方式就是电子信息网络系统。

政府采购信息管理部门通过建立政府采购专业网站，可以充分发挥网上收集信息、存储信息、发布信息的功能和作用。同时，由于政府采购的信息具有相当的公开性，因此，可以为政府采购管理部门的监督检查和社会公众的查阅提供方便。随着电子技术的发展和普及，采购人和采购机构不仅可以实现网上资料的查阅，还可以直接实现网上采购。

第3节 政府采购方式

一、政府采购方式概述

政府采购制度是现代市场经济发展的产物，是落实政府重大政策目标的有效手段，并能够有力地推动和实现政府消费行为市场化。在现代市场经济中，随着政府活动范围的扩大，特别是对经济干预职能的增强，政府对社会商品和劳务需求呈不断增长的趋势，政府采购占社会总采购的比重也不断上升，在社会经济生活中起到越来越大的作用。无论是商业采购还是政府采购，采购的目的都是以经济有效的方式采购到所需物品。但是，由于对公共资金的花费需要承担管理责任，所以在政府采购和商业采购实践中形成了截然不同的采购方式。目前，国际上通用的采购方式很多，按照不同的标准，可分为5大类17种方式，如招标采购、询价采购、单一来源采购、谈判采购等。一般来说，一个国家对国内使用的采购方式及适用条件都有明确的规定，但这些规定都是相对而言的，因为每个项目的情况都不一样。具体采用何种方式的总原则是：该方式要有助于推动公开、有效竞争和物有所值目标的实现。

二、我国政府采购方式

为了规范政府采购行为，提高政府采购资金的使用效益，维护国家利益和社会公共利益，保护政府采购当事人的合法权益，促进廉政建设，我国于2002年颁布了《政府采购法》。该法所称政府采购，是指各级国家机关、事业单位和团体组织，使用财政性资金采购依法制定的集中采购目录以内的或者采购限额标准以上的货物、工程和服务的行为。在中华人民共和国境内进行的政府采购适用该法。

《政府采购法》规定政府采购只能采用以下方式：公开招标，邀请招标，竞争性谈判，单一来源采购，询价，国务院政府采购监督管理部门认定的其他采购方式。其中，公开招标应作为政府采购的主要采购方式。

1. 公开招标方式采购

《政府采购法》规定，采购人采购货物或者服务应当采用公开招标方式的，其具体数额标准，属于中央预算的政府采购项目，由国务院规定；属于地方预算的政府采购项目，由省、自治区、直辖市人民政府规定；因特殊情况需要采用公开招标以外的采购方式的，应当在采购活动开始前获得设区的市、自治州以上人民政府采购监督管理部门的批准。采购人不得将应当以公开招标方式采购的货物或者服务化整为零或者以其他任何方式规避公开招标采购。

2. 邀请招标方式采购

《政府采购法》规定符合下列情形之一的货物或者服务，可以依照该法采用邀请招标方式采购：

（1）具有特殊性，只能从有限范围的供应商处采购的。

（2）采用公开招标方式的费用占政府采购项目总价值的比例过大的。

3. 竞争性谈判方式采购

《政府采购法》规定符合下列情形之一的货物或者服务，可以依照该法采用竞争性谈判方式采购：

（1）招标后没有供应商投标或者没有合格标的或者重新招标未能成立的。

（2）技术复杂或者性质特殊，不能确定详细规格或者具体要求的。

（3）采用招标所需时间不能满足用户紧急需要的。

（4）不能事先计算出价格总额的。

4. 单一来源方式采购

《政府采购法》规定符合下列情形之一的货物或者服务，可以依照该法采用单一来源方式采购：

（1）只能从唯一供应商处采购的。

（2）发生了不可预见的紧急情况不能从其他供应商处采购的。

（3）必须保证原有采购项目一致性或者服务配套的要求，需要继续从原供应商处添购，且添购资金总额不超过原合同采购金额百分之十的。

5. 询价方式采购

《政府采购法》规定，采购的货物规格、标准统一、现货货源充足且价格变化幅度小的政府采购项目，可以依照该法采用询价方式采购。

三、招标文件

招标采购是政府公共采购的主要采购形式，而招标文件是供应商准备投标文件和参加投标的依据，同时也是评标与签订采购合同所遵循的依据，招标文件的大部分内容要列入合同之中。因此，准备招标文件是非常关键的环节，它直接影响到采购的质量和进度。

招标文件一般至少包括以下内容：

（1）投标邀请书。投标邀请书用来邀请资格预审合格的投标人，按规定时间和条件前来投标的文件。一般包括以下内容：招标人单位，招标性质，工程简况，分标情况，主要工程量，工期要求，承包人为完成本工程需提供的服务内容，发售招标文件的时间、地点和价格，投标文件送交的地点、份数和截止时间，提交投标保证金的数额和时间，开标时间、地点现场考察，召开标前会的时间、地点。

（2）投标须知。投标须知是指导投标人正确地进行投标报价的文件，告知他们所应遵循的各项规定，一般包括以下内容：项目或工程的简述，资金来源，承包方式，资格要求，组织投标人到工程现场勘察和召开标前会解答疑难问题的时间、地点及有关事项，投标人应承担编制和递交投标文件所涉及的一切费用以及考察施工现场、参加标前会所发生的费用，填写投标文件的注意事项，投标文件的送达地址、截止时间，修改与撤销的注意事项，开标、评标、定标的程序。

（3）合同条款。合同条款的基本内容包括购销合同、任务明细组成、描述方式、货币价格条款、支付方式、运输方式、运费、税费处理等商务内容的约定和说明。

（4）技术规格。技术规格是招标文件和合同文件的重要组成部分，它规定所购货物、设备的性能和标准。技术规格也是评标的关键依据之一，如果技术规格制定得不明确或不全面，不仅会影响采购质量，也会增加评标难度。货物采购技术规格应采用国际或国内公认的标准，除不能准确或清楚地说明拟招标项目的特点外，各项技术规格均不得要求或标明某一特定的商标、名称、专利、设计、原产地或生产厂家，不得有针对某一潜在供应商或排斥某一潜在供应商的内容。

（5）投标书的编制要求。投标书是投标供应商对其投标内容的书面声明，包括投标文件构成、投标保证金、总投标价和投标书有效期等内容。投标书中的总投标价应分别以数字和文字表示。投标书的有效期是指投标有效期，是让投标商确认在此期限内受其投标书的约束，该期限应与投标须知中规定的期限相一致。

（6）供货一览表、报价表和工程量清单。

（7）履约保证金。履约保证金是为了保证采购单位的利益，避免因供应商违约给采购单位带来损失而采取的措施。一般来说，货物采购的履约保证金为合同5%～10%，工程保证金如果是提供担保书，其金额为合同价的30%～50%，如果是提供银行保函，其金额为合同价的10%。

（8）供应商应当提供的有关资格和资信证明文件。

第4节 政府采购中介机构管理

政府采购是西方发达国家公共支出管理普遍采用的一种手段，也是我国财政支出改革的一项重要内容。政府采购中介机构是衔接政府与供应商的主要媒介之一。

一、政府采购中介机构的含义

社会中介机构主要是指依法设立的介于政府、企业、个人之间，从事服务、协调、评价等活动的经济组织，它具有独立性、服务性、营利性的特征。社会中介机构就其性质来说，既不是政府机构，也不是政府机构的附属物，而是为市场主体服务、为市场服务、为消费者服务的服务性机构。它们大部分是营利性质的企业单位、法人实体，独立经营、自负盈亏、自我发展、自担风险。小部分中介机构不收费，提供无偿服务，或者收取少量管理费，具有非营利性。政府采购机关在进行政府采购时涉及需要服务、协调、评价等方面的具体事务，可以委托给社会中介机构，这些中介机构也就是政府采购中介机构，但是它们必须具备政府采购业务的代理资格。

（一）政府采购中介机构的含义与分类

按照《政府采购法》的要求，采购人采购纳入集中采购目录的政府采购项目，必须委托集中采购机构代理采购。然而，在该法中并未对政府采购中介机构做明确的界定，在实践中，我国各省都根据《政府采购法》的相关要求来制定各自的《资格认定办法》，造成标准与尺度缺乏统一性，进而影响到政府采购的公开、公平、公正原则。

我国财政部于2006年3月颁布实施了《政府采购代理机构资格认定办法》，其中对政府采购中介机构给出了较为明晰的定义，即政府采购中介机构是指经财政部门认定资格的，依法接受采购人委托，从事政府采购货物、工程和服务的招标、竞争性谈判、询价等采购代理业务，以及政府采购咨询、培训等相关专业服务（以下统称代理政府采购事宜）的社会中介机构。目前，国际上通行的政府采购体系是采购管理监督机关、采购中介组织和资金支付部门三者分离的模式，形成了良好的权利制约机制。其中，政府采购中介机构为购买方与供货商提供了一个良好的交流、沟通和交易的机制，既有效地降低了由于权利集中而出现政府腐败的可能性，同时也为供应商提供了一个公平竞争的平台。

与政府采购有关的中介机构具体包括以下四大类：

（1）为保证政府采购市场公平竞争的中介机构，如会计师事务所、审计师事务所、资产评估机构等。

（2）为调节政府采购商务纠纷的中介机构，如律师事务所、公证机关、计量和质量检验机构等。

（3）为促进政府采购市场发展提供专业技术服务的中介机构，如招标代理机构、计算中心等。

（4）提供信息咨询、管理预测的咨询机构等。

（二）政府采购中介机构的作用

中介机构参与政府采购对于进一步规范政府采购行为，提高政府采购效率，增加政府采购的透明度，维护当事人各方的正当利益都具有极其重要的意义，在一定程度上弥补了采购人自行采购或委托政府集中采购机构实行采购的不足。中介机构在政府采购活动中的作用主要体现在以下三个方面：

1. 保证政府采购公平、公正、公开

（1）中介机构的行业法规体现了公平、公正、公开的原则。关于设立招标代理机构、会计师事务所、审计师事务所、律师事务所等中介机构的法规文件都明确提出了公平、公正、公开的原则，也就是说中介机构在从事政府采购业务活动时必须遵循这一基本准则。

（2）中介机构的工作程序和要求保证了政府采购活动得以在公平、公正、公开中进行。在组织招标采购的过程中，中介机构不仅要接受委托人和投标人的监督，还要受到政府和社会的监督。例如，招标机构要按照国际惯例及我国相关的规定程序组织招标活动，招标人必须将采购意图向社会公开，在所有有意供货的供应商投标后，公开评标、定标过程和评标结果，确保竞争的公开性和充分性；招标活动从开标到评标结束，都要由技术、经济和法律等方面的专家组成的评标委员会参与、决策，不受行政干扰。

（3）中介机构自身的工作职责是保证政府采购公平、公正、公开的关键。中介机构依据国家法律和政策办理政府采购事务，指导当事人在政府采购法律、政策允许的范围内活动，对不正确或违规、违法行为给予及时纠正，保护各方的合法权益，使政府采购市场在公平、公正、公开的原则下健康发展。

2. 为政府采购活动提供多方面的服务

政府采购工作集政策性、知识性、全面性、复杂性、多样性等特点，它涉及多个专业和领域，涉及社会各方的利益分配，是一个系统工程。在实际操作中，由于政府受诸如专业、技术、信息、社会身份等各种因素的制约，由此会带来成本偏高和缺乏效率等问题，因此，由政府机构独立完成政府采购工作是不明智的。中介机构是社会分工细化的产物，在社会主义市场经济条件下，它所从事的服务恰恰能弥补政府的这些缺陷。这主要体现在以下三个特点上：

（1）服务的专业性很强。随着市场经济的发展，政府采购所涉及的产品、服务也越来越广泛，相应地讲，对采购机构的专业化程度的要求也越来越高。为适应市场发展的需要，中介机构对其成员的文化素质都提高了要求，其成员大多具有较多的市场经济专业知识以及政策法规知识，拥有进行中介服务的现代技术手段，并具备从事商业活动的知识和经验，懂得谈判技术与技巧的运用，唯有如此，才能进行有效的中介服务活动。现代的中介机构与过去的"捐客"已不可同日而语，它以高智能、高技术服务于社会。

（2）服务的成本低。一方面，中介机构能够降低社会交易成本。市场经济条件下，信息是决定市场交易成败和效率的关键因素，为了节约市场交易中的信息成本，各种专业中介组织才应运而生并逐渐发展壮大。另一方面，中介机构的运转成本较低，其成本主要由两方面构成：一是其建立机构初始投入的固定资产成本，主要是用于购买电脑等现代化技术工具和租用办公场地，这部分成本相对较小；二是人力资源成本，中介服务主要是为客户提供专业咨询、顾问、谈判、组织等服务性工作，这些工作主要是凭借其员工自身的知识和掌握的信息来完成，这部分成本主要以员工的工资、福利的形式体现。

（3）服务的效率高。首先，从事中介服务的人员有丰富的知识，精于业务，善于管理，能够比较熟练地为中介双方提供服务，成功率高，产生的效益也比较高；其次，中介机构掌握着大量的专业市场信息资料，包括商品的价格、规格、质地、技术含量、成本、售后服务等，并能够根据上述信息资料的动态变化做出迅速的反应。

基于上述特点，社会中介机构中的招标代理机构在招标投标、会计师事务所在财务咨询和管理、律师事务所在法律服务等方面积累了宝贵的市场经验，这些都可以在技术、人才、管理、信息咨询等方面为政府采购活动提供服务。如在信息服务方面，中介机构的专业人员可对信息进行收集、甄别、分析，通过自己的信息或信息咨询网络，向采购机关和供应商提供有关的政府采购政策信息、采购商品市场信息等。

3. 沟通、协调政府采购市场中各主体之间的关系

在政府采购市场，各种不同的经济主体成为不同的利益主体，即供应商、采购单位和政府，它们有着各自的利益，在政府采购市场中形成相互博弈的主体。当然，随着政府采购制度的健全、发展，市场主体之间的联系也必将越来越广泛，要想使多种多样、纷繁复杂的市场经济关系形成一个有序、和谐的整体，必须在各种关系中进行协调。

在各种主体之间进行协调，单靠企业或政府是做不到的。政府除制定"游戏规则"和实施宏观调控外，不再直接干预企业的经营活动，企业也不可能发挥这种作用。实际上，市场主体之间的多种联系都需要依靠社会中介机构。中介机构通过政府、供应商、采购单位的协商、对话、谈判、利益协调来进行相互之间的分割与联系，进而取得各主体之间行为的组合和协调。也就是说，中介机构能够在比较和谐的情况下处理各方的关系，它既是企业的帮手，向政府部门反映企业的愿望和呼声，为企业提供决策咨询；也是政府的助手，接受政府的指导，按照国家的法律、法规行动，发挥着桥梁和纽带作用。

（三）政府集中采购机构与招标代理中介机构的区别

1. 目的不同

《政府采购法》规定：集中采购机构是非营利性事业法人，即该机构的人员工资是由国家开支的，并且，它的运行和从事集中采购活动的费用都由财政承担，不需要在招标投标活动中收取各种费用来维持。它的工作性质是为党政机关服务，不以营利为目的。这就决定了该机构在招标投标活动中不受任何采购人和供应商左右，其工作目的是为供应商创造一个公开竞争的平台，以确保在采购活动中做到公开、公平、公正。

招标代理中介机构是社会中介机构，是非生产经营性企业法人，它作为一个市场经济条件下的理性经纪人，追求利润最大化是其根本目的。由于社会中介机构是通过收取采购人招标代理费来获取利润的，因此，难免会存在中介机构向采购人提出不合理要求的动机，在经济效益和社会效益关系的问题上难以平衡，很难像政府集中采购机构那样做到公平、公正地对待所用供应商。因此，需要政府通过制定相应的法律、法规来规范这些中介机构的代理行为。

2. 属性不同

政府集中采购机构是各级政府依据《政府采购法》的规定成立的，负责本级政府机关、事业单位和社会团体纳入集中采购目录项目采购的非营利性事业单位。政府采购活动是政府行政职能的延伸，政府集中采购机构实际上是一种准行政组织，即行政性事业单位，它不具备国家行政机关的性质，但实际上是经政府设立和授权，承担着一定行政管理职责的机构。中央国家机关政府采购中心是2003年1月由中央机构编制委员会办公室批准成立的中央国家机关政府集中采购执行机构，是经注册的独立事业法人。经人事部、财政部和中编办批准，中央国家机关采购中心列入依照公务员管理的范围。这就是说中央国家机关采购中心虽然是事业单位，但其基本管理制度与国家公务员并无原则区别。国外的政府集中采购机构属于政府行为。

《中介服务收费管理办法》中对社会中介代理机构的定义，是指依法通过专业知识和技术服务，向委托人提供公正性、代理性、信息技术服务性等中介服务的机构。《〈招标投标法〉释义》中指出：从性质上说，招标代理机构既不是一级行政机关，也不是从事生产经营的企业，而属于社会中介组织。社会中介组织，是指那些本身不从事生产经营和商品流通活动，而专门为从事生产和商品流通的市场主体提供各种服务的组织。其中大部分是营利性质的企业单位、法人实体，独立经营、自负盈亏、自我发展、自担风险。招标代理机构不具备准行政组织的属性。从法律角度来说，政府集中采购执行机构是事业法人，而社会中介代理机构是非生产经营的企业法人，二者的法律基础完全不同，不能相提并论。

3. 职能不同

国办发［2003］74号文件《国务院办公厅转发财政部关于全面推进政府制度改革意见的通知》，对集中采购机构的职能做出明确规定：集中采购机构要接受委托，认真组织实施政府集中采购目录中的项目采购，制定集中采购操作规程，负责集中采购业务人员培训。集中采购机构的采购活动，不仅仅是招标，还包括采购计划的落实、组织招标、制定采购操作规程、集中采购人员培训、催促合同履约、采购效益评估分析等。这些职能是一个有机整体，环环相扣，哪一个环节做得不好都会影响整个招标结果。而招标代理机构则不具备这些职能，它和采购人之间是一种单纯的民事主体关系。委托代理行为是建立在完全平等自愿基础上的，它只需在委托代理人的授权范围内，以代理人的身份办理招标业务，通过民事合同来约定双方的权利和义务。《政府采购法》规定：采购人采购纳入集中采购目录中的政府采购项目，必须委托集中采购机构代理采购。这是具有法律强制性的，采购人没有选择权，不能擅自将纳入集中采购目录的项目委托社会中介机构办理，任何单位或个人都不能以"特殊要求"为由规避集中采购而由社会招标代理机构采购，否则属于违法行为。原国务委员兼国务院秘书长华建敏在2004年中央国家机关集中采购工作会议上说："据我了解，有的部门将纳入集中采购目录的项目，委托社会中介代理机构进行采购，不惜花费高额的代理费用，这既不符合国务院的有关规定，也浪费了财政资金，应当坚决纠正。"

4. 作用不同

《国务院办公厅转发财政部关于全面推进政府制度改革意见的通知》进一步强调集中采购的地位和重要作用，要求各级政府要充分发挥集中采购机构在全面推进政府采购制度改革中的重要作用。政府集中采购是深化财政支出体制改革的组成部分，它能够有效规范采购行为，防止腐败，提高采购资金的使用效益，有效地实现国家宏观调控的目标，其意义十分深远重大。特别是现在，美国和欧盟一再要求我国兑现加入世界贸易组织的承诺，尽快开放政府采购市场。这就使得政府集中采购的作用更加重要。《政府采购法》规定，设区的市、自治州以上人民政府要设立集中采购机构，由该机构办理集中采购事宜，服务对象是本级机关、事业单位和社会团体组织。集中采购机构的设立为政府采购制度改革提供了组织保障。而社会中介代理机构面向社会上的各类市场主体，更多的是为企业和个人提供代理服务，其行为准则是参与市场活动，遵守市场活动的基本原则。可见，社会招标代理机构不具备政府集中采购机构的功能和作用，二者的差别明显。

二、社会中介机构代理的政府采购事务

社会中介机构可以代理的政府采购事务主要有：

（一）具体组织招标采购工作

采购单位在确定了采购项目和采购方式后，可以将招标的具体组织工作委托给专业的中介机构。专业的中介机构接受委托，按照《招标投标法》的规定，研究招标方案，制定招标文件，发布招标公告，协调供应商投标，主持开标大会和合同的签订，督促合同的执行。

（二）采购法律顾问

在政府采购活动中，采购管理机构、采购机构、供应商由于经济的、行政的原因，

往往会发生纠纷或诉讼，需要法律方面的服务。中介机构如律师事务所在这方面可以提供法律咨询、诉讼代理、法律顾问、代理调解仲裁，以及代理政府采购法律事务等。

（三）采购审计监督

根据《注册会计师法》的规定，注册会计师执行的审计业务包括：审查企业会计报表，出具验资报告；办理企业合并、分立、清算事宜中的审计业务，并出具有关的报告；办理法律、行政法规规定的其他审计业务，如会计报表的某一特殊事项等，并出具相应的审计报告。会计师事务所对出具的审计报告的真实性、合法性要承担相应的法律责任，无须经任何单位和部门的审定，具有法定证明效力。因此，采购管理机关或采购机构在审批供应商进入采购市场资格、定期检查供应商执行采购政策或履行采购合同时，可以委托会计师事务所等中介机构对供应商的资质、财务状况和执行合同的情况进行审查；为了评价某一已经或正在实施的具体采购项目，总结成功的经验，发现存在的问题，也可以委托会计师事务所等中介机构对采购项目的运行情况和效果进行效益评估。

（四）采购咨询服务

咨询服务在现实生活中往往是与其他服务，如信息服务、策划服务等交叉在一起的，其业务范围包括：解答疑难问题，向服务对象传播有关方面的知识；根据委托方的要求，向委托方提供某个问题的专题报告、可行性研究；为委托方提供解决方案；为委托方解决技术难题；为委托方充当一个时期或常年的顾问；帮助委托方进行人员培训。咨询服务的类型分为综合咨询、管理咨询、工程咨询、技术咨询、专业咨询。在政府采购活动中综合咨询机构可以为政府采购主管部门制定政府采购政策、中长期规划提供综合性咨询；管理咨询机构可为各方提供政府采购市场信息，如采购政策法规、市场行情等；专业咨询机构可为采购资金的管理提供财务咨询服务；科技咨询机构可提供计算机应用等方面的专业技术咨询。

（五）其他政府采购方面的具体事务

如公正机构为签订采购合同提供公正书；会计师事务所通过对供应商财务状况的分析，为采购机关提供供应商资信证明，等等。

三、社会中介机构政府代理业务代理资格的认定及管理

（一）代理资格条件

一般情况下，采购机关可以委托具备政府采购业务代理资格的社会中介机构承办政府采购具体事务。这里所说的社会中介机构，是指依法成立、从事招标代理业务并提供相关服务的社会中介组织。从我国目前的规定看，一般具备下列条件的社会中介机构，可以申请取得政府采购业务代理资格：依法成立，具有法人资格；熟悉有关政府采购方面的法律、法规和政策，接受过省级以上财政部门政府采购业务培训的人员比例达到机构人员的20%以上；具有一定数量能胜任工作的专业人员，其中具有中级和高级专业技术职称的人员应分别占机构人员总数的60%和20%以上；具有采用现代

科学手段完成政府采购代理工作的能力；在申请资格前的一定年限内，未发现法人、法定代表人有违反法律、法规和规章的行为。

（二）代理资格的管理

1. 资格认定程序

社会中介机构拟取得政府采购业务代理资格，应向政府采购管理部门提出书面申请，同时按要求提供有关证明该机构资信、业绩的材料，这些材料一般包括：营业执照、税务登记证及有关部门核发的招标资格证书；机构章程、业务规范、程序及内部管理制度；内部机构设置、法定代表人、内设机构负责人及主要技术、经济等方面的人员简况；符合规定条件的技术、经济等方面的专家库简况；近三年开展业务情况的报告；从事政府采购招标代理业务的专业能力分析。

政府采购主管部门对招标代理机构的申报材料进行审核，对符合条件的，批准取得政府采购招标代理资格，核发统一印制的《政府采购招标资格证书》，不符合规定条件的，应当书面通知申请机构。

《政府采购代理机构资格认定办法》中规定，审批的政府采购代理机构资格分为甲级资格和乙级资格。取得乙级资格的政府采购代理机构只能代理单项政府采购预算金额1 000万元以下的政府采购项目。甲级政府采购代理机构资格由财政部负责审批。乙级政府采购代理机构资格由申请人住所所在地的省级人民政府财政部门负责审批。

乙级政府采购代理机构应当具备下列条件：具有法人资格，且注册资本为人民币50万元以上；与行政机关没有隶属关系或者其他利益关系；具有健全的组织机构和内部管理制度；拥有固定的营业场所和开展政府采购代理业务所需设备、设施等办公条件；具有良好的商业信誉以及依法缴纳税收和社会保障资金的良好记录；申请政府采购代理机构资格前三年内，在经营活动中没有重大违法记录；有参加过规定的政府采购培训，熟悉政府采购法律、法规、规章制度和采购代理业务的法律、经济和技术方面的专业人员，其中技术方面的专业人员具有中专以上学历的不得少于职工总数的50%，具有高级职称的不得少于职工总数的10%。

甲级政府采购代理机构除应当符合上述除第一项外的其余条件之外，还必须具备以下条件：具有法人资格，且注册资本为人民币400万元以上；有参加过规定的政府采购培训，熟悉政府采购法律、法规、规章制度和采购代理业务的法律、经济和技术方面的专业人员，其中技术方面的专业人员，具有中专以上学历的不得少于职工总数的70%，具有高级职称的不得少于职工总数的20%。

2. 资格证书的审验

为确保政府采购招标代理机构的执业质量，政府采购主管部门应定期对招标代理机构的政府采购招标代理资格进行一次审验。政府采购招标代理机构应当在规定的期限内持资格证书及有关材料到原核发部门办理换发手续。对符合条件的，政府采购管理部门应重新核发资格证书；不符合条件的，要取消其政府采购招标代理资格。

随着政府采购活动的进一步拓展，社会中介机构必将发挥越来越大的作用。特别是在政府采购的起步阶段，采购机关缺乏技术、人才和采购经验，迫切需要建立采购代理机构和鼓励原有的中介机构从事采购代理业务。这就要求我们切实加强对从事政府采购代理业务的中介机构的管理和引导。

一是严格按照中介机构代理资格条件进行审查，对不符合条件的一律不批，防止扰乱政府采购市场的正常秩序。加强对中介机构的日常检查和业务指导，对中介机构在执行代理业务时出现的问题及时给予纠正。

二是对中介机构提供虚假材料骗取代理资格，超出代理权限进行采购业务，与供应商违规串通，拒绝财政部门检查等行为，要进行严肃处理，责令改正、给予警告，并按有关规定罚款；给采购机关、供应商造成损失的，应当承担赔偿责任。

三是组织从事政府采购代理业务的中介机构，成立一个松散的行业协会进行自我管理，制定行业规则，研究代理业务，交流采购信息等。

四、社会中介机构的工作程序

以招标代理机构为例，社会中介机构的工作程序包括：

（一）获得采购人合法授权

由于招标机构是受采购人委托，以采购人名义组织招标，因此，在开展招标活动之前，必须获得采购人的正式授权，这是招标机构开展招标业务的法律依据。授权的范围由采购人确定，招标机构也应根据工作的需要提出相应的要求。经过采购人和招标机构协商一致后，双方签订委托招标合同（或协议），其主要内容包括：采购人和招标机构各自的责权利、委托招标采购的标的和要求、采购的周期、定标的程序和招标机构收费办法等。这里特别强调的是定标程序问题，这关系到赋予招标机构的权限范围和招标机构所承担的责任。定标程序可分为以下几种主要程序：一是委托招标机构评出优选方案，排出前三名的顺序，由采购人最终确定中标商；二是采购人委托评标委员会负责定标；三是采购人委托招标机构负责定标；四是招标机构提出中标的意见，经采购人同意后报有关主管机关最终确定中标商。由于不同的定标程序授权的范围不同，有关各方承担责任的大小也不一样，因此，委托方和招标机构在开始招标前，就应商定定标程序。

（二）为采购人编制招标文件

招标文件（或称标书）是整个招标过程所遵循的法律性文件，是投标和评标的依据，而且是构成合同的重要组成部分。一般情况下，招标人和投标人之间不进行或只进行有限的面对面的交流。投标人只能根据招标文件的要求，编写投标文件。因此，招标文件是联系、沟通招标人与投标人的桥梁。能否编制出完整、严谨的招标文件，直接影响招标的质量，也是招标成败的关键。因此，有人把招标文件比做各方遵循的"宪法"，由此可见招标文件的重要性。由于招标机构专门从事招标业务，拥有较丰富的经验和大量的投标商信息，可以编制更加完善的招标文件。为此，招标机构应主要注重以下几个方面的工作：一是对投标人做出严格的限制，在保证充分竞争的前提下，尽量使合格的供应商和承包商参加投标,以避免投标人过多,给各方面造成不必要的负担。这项工作建立在掌握投标商大量信息的基础上,而专职招标机构有条件做到这一点。二是对招标文件的制作做出详细的规定,使投标人按照统一的要求和格式编写投标文件,达到准确响应招标文件要求的目的。三是为采购人当好技术规格和要求的参谋,使采购者获得合乎要求和经济的采购品。四是保证招标文件的科学、完整,防止漏洞,不给投标人以可乘之机。

(三) 严格按程序组织评标

一般情况下,采购人与一些供应商和承包商有各种业务往来,很难以超脱者的身份组织评标,且容易被投标者误会。专职招标机构比较超脱,可以较好地避免问题的发生,并严格按招标文件的要求和评标标准组织评标,以维护招标的公正性,保证招标的效果。

(四) 做好采购人与中标人签订合同的协调工作

采购人处于主动的地位,因此容易将招标以外的一些条件强加给中标人,产生不平等的协议,使招标流于形式;有时中标者也找各种理由拒绝或拖延签订合同。上述问题如果没有一个中间人从中协调是很难解决的。由于招标机构是招标的组织者,承担此角色最为适宜。

(五) 监督合同的执行,协调执行过程中的矛盾

有些招标合同的执行需要较长的时间,在执行合同过程中,当事人双方难免遇到一些纠纷,不愿意诉诸法律,希望有一个中间人从中协调解决。在实际工作中,招标机构组织签订合同后,可以说已完成了招标代理工作,但在执行合同过程中当双方出现矛盾时,往往需要求助于招标机构来解决。招标机构出于对双方负责和提高自身信誉的目的,会尽最大努力使矛盾得到解决。

个案分析

案例材料

受采购人的委托,2010年5月30日,某政府采购代理机构发布公开招标公告,就其所需的动态心电分析系统进行采购。7月20日,开评标活动如期进行。经评审,参加投标的合格供应商不足三家。为了保证采购效率,采购代理机构立刻向财政部门提出申请——改用竞争性谈判方式进行。财政部门在了解到只有A、B两家合格投标人的情况后,允许采购代理机构通过竞争性谈判的采购方式在这两家供应商之间决定取舍。

得到批准后,采购代理机构便立刻通知A、B两家公司的授权代表前来参与谈判。但令采购代理机构没想到的是,A公司的授权代表手机关机,没联系上。采购代理机构又通知A公司的联系人速派授权代表参加谈判。后来,A公司联系人亲自到达现场参加谈判,评标委员会(注:采购方式改为竞争性谈判后,未重新组建竞争性谈判小组,谈判活动直接由评标委员会负责)审核发现,其出具的法人代表授权书中法定代表人签字与投标文件中的签字笔迹不同,联系人解释其所持授权书并非法定代表人所

签署，而是由别人代签的。评标委员会认为这一授权书非法人本人签署，不具有法律效力，该联系人不能代表 A 公司参加谈判。最终，评标委员会只与 B 公司一家供应商进行谈判后，便确定其为成交供应商。

得知采购结果后，A 公司向采购代理机构提出了质疑。A 公司认为，在其没法参与谈判的前提下，评标委员会不该与 B 公司进行谈判。采购代理机构受理质疑后，给予了这样的回复：改用竞争性谈判方式进行采购已经得到了财政部门的特批，没有违法。贵公司授权代表在开标后，评审没结束前关机，影响了贵公司参与此次采购，后果应自负。

但 A 公司又向财政部门提起投诉，财政部门受理投诉后认为，评标委员会仅与 B 公司一家供应商进行谈判，与《政府采购法》第三十八条第（三）项的规定不符。

分析

通过以上案例，值得思考的问题是：

（1）出现联系不到 A 公司的授权代表的情况下，评标委员会能否只与 B 公司进行谈判？

（2）只有两家合格的供应商时，能否采用竞争性谈判方式进行？

实际上，对于第一个问题，与单一供应商谈判不可行。

虽然不少从业人员都认为，在上述采购中，评标委员会"认真审核法人代表授权书中法定代表人签字时，发现了签字与投标文件中的签字笔迹不同，于是拒绝 A 公司联系人代表 A 公司参与谈判"的做法值得赞赏，更值得评审专家学习。"现在有些专家在评审中敷衍了事，评审时根本不用心，连一些如供应商投标项目名称写错了的明显错误出现也能顺利过关，更不要说发现笔迹不符这种很细的问题了。"一位省级政府采购中心主任如是说。

不过，业界专家还是对"评标委员会配合采购代理机构与 B 公司就该项目进行谈判"的做法予以了批评——与单一供应商进行谈判，根本就无竞争可言。这与《政府采购法》的要求是完全不符的。遇到案例中联系不到 A 公司授权代表的情况时，采购代理机构只有两种选择，要么重新进行采购，要么向财政部门申请特殊的处理方式，而不是自作主张，只有一家供应商也谈判后成交。

对于第二个问题，只有两家合格供应商时应该如何处理？

根据《政府采购法》第三十八条第（三）项的规定，采用竞争性谈判方式采购的，应当"确定不少于三家的供应商参加谈判"，但据了解，在具体的采购实践中，不少政府采购代理机构都遇到过只有两家合格投标人的情况。此时，多数采购代理机构的做法都是向当地财政部门请示，改用竞争性谈判方式采购。"只有两家供应商参与谈判，实际上是不符合《政府采购法》第三十八条第（三）项的规定的，此时应该被当做政府采购监督管理部门认定的其他采购方式，但其竞争性依然存在。"一位业界专家如是说。基于这种观点，这位专家认为，上述案例中，当地财政部门在受理投诉时的法律依据是不正确的，采购代理机构是错在未经批准的情况下，擅自与单一供应商进行谈判而确定采购结果。

自学指导

学习重点

本章学习重点：政府采购供应商管理；政府采购信息管理；政府采购形式。

（1）政府采购供应商管理。政府采购是以政府为主体，为满足社会公共需要而进行的采购。政府采购人与供应商是相对独立的利益主体，是平等互利的贸易伙伴。世界各国及我国政府采购实践已经证明，政府采购制度化、规范化运作，是政府和企业的共同要求。

（2）政府采购信息管理。在现代政府采购事业的发展中，采购信息直接影响到采购活动的效率与质量。因此，加强信息管理，是搞好政府采购工作的基本环节，特别是在以计算机和互联网为主导的信息时代，充分运用灵活的信息手段，是政府采购科学化的必然选择。

（3）由于公共资金的花费需要承担管理责任，所以在政府采购和商业采购实践中形成了截然不同的采购方式。目前，国际上通用的采购方式很多，按照不同的标准，可分为5大类17种方式，如招标采购、询价采购、单一来源采购、谈判采购等。具体采用何种方式的总原则是：该方式要有助于推动公开、有效竞争和物有所值目标的实现。

复习题

一、单项选择题（在备选答案中选择1个最佳答案，并把它的标号写在题后的括号内）

1. 政府集中采购中主要的采购方式是（　　）。
A. 公开招标　　B. 邀请招标　　C. 竞争性谈判　　D. 询价
2. 社会中介机构不可以代理的政府采购事务是（　　）。
A. 具体组织招标采购工作　　B. 采购法律顾问
C. 采购预算编制　　D. 采购咨询服务

二、简答题

1. 政府采用单一来源采购的适用条件是什么？
2. 中介机构在政府采购活动中的作用主要体现在哪些方面？

三、论述题

试述竞争性谈判采购应遵循哪些基本原则。

参 考 文 献

[1] 朱新民,林敏晖.物流采购管理[M].北京:机械工业出版社,2004.

[2] 米歇尔·R.利恩德斯,哈罗德·E.费伦.采购与供应管理[M].张杰等,译.11版.北京:机械工业出版社,2003.

[3] 陈荣秋,马士华.生产与运作管理[M].北京:高等教育出版社,1999.

[4] 甘华鸣,解新燕.MBA必修核心课程采购[M].北京:中国国际广播出版社,2002.

[5] 肯尼斯·莱桑斯,迈克尔·吉林厄姆.采购与供应链管理[M].刘秉镰等,译.6版.北京:电子工业出版社,2004.

[6] 汤姆森.战略管理:概念与案例[M].段盛华,译.10版.北京:北京大学出版社,2000.

[7] 约瑟夫·L.卡维纳托,拉尔夫·G.考夫曼.采购手册[M].吕一林等,译.北京:机械工业出版社,2001.

[8] 孙林.买卖合同[M].北京:中国铁道出版社,1998.

[9] 刘淑强.买卖合同[M].北京:人民法院出版社,2001.

[10] 王槐林.采购管理与库存控制[M].北京:中国物资出版社,2002.

[11] 宋华,胡左浩.现代物流与供应链管理[M].北京:经济管理出版社,2000.

[12] 李田保.采购实战精要[M].广州:广东经济出版社,2002.

[13] 沈小静,谭广魁,唐长虹.采购管理[M].北京:中国物资出版社,2003.

[14] 沈小静,倪东生.生产企业供应管理[M].北京:中国物资出版社,2002.

[15] 徐杰,汝宜红,蒋岩松.市场采购理论与实务[M].北京:中国铁道出版社,2001.

[16] 骆温平.物流与供应链管理[M].北京:电子工业出版社,2002.

[17] 谢勤龙,王成,崔伟.企业采购业务运作精要[M].北京:机械工业出版社,2002.

[18] 孔庆善.运作管理[M].北京:石油工业出版社,2003.

[19] 白继洲.采购管理实务[M].广州:广东经济出版社,2003.

[20] 道格拉斯·K.麦克贝思,尼尔·费格森.战略采购管理[M].季建华等,译.上海:上海远东出版社,2001.

[21] 王成等. 供应商管理业务精要：轻松成为赢家 [M]. 北京：机械工业出版社，2001.

[22] 郑称德. 运作管理 [M]. 南京：南京大学出版社，2003.

[23] 倪井喜. 优化内控设计 预防采购腐败 [J]. 经济师，2009（5）.

[24] 伍蓓，王珊珊. 采购与供应管理 [M]. 杭州：浙江大学出版社，2010.

[25] 郭凡. 采购舞弊手段解密与防范技巧 [M]. 北京：中国经济出版社，2010.

后 记

经全国高等教育自学考试指导委员会同意，由经济管理类专业委员会负责高等教育自学考试经济管理类专业教材的审定工作。

《采购与供应管理（一）（二）》自学考试教材由南京大学商学院郑称德教授担任主编，陈建、宋培建、于笑丰等同志参编。全书由郑称德教授修改定稿。

参加本教材审稿讨论会并提出修改意见的有中国人民大学商学院宋华教授、北京交通大学经济管理学院张文杰教授、中国交通运输协会人力资源中心王增东总经理，在此一并表示感谢。

全国高等教育自学考试指导委员会
经济管理类专业委员会
2012 年 8 月

▶ 采购与供应管理（一）（二）考试大纲

采购与供应管理（一）（二）考试大纲

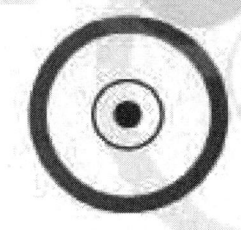

Ⅰ．课程性质与课程目标
Ⅱ．有关说明与实施要求
Ⅲ．考试内容与考核要求
Ⅳ．题型示例与参考答案

Ⅰ. 课程性质与课程目标

1. 课程性质

"采购与供应管理"是全国高等教育自学考试物流管理专业的核心课程之一,也是中国物流职业经理资格证书考试科目之一,目的是培养学生掌握采购与供应管理的基础理论、基本方法与基本技能,具备分析与解决企业实际运作过程中有关采购与供应的应用能力。

本书主要内容包括采购与供应管理的概念与作用、采购与供应战略、采购与供应流程及其优化、采购与供应需求的确定、供应商管理、采购定价与谈判、采购合同管理、采购质量保证和采购绩效评估等。本书在较为全面地介绍了采购与供应管理基本内容的基础上,也对采购与供应管理中出现的新趋势进行了较为详尽的阐述。通过对它的学习,学生一方面可以全面系统地了解采购与供应管理的结构体系和主要内容,另一方面也可以了解企业采购与供应管理的发展趋势和新时代采购与供应管理的新方法。

2. 课程总体目标

"采购与供应管理"课程的宏观目标及要求:

- 为学生提供采购与供应管理较为全面的基础知识,为其从事物流或采购与供应管理及相关工作做好准备。
- 增强学生解决实际企业采购与供应管理问题的能力,包括分析采购与供应管理存在的问题,通过制定合适的采购与供应管理战略、优化采购流程、应用基于互联网的电子采购手段等提升企业的采购与供应管理水平。

3. 课程具体目标

学生在结束本课程学习后应能够:

- 明确并理解采购与供应管理的概念及其包含的内容。
- 理解采购与供应战略的制定方法。
- 设计合适的采购与供应管理流程。
- 了解传统采购方式存在的缺陷。

- 掌握 B2B 电子采购。
- 掌握采购计划制定与采购预算确定。
- 理解供应商选择与供应商管理。
- 理解采购定价与合同。
- 掌握采购质量管理。
- 能够测量采购绩效，诊断采购与供应管理存在的主要问题。
- 理解政府采购管理。

4. 知识基础及重、难点说明

（1）学习本课程应具备的相应知识基础

在学习本课程之前，学生应学习过运输管理、库存管理、物流信息技术等，这些知识构成了本课程学习的基础。

（2）本课程重、难点简介

本课程的重点主要有：采购与供应管理的基本概念和内容，采购流程的设计，采购计划制定与采购预算编制，供应商选择与管理，采购定价与采购合同，采购质量管理，政府采购管理。

本课程的难点在于：理解采购与供应战略，掌握采购绩效的测量，理解传统采购方式存在的缺陷，掌握 B2B 电子采购。

Ⅱ．有关说明与实施要求

1．考核目标

本课程的考核目标为：

（1）识记

（2）领会

（3）简单应用

（4）综合应用

对各考核目标的描述如下：

识记：要求考生知道有关的名词、概念、原理、知识的含义，并能正确认识或识别。

领会：要求在识记的基础上，能把握相关的基本概念、基本原理和基本方法，掌握有关概念、原理、方法的区别与联系。

简单应用：要求在领会的基础上，运用所掌握的基本概念、基本原理和基本方法中的少量知识点，分析和解决一般的理论问题或实际问题。

综合应用：要求考生在简单应用的基础上，运用学过的多个知识点，综合分析和解决比较复杂的实际问题。

2．考试形式与试卷结构

"采购与供应管理"作为中国物流职业经理资格证书考试的课程之一，具体考试规则如下：

（1）考试采取闭卷、笔试的方式。

（2）考试时间为150分钟。试卷总分为100分，60分为及格。

（3）考试范围包括本大纲考试内容所规定的知识点及知识点下的知识细目。

（4）试卷中对不同能力层次要求的分数比例为：识记占20%，领会占20%，简单应用占25%，综合应用占35%。

（5）试卷中试题的难易程度分为：易、较易、较难和难四个等级。每份试卷中不同难度试题的分数比例一般为2∶2∶3∶3。

（6）试卷中的题型有：单项选择题、多项选择题、简答题、论述题、案例分析题。

3. 课程安排

以每周完成 4~5 个学时学习为例，教师可参照以下建议学时分配安排教学，也可根据学生识记情况进行合适的调整。

章节	第1章	第2章	第3章	第4章	第5章	第6章	第7章	第8章	第9章	第10章
时间	1周	1周	1周	1周	1周	1周	1周	1周	1周	1周

Ⅲ. 考试内容与考核要求

一级能力目标	二级能力目标	考核点 内容	要求	权重(%)	备注
第1章 绪论	1. 采购与供应管理的概念	（1）采购与供应的概念、采购与供应管理的概念	识记	35	
	2. 采购与供应管理的作用	（2）保障企业经营、提高企业整体运行效率、提高企业竞争地位和顾客满意度、提升企业形象、对供应商管理的作用、信息源的作用★			
	3. 采购分类	（3）集中采购的概念★、分散采购的概念★、个人采购的概念、企业采购的概念、政府采购的概念、长期合同采购的概念、短期合同采购的概念、招标采购的概念★、非招标采购的概念★			
	4. 采购部门及其职责	（4）作业层面的职责、管理层面的职责			
	5. 采购与供应管理的演变与发展趋势	（5）电子采购的概念★、全球化采购的概念★、供应商伙伴关系的概念★、JIT采购的概念◆			
	1. 采购与供应管理的概念	（1）采购与供应管理的目标	领会	40	
	2. 采购与供应管理的作用	（2）利润杠杆作用的原理★			
	3. 采购分类	（3）按采购范围分类的采购类型、按采购时间分类的采购类型、按采购主体分类的采购类型、按采购制度分类的采购类型、集中采购和分散采购的优缺点★、长期合同采购和短期合同采购的优缺点、有形采购和无形采购的区别、招标采购根据公开性的程度分类的采购类型、竞争性谈判采购、单一来源采购和询价采购之间的区别★			
	4. 采购部门及其职责	（4）采购部门隶属于生产副总经理的条件和作用、采购部门隶属于行政副总经理的条件和作用、采购部门隶属于总经理的条件和作用、采购部门隶属于资材部的条件和作用★			
	5. 采购与供应管理的演变与发展趋势	（5）采购与供应管理的演变过程、当前采购与供应管理的主要发展趋势◆			

续表

一级能力目标	二级能力目标	考核点 内容	要求	权重(%)	备注
第1章 绪论	1. 采购部门及其职责	（1）能根据采购部门的主要功能将其安排在适当的企业位置◆	简单应用	25	
	2. 采购与供应管理的演变与发展趋势	（2）能够分析采购与供应管理的演变过程及当前采购与供应管理的主要发展趋势			
第2章 采购与供应战略*	1. 企业战略和采购与供应战略	（1）企业战略的概念★、成本领先战略的概念★、集中化战略的概念★、差异化战略的概念★	识记	30	
	2. 采购与供应战略及其构成要素	（2）采购与供应战略的概念★、采购与供应战略与企业战略的关系★			
	3. 采购与供应战略的制定	（3）ABC分析方法的概念★			
	1. 企业战略和采购与供应战略	（1）企业战略层次★	领会	30	
	2. 采购与供应战略及其构成要素	（2）采购与供应战略构成要素★			
	3. 采购与供应战略的制定	（3）ABC分析方法的缺陷★			
	1. 企业战略和采购与供应战略	（1）企业竞争战略相应类型◆	简单应用	40	
	3. 采购与供应战略的制定	（2）能根据ABC分析方法选定相应采购与供应战略◆			
	3. 采购与供应战略的制定	（3）能够根据供应细分分析方法选定采购与供应战略◆			
	3. 采购与供应战略的制定	（4）能应用SWOT方法选择采购与供应战略★			
第3章 采购与供应管理流程	1. 采购与供应管理的运作流程	（1）采购的基本程序★、采购手册的概念★	识记	15	
	1. 采购与供应管理的运作流程	（1）采购手册的作用★	领会	25	
	2. 采购流程的改进与优化	（2）信息技术参与的优点★、JIT采购的应用环境◆			
	1. 采购与供应管理的运作流程	（1）采购运作的流程★、采购手册的格式与内容★	简单应用	30	
	2. 采购流程的改进与优化	（2）能够描述和分析采购流程★			
	2. 采购流程的改进与优化	（3）应用信息技术对传统流程进行改造◆			
	2. 采购流程的改进与优化	（1）能够根据需要对采购流程进行分析并提出改进方案◆	综合应用	30	

III. 考试内容与考核要求

续表

一级能力目标	二级能力目标	考核点 内容	要求	权重（%）	备注
第4章 B2B电子市场采购	1. B2B电子市场	（1）B2B电子市场的发展、B2B电子市场的概念及类别◆	识记	30	
	2. B2B电子采购概述	（2）B2B电子采购的概念◆、交易成本理论◆、协调理论◆、B2B电子采购的过程			
	3. 基于Internet/Intranet的B2B电子采购系统	（3）B2B电子采购的信息集成模式			
	4. B2B电子采购模式选择及其实施步骤	（4）B2B电子采购的三种模式★、影响企业B2B电子采购模式选择的两个主要因素、MRO物料			
	2. B2B电子市场采购概述	（1）B2B电子采购与传统采购的比较★	领会	40	
	2. B2B电子市场采购概述	（2）拍卖理论、供应链采购模型（报童模型）◆			
	2. B2B电子市场采购概述	（3）企业实施B2B电子采购的意义★			
	3. 基于Internet/Intranet的B2B电子采购系统	（4）B2B电子采购内部模型及其功能			
	4. B2B电子采购模式选择及其实施步骤	（5）能够知晓三种B2B电子采购模式异同★			
	4. B2B电子采购模式选择及其实施步骤	（6）能够根据不同规模、不同采购种类选择适用的B2B电子采购模式◆			
	4. B2B电子采购模式选择及其实施步骤	（7）能够知晓企业实施B2B电子采购的一般步骤★			
	4. B2B电子采购模式选择及其实施步骤	（1）能够根据企业需要选择合适的B2B电子采购模式并设计其实施步骤◆	综合应用	30	
第5章 采购计划制定与采购预算确定	1. 采购需求的确定	（1）预测的概念、预测的基本方法★、独立需求物料和相关需求物料	识记	20	
	2. 采购计划的制定	（2）广义的采购计划概念、狭义的采购计划概念			
	1. 采购需求的确定	（1）定量订货模型和定期订货模型、物料需求计划（MRP）★和分销需求计划（DRP）	领会	30	
	2. 采购计划的制定	（2）采购计划的作用、采购计划的分类★			
	3. 采购预算的编制方法	（3）弹性预算★、滚动预算★、概率预算和零基预算★			

续表

一级能力目标	二级能力目标	考核点内容	要求	权重(%)	备注
第5章 采购计划制定与采购预算确定	2. 采购计划的制定	(1) 采购订单容量的确定步骤和方法★	简单应用	30	
	2. 采购计划的制定	(2) 采购计划制定步骤◆			
	3. 采购预算的编制方法	(3) 采购预算的编制◆			
	1. 采购需求的确定	(1) 能够选择合适的定量方法进行需求预测◆	综合应用	20	
第6章 供应商选择与供应商管理	2. 供应商质量管理	(1) 供应商质量的概念	识记	20	
	2. 供应商质量管理	(2) 供应商质量管理的概念★			
	3. 供应商关系管理	(3) 供应商合作伙伴关系概念★、供应商成长、供应商早期参与			
	1. 供应商的选择	(1) 供应源选择的途径、供应商选择指标确定原则、供应商选择指标★、LIPS和NAPM的职业道德规范	领会	20	
	2. 供应商质量管理	(2) 供应商质量管理的作用、供应商改进★、供应商激励、供应商质量认证★			
	3. 供应商关系管理	(3) 供应商合作伙伴关系与传统关系的区别★			
	3. 供应商关系管理	(4) 建立供应商合作伙伴关系的意义★			
	3. 供应商关系管理	(5) 供应商合作伙伴关系的分类及其特征★			
	3. 供应商关系管理	(6) 几种典型供应商合作伙伴关系的特点★			
	1. 供应商的选择	(1) 能够建立企业供应商评价指标◆	简单应用	30	
	1. 供应商的选择	(2) 知晓各种供应商评估方法的应用场合★			
	1. 供应商的选择	(3) 能够制定合适的招标文件◆			
	2. 供应商质量管理	(4) 能够应用相应的方法分析和提高供应商质量★			
	3. 供应商关系管理	(5) 判断企业供应商关系属于何种类型及其特征◆			
	3. 供应商关系管理	(6) 企业与供应商如何建立合作伙伴关系★			
	3. 供应商关系管理	(7) 评价供应商合作伙伴关系是否失效★			
	3. 供应商关系管理	(1) 能够建立评价指标选择合适的供应商◆	综合应用	30	
	3. 供应商关系管理	(2) 分析企业与供应商的关系类型并指导企业如何建立供应商合作伙伴关系◆			

续表

一级能力目标	二级能力目标	考核点 内容	考核点 要求	权重（%）	备注
第7章 采购定价与合同	1．采购定价的方法	（1）采购价格的概念、生命周期成本概念★、目标成本法概念★	识记	30	
	2．采购谈判	（2）采购谈判的定义			
	3．采购合同	（3）采购合同的定义、采购合同的特征、采购合同的组成要素★			
	3．采购合同	（4）分期付款的采购合同、凭样品采购的采购合同、试用的采购合同、有效的采购合同★、无效的采购合同、可撤销的采购合同、效力待定的采购合同			
	1．采购定价的方法技术与管理对象	（1）采购价格的种类、采购价格的影响因素	领会	30	
	2．采购谈判	（2）谈判方法分类、采购谈判的内容、采购谈判的作用、采购谈判的影响因素			
	2．采购谈判	（3）采购谈判前计划的制定★、采购谈判过程中的步骤★、采购谈判后的工作			
	3．采购合同	（4）采购合同不同分类方法下的合同类型、采购合同的作用★			
	3．采购合同	（5）采购合同的签订原则★、采购合同履行的基本原则			
	1．采购定价的方法	（1）会应用产品生命周期成本法定价、目标成本法定价★	简单应用	40	
	2．采购谈判	（2）会应用采购谈判的相应策略和技巧◆			
	3．采购合同	（3）能够制定合适的采购合同◆			
	3．采购合同	（4）能够判断合同的有效性★			
	3．采购合同	（5）会制订采购合同◆			
	3．采购合同	（6）知晓采购合同法律纠纷与索赔的解决方法◆			
	3．采购合同	（7）能够分析合同终止的原因与合适的终止方法◆			

续表

一级能力目标	二级能力目标	考核点 内容	要求	权重(%)	备注
第8章 采购质量管理	1. 采购质量与采购质量管理	（1）质量的概念、衡量产品质量和服务质量的属性	识记	25	
	1. 采购质量与采购质量管理	（2）采购质量的概念★			
	1. 采购质量与采购质量管理	（3）全面质量管理的概念★、全面质量管理的内涵★			
	1. 采购质量与采购质量管理	（4）采购质量管理的概念★、采购部门质量管理的任务、采购质量管理保证体系的概念★			
	2. 采购质量管理的基本技术	（5）调查表法的概念★、因果图的概念★、抽样检验的概念◆、抽样检验方案分类◆、直方图的概念◆、质量功能展开的概念			
	1. 采购质量与采购质量管理	（1）采购质量管理的基本原则★、采购质量管理对于企业的作用★	领会	25	
	1. 采购质量与采购质量管理	（2）产品检验的作用★			
	2. 采购质量管理的基本技术	（3）各种调查表的应用场合与作用★、计数型一次抽样方案的作用★、计数调整型抽样方案的应用场合与作用★、直方图的作用★、质量功能展开的作用			
	1. 采购质量与采购质量管理	（1）加强采购部门质量管理的要点★、加强供应商质量管理的要点★、产品检验的基本方法★、建立采购质量保证体系的方法★	简单应用	30	
	2. 采购质量管理的基本技术	（2）各种调查表的做法◆、因果图的做法◆、应用计数型一次抽样方案进行抽样检验◆			
	1. 采购质量与采购质量管理	（1）能够分析企业采购质量管理存在的问题并应用合适的方法加以改进◆	综合应用	20	
第9章 采购绩效评估*	1. 采购绩效评估概述	（1）采购绩效的概念、采购绩效评估的概念、历史绩效标准的概念★、预算标准的概念★、行业平均标准的概念★、目标绩效标准的概念★	识记	20	
	2. 采购绩效评估指标	（2）价格与成本指标★、质量指标★、数量指标★、效率指标★、物流绩效指标★、供应商绩效指标★、战略绩效指标的概念★			
	3. 采购绩效的评估	（3）标杆管理的概念			

续表

一级能力目标	二级能力目标	考核点		权重(%)	备注
		内容	要求		
第9章 采购绩效评估*	1. 采购绩效评估概述	(1) 实行采购绩效评估的原因★、采购绩效评估的作用★、采购绩效评估的原则★	领会	30	
	1. 采购绩效评估概述	(2) 定量和定性评估★、总评评估和具体评估★、外部评估和内部评估★、个人评估和职能部门评估★、定期评估和不定期评估★			
	1. 采购绩效评估概述	(3) 各采购绩效评估标准的区别			
	1. 采购绩效评估概述	(4) 参与采购绩效评估的人员类型及其在评估中的作用			
	3. 采购绩效的评估	(5) 标杆管理作用★、标杆管理实施条件★、标杆管理类型★			
	1. 采购绩效评估概述	(1) 各采购绩效评估标准的应用场合	简单应用	30	
	2. 采购绩效评估指标	(2) 各绩效指标的建立、各绩效指标衡量的方法◆			
	3. 采购绩效的评估	(3) 应用标杆管理进行采购绩效评估的步骤◆			
	3. 采购绩效的评估	(4) 改进采购管理绩效的有关方法★			
	3. 采购绩效的评估	(1) 能够对企业采购管理建立绩效指标并实施绩效评价◆	综合应用	20	
第10章 政府采购管理	1. 政府采购供应商资格审查与管理制度	(1) 政府采购供应商资格审查的方式★、供应商资格审查的程序★	识记	40	
	2. 政府采购信息管理	(2) 信息收集的内容★、信息收集的方式★、信息发布的内容★、信息发布的方式与媒介★、信息存储与查阅			
	3. 政府采购方式	(3) 公开招标★、邀请招标★、竞争性谈判★、单一来源采购★、询价采购★、国务院政府采购监督管理部门认定的其他采购方式、招标文件内容			
	4. 政府采购中介机构管理	(4) 政府采购中介机构的含义与分类★			
	4. 政府采购中介机构管理	(5) 社会中介机构代理的政府采购事务★、社会中介机构代理资格条件★			
	1. 政府采购供应商资格审查与管理制度	(1) 政府采购供应商资格审查的必要性	领会		

续表

一级能力目标	二级能力目标	考核点		权重(%)	备注
		内　　容	要求		
第10章 政府采购管理	1. 政府采购供应商资格审查与管理制度	（2）建立政府采购供应商资格注册登记制度的优势★、建立供应商资格注册登记制度在实际操作中存在的缺陷★	领会	40	
	2. 政府采购信息管理	（3）信息发布中的常见问题及管理★、信息记录与保存的内容			
	3. 政府采购方式	（4）公开招标的适用条件★、邀请招标的适用条件★、竞争性谈判的适用条件★、单一来源采购的适用条件★、询价采购的适用条件★			
	4. 政府采购中介机构管理	（5）政府采购中介机构的作用★			
	4. 政府采购中介机构管理	（6）政府集中采购机构与招标代理中介机构的区别★			
	4. 政府采购中介机构管理	（7）社会中介机构代理资格认定程序★、社会中介机构的工作程序★			
	4. 政府采购中介机构管理	（8）加强对从事政府采购代理业务的中介机构的管理和引导的措施			
	4. 政府采购中介机构管理	（1）会根据具体情况选择合适的政府采购方式◆	简单应用	20	

注：考核点内容后面标★表示重点，标◆表示难点，＊表示本科阶段学习内容。

Ⅳ. 题型示例与参考答案

题型示例

一、单项选择题（每题1分）

下列各题A、B、C、D四个选项中，只有一个选项是正确的。请将正确选项的序号填写在题后括号内。

1. 下面哪项不是采购与供应管理对于企业的作用？（　　）
   A. 杠杆利润效应　　　　　　　　B. 资产收益率效应
   C. 提高企业竞争地位和顾客满意度　　D. 牛鞭效应

2. 某汽车厂下年度打算生产10 000辆汽车，需要采购10 000个发动机，则发动机是属于下面哪种需求的物料？（　　）
   A. 独立需求　　　B. 相关需求　　　C. 离散需求　　　D. 以上都不是

二、多项选择题（每题2分）

在备选答案中至少有两个是正确的，将其全部选出并将它们的标号写在题后的括号内，错选或漏选均不给分。

B2B电子采购系统的基本模块一般应包括（　　）。
A. 采购申请　　B. 采购审批　　C. 采购管理
D. 采购准备　　E. 采购合同

三、计算题（每题5分）

天宏商店每年要卖出某类地毯360码，每次订货需要花费800元，该地毯商店进货成本价格为640元/码，每年存储成本是成本价的25%。问每年应该进几次货？每次进货量多大？

四、简答题（每题5分）

根据合作伙伴在供应方面的增值作用和竞争实力，供应商合作伙伴可以分为哪几种？

五、论述题（每题15分）

谈判是采购活动中常用的方法。请阐述采购谈判的主要作用。

六、案例分析题（共20分）

广东某电子设备生产厂王总经理最近比较困惑：由于市场份额不断扩大，企业在零部件采购方面的需求越来越大。但生产部门常常发现零部件经常缺货，且采购过来的零部件往往有很高的不合格率，生产为此经常停工，顾客由于交货延迟经常打电话给王总投诉。现在如果王总任命你为采购部门经理，并责成你对采购工作加强改进，请问你会准备采用哪些措施改进采购工作？

参 考 答 案

一、单项选择题

1. D   2. B

二、多项选择题

ABC

三、计算题

解：（1）订货批量 $Q = \sqrt{\dfrac{2 \times 800 \times 360}{0.25 \times 640}} = 60$（码）（3分）

（2）订购次数 = 360/60 = 6（次）（2分）

【评分标准】 每点中的公式错误或者结果错误均不得分。

四、简答题

答：（1）普通合作伙伴。

（2）有影响力的合作伙伴。

（3）竞争性/技术性合作伙伴。

（4）战略性合作伙伴。

【评分标准】 答对任意1点得2分，答对任意3点得满分5分。

五、论述题

答：采购谈判在采购活动中的作用如下：

（1）可以争取降低采购成本。通过采购谈判，可以以比较低的价格获取供应商的产品，降低购买费用；可以以比较低的进货费用获得供应商送货，降低采购送货的费用。这样就可以降低采购成本。

（2）可以争取保证产品质量。在进行采购谈判时，产品质量肯定是一个重要内容，通过谈判可以让供应商对产品提供质量保证，使购买方能够获得质量可靠的产品。

（3）可以争取采购物资及时送货。通过谈判，可以促使供应商保证交货期、按时送货、及时满尽采购方的物资需要。并且，可以降低采购方的库存量，提高其经济效益。

(4) 可以争取获得比较优惠的服务项目。伴随产品的购买，有一系列的服务内容，例如准时送货、提供送货服务、提供技术咨询服务、售后安装、调试和使用指导、运行维护以及售后保障等。这些服务项目，供应商都需要花费成本，供应商希望越少越好，而购买方希望越多越好，这就需要谈判。

(5) 可以争取降低采购风险。采购进货过程风险大，途中可能发生事故，造成货物损失，甚至人身、车辆的重大损失，通过谈判，可以让供应商分担更多风险，承担更多风险损失。这样，采购方就可以减少甚至避免采购风险，减少或者消除风险损失。

(6) 可以妥善处理纠纷，维护双方的效益及正常关系，为以后的继续合作创造条件。

【评分参考】 答对任意 1 点得 3 分，答对任意 5 点得满分 15 分。但考生需要对要点进行适当展开论述，只答要点不展开不得分。考生答案如果描述形式与标准答案不同，但所表达含义相同，均可得分。

六、案例分析题

答案要点：

(1) 查找采购质量不高的原因，分析方法可以有：头脑风暴法、因果图。

(2) 根据企业发展战略，制定相应的采购战略。

(3) 根据生产部门需求制定合适的采购计划。

(4) 对所需采购物料进行 ABC 分析，确定每种物料的采购策略。

(5) 建立供应商绩效考核指标，对现有供应商进行评估和认证，剔除不合格供应商，优化供应库，或重新寻找优质供应商。

(6) 优化采购流程，可考虑采用电子采购或者 JIT 采购。

(7) 建立采购质量认证体系，保证采购过程质量。

(8) 建立采购绩效考核制度，使得采购工作绩效不断提高。

(9) 与具有良好表现的供应商建立战略伙伴关系，以支持企业的快速和长期发展。

【评分参考】

(1) 答对任意 1 点得 3 分，答对任意 7 点得满分 20 分。

(2) 考生答案如果描述形式与标准答案不同，但所表达含义相同，或答案要点中有合乎道理的新见解，可算作回答了一个要点。